Buch

Auf spannende, humorvolle Weise erzählt Timothy Ward von
seinem abenteuerlichen Aufenthalt in einem Kloster im Nordosten Thailands, in dem zu seiner Überraschung fast ausschließlich Mönche und Novizen aus dem Westen leben. Er beschreibt
seine Aufnahmezeremonie mit Rasur, Einkleidung und Zu-
weisung einer Meditationshütte am Rand des Dschungels, die
Hierarchie im Kloster und den strengen Tagesablauf mit Wecken
um drei Uhr und nur einer Mahlzeit täglich. Mit sanfter Ironie
kommentiert er die Geschicke und Schicksale seiner Mönchsbrü-
der und läßt den Leser teilhaben an seiner Freundschaft zu dem
amerikanischen Jurastudenten Jim, der Tim nicht nur verblüf-
fend ähnlich sieht, sondern auch zur gleichen Zeit ins Kloster
kam.

Autor

Timothy Ward studierte in Kanada Philosophie und trat 1984
eine zweijährige Reise durch Indien, Südwestasien und China
an. Hier beschreibt er seine Erfahrungen in Thailand.

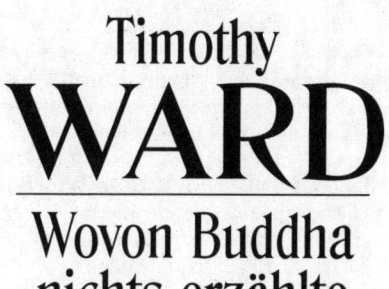

Timothy
WARD

Wovon Buddha
nichts erzählte

Stolpersteine auf dem Weg
zur Erleuchtung

Aus dem Englischen
von Sabine Ivanovas

GOLDMANN VERLAG

Die Originalausgabe erschien 1990
unter dem Titel »What the Buddha Never Taught«
bei Element Books, Ltd., Longmead, Shaftsbury, Dorset.

Deutsche Erstausgabe

Dieser Titel ist bereits als Band Nr. 41255 erschienen.

Der Goldmann Verlag
ist ein Unternehmen der Verlagsgruppe Bertelsmann

© 1992 der deutschsprachigen Ausgabe
Wilhelm Goldmann Verlag, München
© 1990 der Originalausgabe Timothy Ward
Umschlaggestaltung: Design Team München
Satz: IBV Satz- und Datentechnik GmbH, Berlin
Druck: Presse-Druck Augsburg
Verlagsnummer: 12152
kk · Herstellung: sc
Redaktion: Angelika Hellriegel
Made in Germany
ISBN 3-442-12152-3

1 3 5 7 9 10 8 6 4 2

Inhalt

Der Autor,
nachdem ihm gerade der Kopf frisch rasiert
worden ist.

Für Jim

Danksagungen

Danke...

Als erstes möchte ich meinen Dank und meinen Respekt für Ajahn Chah zum Ausdruck bringen, der es Menschen aus der ganzen Welt ermöglicht hat, einen Platz zu finden, an dem sie ähnlich leben können wie die frühen Buddhisten. Ich bedanke mich auch sehr bei den Mönchen des Wat Pah Nanachat, der Laiengemeinschaft von Bung Wai, die sie unterstützt, und meinem Freund Jim Bulkley, die alle diese Geschichten mit mir erlebt haben. Ich habe mein Bestes getan, um die Kämpfe eines jeden von uns mit dem Karma, dem Tod, der Langeweile und den Mücken so korrekt wie möglich darzustellen.

Viele Menschen haben dabei geholfen, dieses Buch aus dem Dschungel und in den Druck zu bringen. Jim und Lee Ganer haben mich ihre leerstehende Wohnung in Bangkok und ihre tragbare Schreibmaschine benutzen lassen, auf der die ersten drei Fassungen des Manuskripts entstanden sind. Dank auch an Ali, Shawna und Kara Birkenstock, die mich behandelt haben, als gehörte ich zur Familie, während ich über jenen Anfangsfassungen schwitzte.

Als ich acht Monate später nach Kanada zurückkam, stellte ich fest, daß meine Schwester Wendy klugerweise mehrere Kopien zum Lesen gemacht hatte. Bede Hubbard bot mir großzügigerweise an, mein Manuskript zu redigieren, und schlug vorsichtig vor, daß ich Massen von philosophischen Überlegungen zweifelhafter Verstehbarkeit lieber weglassen sollte (wofür ihm meine Leser auch dankbar sein sollten). Im Mai 1986 war ich »niedergelassener Autor« bei meinen guten Freunden Stephen und Andree Cazabon-Hotz in ihrer Wohnung in Ottawa, die mir erlaubten, ihr Textverarbeitungsprogramm und ihren Kühlschrank zu benutzen, damit ich die endgültigen Fassungen schreiben konnte. Frank Holober, mein zukünftiger Schwiegervater, überließ mir seinen PC für die Überarbeitung des Endprodukts. Er hat sich auch wirklich größte Mühe gegeben beim Korrekturlesen und Kopieren des fertigen Manuskripts.

Meinen Dank auch an Ray Woollam für einen gutgezielten Stoß, nach dem die letzte Seite sich wie von selbst noch einmal schrieb. Ray stellte mich auch Colin Limworth und Michelle Mills vom Banyan Buchladen in Vancouver vor, die mir dabei halfen, einen Herausgeber ausfindig zu machen. Vielen Dank auch an die Verlage Element Books und in Kanada Somerville House Publishing, die mit atemberaubender Geschwindigkeit das Buch druckten, und an meine Agentin Denise Bukowski, die so schnell die Verträge hinbekam, obwohl sie mit der Schwierigkeit zu kämpfen hatte, daß der Autor am anderen Ende der Welt saß.

Dank auch an meine Frau Julie für ihre perfekte Arbeit an den letzten Fahnen. Und vor allem danke ich meinen Eltern für ihre grenzenlose Liebe, ihre Unterstützung, ihre Gebete, das Fotokopieren, das Verschicken von Manuskripten, das Suchen nach Fotos und Nachsenden von Post während all der Jahre, die ich in Asien verbracht habe.

Und ich danke Buddha für das, was er gelehrt hat.

Tim Ward
Tokyo, Januar 1990.

Kapitel 1

Der Farang
will in ein Wat gehen

Ich sagte Nimalo, dem australischen Novizen, daß die Leute im Bus fritierte Kakerlaken gegessen hätten. Ich erwartete, daß er lachen würde. »Käfer, keine Kakerlaken«, berichtigte er ganz ernsthaft. Natürlich. Wie dumm von mir. Sicher schmecken Käfer wesentlich leckerer.

Ich war den ganzen Tag unterwegs. Es war schon dunkel, als der Bus sich der Stadt Ubon Rajathani näherte, von wo es nur noch weniger als fünf Kilometer bis zur Grenze von Laos waren. Da fing ich an, die anderen Mitfahrenden zu fragen, wo ich aussteigen müßte, um zu dem Dorf Bung Wai zu kommen. Die Thais blinzelten mich an und ließen mich reden, als führe ich Selbstgespräche. Schließlich nahm der Busfahrer an, daß ich aussteigen wollte. Er bremste und ließ mich aussteigen. Es regnete. Ich fand eine kleine Bushaltestelle in der Nähe.

»Diese Haltestelle für Bus nach Bung Wai?« fragte ich einen jungen Thai-Soldaten. Er grinste mich an.

»Bung Wai Bus?« fragte ich einen Mann mit Brille und Armbanduhr. Er zuckte die Schultern, lächelte schüchtern und schaute weg.

Eine Bauersfrau, die sehr beschäftigt war mit zwei jammernden Kindern, sah mich nervös an. Ich schwieg. Ein Bus kam. Alle stiegen ein. Ich setzte einen Fuß auf die Stufen.

»Bung Wai Bus?« fragte ich den Fahrer. Er blickte die Schaffnerin an, eine kleingewachsene junge Frau mit dem vorgeschriebenen kurzen blauen Rock und fetten Beinen. Sie lächelte hilflos.

»Bung Wai Bus zum Dorf Bung Wai«, erklärte ich.

Sie sah den Fahrer wortlos an. Er brachte den Motor zum Aufheulen und starrte die Hauptstraße hinunter. Ich blieb eisern stehen, stieg weder ein noch aus.

»Bung Wai. Bung Wai!«

Der Fahrer machte eine ungeduldige Geste, damit ich einstieg. Ich wußte, daß er mich nicht verstanden hatte. Ich gab nach. Ich schüttelte die Regentropfen von meinem Rucksack und setzte mich neben den am gebildetsten aussehenden Mitfahrer, einen Studenten mit einem weißen Hemd, in dessen Brusttasche drei Kugelschreiber steckten.

»Fährt dieser Bus nach Bung Wai?« versuchte ich noch einmal.

Der Student erwiderte meinen Blick, höflich aber verwirrt.

Ich öffnete den Reißverschluß an der äußeren Rucksacktasche und zog ein kleines weißes Buch heraus. Als ich den Namen gefunden hatte, den ich suchte, versuchte ich ein paarmal, ihn auf verschiedene Arten auszusprechen in der Hoffnung, ich würde dabei eine Version herausfinden, die für seine Thai-Ohren verständlich sein würde.

»Pah Nanachat. Pah Nanachat. Ich Pah Nanachat gehen, verdammten Bung Wai.«

Das Lächeln des jungen Mannes verlor etwas an Intensität angesichts meiner Aufsässigkeit. Ich blätterte durch die Seiten in der Hoffnung, eine Abbildung von Ajahn Chah zu finden, aber die war in dem anderen Buch, im vierhundert Kilometer entfernten Bangkok. Ich zog die Beine hoch und faltete sie zum Lotussitz, legte meine Hände im Schoß zusammen, setzte mich ganz aufrecht hin und schloß bedeutungsvoll ein paar Sekunden lang die Augen. Dann öffnete ich sie wieder und sah den Studenten durchdringend an. Er kratzte sich am Kopf. Aber der Soldat rief ihm etwas zu und wies auf meine Haltung hin. Der Student grinste offen und nickte. Alle im Bus wirkten erleichtert. Der *farang* will in ein *wat* gehen.

Inzwischen war allerdings der Bus in Ubon Rajathani angekommen. Mein vages Richtungsgefühl sagte mir, daß ich ein Stück zurückmußte, um nach Bung Wai zu kommen. Der Student stieg in der Stadt mit mir aus. Offensichtlich wußte er jetzt, was ich wollte, aber nicht, wo es sich befand. Er schien entschlossen, mir zu helfen. Er war groß für einen Thai, fast so groß wie ich, aber mager und jünger, als ich zuerst angenommen hatte, vielleicht fünfzehn. Mein neuer Führer hielt auf der Straße eine Gruppe von Soldaten an. Einer von ihnen schien den Ort zu kennen, nach dem ein Fremder wie ich suchen mochte. Er lächelte und sagte in gebrochenem Englisch: »Du gehen *farang-wat*? Wat Pah Pong, Wat Pah Pong.«

»Ich gehe Wat Pah Nanachat. Wat Pah Nanachat. Ajahn Chah.«

»Ajahn Chah, Ajahn Chah. Wat Pah Pong, Wat Pah Pong«, korrigierte er mich.

»Ich verstehe. Warum nicht? Also Wat Pah Pong.«

Alle schienen sich über diese Entscheidung zu freuen. Die Soldaten riefen ein *tuk-tuk* für den Studenten und mich herbei. Wat Pah Pong wurde in den Büchern von Ajahn Chah auch genannt, also ging ich davon aus, daß dort wenigstens jemand Englisch sprechen würde. In Bangkok braucht man sich keine Gedanken zu machen, man kommt gut mit Englisch durch. Hier oben im Nordosten konnte man es genausogut auf Portugiesisch versuchen.

Der Fahrer des *tuk-tuk* sagte, er werde uns für dreißig *bhat* zum Kloster Pah Pong bringen. Das Dreirad fuhr

Richtung Osten durch den Rest der Stadt und dann hinaus über eine schlammige, nicht asphaltierte Straße in den Dschungel. Nach zwanzig Minuten kamen wir zu einem breiten, eisernen zweiflügeligen Tor. Es war abgeschlossen. Der Student fand in der hohen Betonmauer daneben eine kleine Tür, die offen war. Die Nacht war völlig schwarz, und es regnete immer noch. Ich zog meine Taschenlampe ganz unten aus dem Rucksack und ging mit dem Studenten, der sich an meinen Arm klammerte, durch den kleinen Eingang. Hinter der Mauer fanden wir ein riesiges, etwa zwanzig Meter breites Loch in der Straße. Mein Licht spiegelte sich in den Pfützen unten im Loch. Wir sahen, daß die Wände ganz senkrecht waren wie bei einer Baugrube.

»Ich schätze, im Augenblick gibt es hier kein Pah Pong«, sagte ich zu meinem Führer. Draußen unterhielt sich unser Fahrer mit dem Besitzer einer kleinen Garküche neben der Mauer. Die Stühle waren alle für die Nacht auf wacklige Holztische gestellt. Eine Petroleumlampe flackerte. Er schüttelte den Kopf, als wir zu unserem Fahrer traten. Er zeigte auf die Straße, die von dem Tor in Richtung Westen führte. »Pah Nanachat«, hörte ich ihn sagen.

»Ja, Pah Nanachat!« nickte ich wild. Unser Fahrer ließ sich den Weg erklären, und wir drei kletterten zurück in sein *tuk-tuk*. Er steckte einen Meßstab in seinen Tank und murmelte leise etwas. Dann ließ er den Motor an. Wir fuhren dröhnend über die schlammige neue Spur, bis sie auf eine andere Straße führte. Dort zögerte der Fahrer. Der Student stritt mit ihm darüber, welchen Weg wir jetzt nehmen müßten. Schließlich bogen wir nach rechts ab, zurück in Richtung Stadt. Aber der Student drängte den Fahrer, bis er umkehrte und in die entgegengesetzte Richtung fuhr. Als wir uns den Lichtern eines kleinen Dorfes entlang der Straße näherten, hielt der Fahrer an und stieg aus, um in einem der Häuser nachzufragen. Er kam wieder heraus und hielt selbstsicher den Daumen hoch. Eine halbe Stunde später hatten wir uns völlig verirrt. Der Motor begann im Regen zu spucken. Der Fahrer schien bereits zu meutern, mich am Rand der Hauptstraße abzusetzen und nach Hause zu fahren. Er stritt laut mit dem Studenten. Ein hölzernes Schild tauchte im Scheinwerferlicht auf. Darauf stand in Thai und Englisch: »Wat Pah Nanachat. Internationales Waldkloster Bung Wai.« Wir jubelten alle drei. Das *tuk-tuk* folgte der Abzweigung. Es war nur ein sehr schlammiger Feldweg. Bald waren wir vom Dschungel umgeben. Ein Fußweg tauchte im Regen auf. Das *tuk-tuk* rutschte seitlich auf den schlammigen Parkplatz daneben. Der Fahrer ließ den Motor laufen.

Ich gab ihm, was er verlangte, hundert *bhat* für seine Arbeit, und bedankte mich bei den beiden. Ich wünschte ihnen, daß sie noch genug Benzin hatten, um sicher zurück in die Stadt zu kommen. Mein Student winkte mir zu, als das Fahrzeug wendete. Nachdem ich zugesehen hatte, wie das kleine Licht den Weg hinunter verschwand, machte ich meine Taschenlampe an und leuchtete den nassen, dicht umwachsenen Pfad entlang, wobei ich mich wunderte, wie seltsam die Nacht und der strömende Regen alles aussehen ließen. Mein Gepäck über einen Arm gehängt, wanderte ich in den schwarzen Dschungel hinein.

Ich erwartete einen nervenaufreibenden Fußmarsch über mehrere Kilometer, bevor ich die Waldeinsiedelei erreichte. Es irritierte mich, als die feuchten Mauern des Gebäudes schon nach fünf Minuten auftauchten. Vor mir sah ich etwas Helles. Der Pfad wurde breiter und das Blätterdach über mir lichter, dann erreichte ich ein großes, scheunenähnliches Gebäude. An der Seite stand eine Tür auf. Es war ein Tempel. An der Vorderseite stand ein Altar wie eine Bühne, beherrscht von zwei großen Messingbuddhas. Kleinere Messingfiguren knieten in ehrfürchtiger Haltung auf beiden Seiten. Untergeordnete Figuren vor den großen Statuen glänzten im Schein von zwei Kerzen. Vor dem Altar lagen rote Matten in fünf Reihen. In der letzten Reihe saß ein junger, weißgekleideter Mann mit glattrasiertem Kopf. Er saß in der typischen Meditationshaltung der Thai, die Beine angewinkelt, den linken Fuß auf die rechte Wade gelegt. Seine Hände waren im Schoß gefaltet, die Augen geschlossen, unbeweglich wie die Buddha-Statuen. Er bemerkte mich nicht. Er war Kaukasier.

Ich verbeugte mich dreimal vor den Statuen, wie Tan Sumana Tissa es mir gezeigt hatte, und berührte dabei aus einer knienden Haltung heraus dreimal mit der Stirn den Boden. Ich setzte mich in die dritte Reihe und winkelte die Beine an, um den Platz auszuprobieren. Links vom Altar stand eine Glasvitrine mit einem vollständigen menschlichen Skelett darin.

Ich wiederholte meine Verbeugung, erhob mich und verließ den Tempel auf der Suche nach einem Büro. Niemand erwartete mich. Als ich wieder im Regen stand, bemerkte ich, daß das Licht aus einem Fenster an der Rückseite des Tempels kam. Es gab dort auch eine Tür. Ich hörte drinnen Stimmen, also klopfte ich an. Sie öffnete sich. Ein Mann mit weißer Haut in weißer Robe blinzelte mich durch eine stahlgeränderte Brille an.

»Sprichst du Englisch?« fragte ich.

»Ich denke schon«, antwortete er humorlos.

»Es tut mir leid, daß ich erst so spät komme«, stammelte ich. »Ich war den ganzen Tag mit dem Bus unterwegs. Das *tuk-tuk* hat sich im Regen verirrt. Ich bin gerade angekommen.«

»Ja«, sagte er. Er wandte sich einem halbwüchsigen Jungen in ockerfarbener Robe zu, der auf dem Fußboden des Zimmers neben einem Kassettenrekorder saß, und sagte etwas auf Thai.

16

»Ich werde dich zum Ajahn bringen«, sagte der Mann und wandte sich mir wieder zu.

Ich folgte seiner weißen Kleidung über die Lichtung und wieder in den Dschungel. Sie schien im Dunkeln zu leuchten. Der Regen hatte aufgehört, aber überall tropfte es aus dem dichten Laubdach über uns. Wir gelangten zu einem kleinen Holzhaus, das auf Stützen hoch über dem Boden stand.

»*Swaddie krup*«, sagte mein neuer Führer, während wir auf das dunkle Gebäude zuwanderten. Eine dunkle Gestalt erschien am Geländer über uns. Eine Stimme sagte etwas auf Thai zu uns herunter. Als der Grund für die späte Störung erklärt war, kam die Gestalt die breite Holztreppe herunter. Ich leuchtete mit meiner Taschenlampe auf ihn und war erstaunt, daß er auch ein Weißer aus dem Westen war. Der Mann war groß und dünn, vielleicht vierzig Jahre alt – aber ohne Haare. Er hatte eine Nase in der Form einer Sprungschanze. Unter dem Rosa seiner Kopfhaut schienen seine Augen blau zu sein.

»Danke, Michael«, sagte der Ajahn. Der Mann in Weiß hob seine vor dem Gesicht zusammengelegten Hände in einem *wai*, der Thai-Geste des Respekts. Dann drehte er sich um und ging durch den Dschungel zurück.

»Wir können uns hier hinsetzen«, sagte der Ajahn. Er trug die ockerfarbene Robe, die typisch für die buddhistischen Theravada-Mönche ist, ein schmutziges Gelbbraun, aber seine Sprache war Australisch. Wir setzten uns auf den Marmorsockel unter seiner Hütte, er auf eine flache Stufe, ich vor ihm kniend.

Ich erklärte ihm kurz, daß ein Mönch in Bangkok mir zwei von Ajahn Chahs Büchern über Meditation gegeben und mir erklärt hatte, daß das Wat Pah Nanachat in Thailand der beste Ort für Ausländer sei, um zu lernen, wie man die Lehren Buddhas in die Praxis umsetzen könne. Ich sagte, ich wolle etwa drei Monate bleiben.

Der oberste Mönch nickte. »Ich habe dich erwartet. Jetzt kannst du erst einmal im Gästezimmer über der Küche schlafen. Wenn du dich dann hier auskennst, kannst du dir den Kopf rasieren. Das ist das Zeichen, daß du einige Zeit bleiben und praktizieren möchtest. Wenn du rasiert bist, geben wir dir ein *kuti*, in dem du leben kannst. Du wirst es vielleicht seltsam finden, daß wir das Rasieren der Haare so wichtig finden, aber die Menschen hängen an ihrem Haar. Hier lehren wir, wie wir diese Gebundenheit an Dinge überwinden können. Auf diese Weise können wir aufhören zu leiden. Man fängt mit den Haaren an. Aber das hat keine Eile. Erst wenn du dazu bereit bist. Anfangs gibt es hier viel zu lernen. Ich werde jetzt nicht viel sagen. Es ist spät, und du wirst es wieder vergessen.

Du wirst um drei Uhr morgens die Glocke hören. Wir erwarten, daß alle um halb vier in der *sala* sind – das ist der Haupttempel – zu den Morgenrezitationen und zur Gruppenmeditation. Das Essen ist um acht. Wir essen nur einmal am Tag. Manche Leute finden es am Anfang schwierig, sich daran zu gewöhnen. Es ist leicht, an alten Gewohnheiten zu hängen. Jetzt hole ich dir ein paar Decken und zeige dir, wo du schlafen wirst.«

»Übrigens«, sagte ich, »ich heiße Tim. Ich bin Kanadier.«

»Prima. Bevor du aufstehst, kannst du gleich noch lernen, daß es üblich ist, sich dreimal zu verbeugen, wenn man in die Gegenwart eines Ajahn kommt und wenn ein Gespräch vorüber ist.«

Ich machte meine Verbeugungen.

»Morgen sprechen wir über die richtige Art, sich zu verbeugen und zu sitzen«, sagte er.

Das Zimmer über der Küche war riesig, mit einem hohen Dach und vielen Fenstern. Ich öffnete sie alle, damit die kühle Luft hereinkam. Das ganze Gebäude war aus Holz. Die Fußbodendielen glänzten dunkel. Auf einer Wand war ein vertrautes – aber hier deplaziert wirkendes – tibetisches *samsara*-Rad. In der Mitte des Rades jagten sich ein Schwein, ein Hahn und eine Schlange im Kreis herum. Sie stellten die Unwissenheit, das Verlangen und den Haß dar, die drei Ursachen des Leidens, das alle Wesen an den endlosen Zyklus des Lebens bindet. Alle Lebewesen werden immer neu geboren in die sechs Bereiche, die als Strahlen vom mittleren Kreis des Rades aus dargestellt waren. In jedem Bereich herrschte Leiden. Die Höllenwesen litten körperliche Qualen; die hungrigen Geister des spirituellen Bereichs, mit ihren dünnen Hälsen und riesigen Bäuchen, konnten ihren unermeßlichen Hunger und Durst nicht stillen. Im tierischen Bereich litten die Tiere unter Furcht und Unwissenheit. Unter den verschiedenen Aktivitäten des menschlichen Bereichs waren Armut, Grausamkeit und Schmerz dargestellt. Die titanengleichen *asuras*, die die Götter beneideten, weihten sich dem immerwährenden Krieg gegen den Himmel. Doch selbst die Götter im *deva*-Bereich der Seligkeit litten. Nach der buddhistischen Lehre werden alle Wesen sterben und wiedergeboren. Wenn Götter sterben, fallen sie in die tieferen Welten zurück. Sie leiden an der Angst vor dem Tod. Das ganze Rad, auf dem die Bereiche Gottes und der Hölle gleichgewichtig waren, wurde gehalten von den gelben Zähnen und Klauen eines rotäugigen Dämonen. Dies war die erste buddhistische Wahrheit: Leben bedeutet Leiden. Und doch war auch Buddha in jedem Bereich des Rades dargestellt, seine Lehre der Erlösung verkündend.

Im Dunkeln läutete eine Glocke. Der klare Ton hallte durch den Dschungel. Ich setzte mich aufrecht hin, um zuzuhören, den Schlaf aus meinem Kopf zu vertreiben und mir in Erinnerung zu rufen, was los war. Drei Uhr.

Die Luft draußen war kühl. Ich ging mit anderen Gestalten, die aus dem Dschungel kamen, zusammen zur *sala*.

Dort saß ich neben vier weiteren Männern in der letzten Reihe, die alle weiß gekleidet waren. In der Reihe vor uns saßen drei Männer ebenfalls in weißen Roben. In einem von ihnen erkannte ich Michael wieder. Vor ihnen waren die Mönche und Novizen in Ocker, zusammen etwa zwölf. Die ganze Gemeinde war kleiner, als ich erwartet hatte, was ich erfreulich fand. Wir saßen eine Stunde lang schweigend da. Ein paar Mönche standen auf und gingen zur Rückseite der *sala*, wo sie auf und ab schritten. Ich hatte vorher noch nie jemanden gesehen, der Meditation im Gehen betrieb. Ich schloß die Augen und suchte nach dem Punkt der Konzentration, nach dem sachten Gefühl der Luft, die beim Atmen an meinen Nasenflügeln und über meine Oberlippe entlangstrich. Hier würde ich die *vipassana*-Meditation lernen, die Meditation, die beginnt mit der einfachen Bewußtwerdung der natürlichen Körpergefühle, der Empfindung der Füße auf dem Boden, des Ein- und Ausatmens, wobei der Geist zu dem zurückkehrt, was ihn erhält, ihn dort ansiedelt, frei von den Illusionen und Phantasien, die unser tägliches Leben bevölkern.

Bilder wirbelten hinter meinen geschlossenen Lidern, obwohl ich versuchte, mich zu konzentrieren. Frische gelbe Ananasstücke, die ich im Bus gegessen hatte. Zuckerrohrsaft, der an meinen Fingern klebte. Haar wie schwarze Rohseide, das über den Rücken der Frau bei der Touristeninformation herunterfiel. Ihr Thai-Lächeln. Phra Sumana Tissa in Bangkok, der mich kitzelte, als ich versuchte, mich vor ihm zu verbeugen, Rambutan, außen ganz rot und haarig, innen weiß und süß, eine sehr exotische Frucht. Was konnte ekeliger sein als gebratene Kakerlaken, serviert in einer sterilen Plastiktüte?

Ein kleiner Gong wurde vorn in der *sala* geschlagen. Die Gehenden kehrten zu ihren Plätzen zurück. Jeder kniete in ordentlicher Haltung, das Hinterteil auf die Fersen gestützt, den Rücken aufrecht und die Hände am Kinn zusammengedrückt in der *wai*-Position. Der Ajahn kroch auf den Knien nach vorn zu einem Foto, das vor den Buddha-Statuen stand. Er zündete rechts und links davon je eine Kerze an. Im Halbdunkel erkannte ich, daß es das Bild eines alten Thai-Mönches war. Vor dem Bild lag noch eine Matte. Jeder, der darauf saß, würde den Mönchen zugewandt sein, nicht den Buddhas. Das war der Sitz des Lehrers für Ajahn Chah. Nur sein Foto stand uns gegenüber.

Der Gong erklang noch einmal. Die Stimme des Ajahns erhob sich in einem starken, tiefen, monotonen Singsang, »YO SO«, die Vokale langgezogen, vibrierte es durch den stillen, dunklen Saal. Die Mönche, Novizen und Weißgekleideten stimmten ein in sein Lobpreisen Buddhas. »BHAGAVAN ARAHAT SAMASAMBUDDHO...« Sie sangen auf Pali, der Sprache der buddhistischen Theravada-Texte, von denen es hieß, daß sie die ursprünglichen Worte und Lehren Gautama Buddhas überlieferten. Pali war einst die Sprache der Menschen in Nordindien, wo Gautama Siddharta Buddha lebte. In Thailand ist Pali eine geheimnisvolle, religiöse Sprache, die von allen Buddhisten gebetet, aber nur von einer kleinen Minderheit gelehrter Mönche verstanden wird. Der Sprechgesang füllte die *sala* mit einem Rhythmus aus langen und kurzen Klängen. Das nasale Summen hatte auch etwas Klingendes, blieb aber ohne eigentlichen Gesang, ohne das An- und Abschwellen des Gefühls. Es war eine ernste, feierliche, losgelöste Darbietung vor den schweigenden Messingstatuen.

Dann wurde es hell. Von draußen sickerte das Licht in die *sala*. Wir saßen schweigend, bis die Glocke wieder erklang. Dreimal verbeugten wir uns vor dem Altar. Dreimal verbeugten wir uns vor dem Foto unseres abwesenden Lehrers, des Ajahn Chah. Schweigend standen die Mönche und die anderen auf. Sie rollten die Matten zusammen und legten sie wieder auf ein Brett am hinteren Ende des Saals. Wir nahmen jeder einen kleinen Grasbesen aus einem großen geflochtenen Korb und fegten den Fußboden, dabei sammelten sich Staub und tote Motten auf einem Haufen mit hunderten von kleinen schwarzen Ameisen, die auf der Suche nach Nahrung waren. Von einem großen Haufen wurde alles auf ein Kehrblech und damit nach draußen transportiert. Niemand sprach ein Wort, keiner gab zu erkennen, daß während der Nacht ein neues Gesicht bei ihnen aufgetaucht war.

Die Mönche begannen sich auf die Almosenrunde vorzubereiten, reinigten ihre Schüsseln und hüllten sich in ihre Umhänge. Obwohl ich wußte, daß dies ein internationales *wat* war und auch *farang*-Mönche erwartet hatte, war ich doch überrascht, daß nur drei von ihnen Thai waren. Im Dunkeln war mir das nicht aufgefallen. Im Hellen war ich erschreckt über die weißrosa Köpfe, die großen, eher plumpen Gestalten und die blauen Augen in Zusammenhang mit den traditionellen ockerfarbenen Roben der Thai.

Ich verließ den Saal und begab mich auf die Suche nach einem kleinen, freien Platz im Dschungel. Als ich ein passendes Fleckchen gefunden hatte, zog ich meine Sandalen aus und begann, die Augen einen Meter vor mir auf den Boden geheftet, auf und ab zu gehen, bewegte meinen Körper langsam und bewußt und konzentrierte meinen Geist auf jedes Gefühl meiner sich bewegenden Muskeln. Ich hatte noch nie versucht, im Gehen zu meditieren. Ich hatte das Gefühl, als würde ich gleich umfallen.

Ein schwarzes, etwa acht Zentimeter langes Wesen krabbelte mir langsam über den Weg. Meine Augen fielen mir fast aus dem Kopf. Ich kniete mich auf den Boden, um es genau zu betrachten. Es besaß Greifzangen wie ein Skorpion und den gleichen schwarzen, gliederfüßigen Körper. Doch statt des gebogenen Schwanzes eines Skorpions stand aus seinem Hinterteil ein dünner, durchsichtiger Stachel wie die Spitze einer Nadel waagerecht heraus. Der Stachel glänzte, als das Tier vom Weg herunter und wieder in die trockenen Blätter krabbelte. Es bewegte sich, als betreibe es heute morgen auch Meditation im Gehen. Ich richtete mich wieder auf, begann wieder zu schreiten und war mir des Bodens vor meinen Füßen jetzt sehr viel deutlicher bewußt.

Im Morgenlicht konnte ich jetzt sehen, daß das *wat* wunderschön inmitten des Dschungels lag. Zwischen der *sala* und der Küche führten ein Dutzend sich überkreuzender Pfade durch die von Blättern bedeckten, wildbewachsenen Flächen. Die Bäume machten den Himmel fast unsichtbar. Dschungel ist anders als Wald, wie wir ihn uns im Westen vorstellen. Grüne Schlingpflanzen verwoben alles miteinander, wickelten sich aufwärts um Baumstämme, hingen von einem Ast zum nächsten. Sie verbanden und erstickten gleichzeitig. Farne und Palmen erhoben sich zwischen breitblättrigen Laubbäumen. Ich erkannte nur wenige Arten darunter. Mango. Teak. Nichts, was ich von zu Hause kannte. Wo die gefegten Pfade lagen, sah man rotbraunen weichen Sand.

Die Küche war voller Leben, als ich zum Gästeraum zurückkam. Genaugenommen lag mein Zimmer über zwei Lagerräumen und einem großen freien Raum mit Betonboden, in dem Wasserkrüge und ein paar Kohleöfen standen, was ihn zur Küche machte. Mehrere Thai aus dem Dorf waren mit Kochen beschäftigt, schälten Gemüse, spülten große weiße Servierschüsseln, unterhielten und amüsierten sich. Zusätzlich zu dem, was die Mönche voraussichtlich von der Almosenrunde mitbringen würden, wurde uns regelmäßig von den verschiedensten Leuten, die morgens kamen, Essen zubereitet. Traditionellerweise essen Mönche nur, was sie beim Betteln bekommen, aber ich nehme an, fremde Besucher wußten die zusätzlichen

Speisen durchaus zu schätzen. Das war besser, als wenn einer der Mönche zwei Schalen würde mitnehmen müssen. Unser Frühstück sah aus, als wenn es ein Festessen werden würde. Man muß sich gut sattessen, dachte ich, wenn man nur einmal am Tag zu essen bekommt.

Ich ging in die *sala* und entdeckte eine Tafel an der Rückwand. Dort stand auf englisch der tägliche Stundenplan.

3:00 – Aufstehen
3:30 – Morgenrezitation, tägliche Besinnung und
        Meditation
5:00 – *sala* reinigen
Morgengrauen – Almosenrunde
8:00 – Mahlzeit
14:30 – Getränke
15:00 – Hausarbeit

Es sah wirklich aus, als wenn viel Zeit wäre, um dem Körper beim Atmen zuzusehen. Oder zwischen den Skorpionen hin und herzugehen.

Kurz vor acht ging ich in die Küche und half den Dorfbewohnern, weiße Schüsseln mit Speisen in die *sala* zu tragen. Die Mönche und Novizen saßen auf einem flachen Podest entlang der anderen Seite des Tempels. Sie bildeten eine einzige Reihe, die durch die Männer in weißen Roben und in einfacher weißer Kleidung fortgesetzt wurde. Aber die Männer in Weiß saßen auf dem Boden vor dem Podest, nicht oben bei den Mönchen und Novizen. Der Ajahn winkte mich zu sich und erklärte mir kurz, ich solle mit den Dorfbewohnern in der *sala* bleiben, bis die Mönche angefangen hätten zu essen. Dann könne ich mit ihnen gehen und in der Küche mit den Leuten zusammen essen, die das morgendliche Speisenopfer gebracht hatten. Er erklärte mir auch, wenn ich erst meinen Kopf rasiert und die weiße Kleidung angezogen hätte, würde ich ein »Laienbruder« werden und die Erlaubnis bekommen, ebenfalls auf dem Boden der *sala* zu essen.

Ich sah zu, wie die Mönche die Speisen die Reihe entlang weiterreichten und sich dabei den Inhalt in ihre schwarzen Emailleschalen schöpften. Alles, was sie bei den Almosenrunden sammelten, kam in die Küche und in die weißen Schüsseln. Wenn dann Essenszeit war, wurden sie wieder herausgebracht und an die Gemeinschaft verteilt. Es gab etwa zwanzig Gerichte, hauptsächlich typische Thai-Currys und frische tropische Früchte. Nachdem die Mönche und die anderen ihre Schalen gefüllt hatten, stimmte der Ajahn ein kurzes Segensgebet an, das alle zusammen sprachen. Der Ajahn begann dann zuerst zu essen, und zwar mit Suppenlöffel und Messer. Nach ihm begann der zweite Mönch und so weiter die Reihe abwärts, wobei jeder wartete, bis der rechts neben ihm Sitzende begonnen hatte. Ich folgte dem Beispiel der Dorfbewohner und trug die weißen Servierschüsseln zurück in die Küche. Ich hatte Hunger, nachdem ich das ganze Essen so von nahem gesehen hatte. Ich hatte in der Nacht, als ich ankam, kein Abendessen bekommen und wußte, daß es kein Mittagessen und kein Abendessen geben würde. Lange nicht.

Eine der Frauen aus dem Dorf hockte sich hin und stellte eine große Schüssel mit Essen vor sich auf den Küchenfußboden. Ich war schon seit über einem Jahr in Asien unterwegs gewesen, und daher bewirkte der Anblick von so viel Essen in mir automatisch die Reaktion, es möglichst schnell in mich hineinzustopfen, bevor es mir jemand wegnehmen konnte. Ich machte mich mit einem kleinen Blechlöffel sofort ans Werk.

»Hallo, das muß hier wohl die Küche sein, oder?« sagte eine Stimme auf Amerikanisch über mir. Instinktiv schnappte ich mir meine Schüssel und sah dann über meine Schulter hinauf in ein hageres, grinsendes Gesicht, das zu der Stimme paßte. Sie gehörte einem lang aufgeschossenen jungen Mann, der sich mit angewinkelten Beinen neben mich setzte.

»Man hat mir gesagt, ich solle mir in der Küche etwas zum Essen holen. Ich heiße Jim. Wie heißt du?«

»Tim, Jim.«

Ein Thai stellte eine große Portion Essen vor den Neuankömmling und gab ihm einen Löffel. Jim ließ einen kleinen Studentenrucksack von seiner Schulter fallen und startete einen Angriff auf sein Essen mit einem meditativen Enthusiasmus, der dem meinen durchaus zu vergleichen war. Es verwirrte mich, daß er auch hier war. Ich hatte meine Einzigartigkeit verloren. Nicht, daß mich irgend jemand besonders zur Kenntnis genommen hätte, aber jetzt gab es zwei neue Gäste: einen Tim und einen Jim. Ich nahm an, daß das bestimmt Schwierigkeiten geben würde. Wir sahen uns zu ähnlich, unsere Art zu sprechen war ähnlich, unser Haarschnitt, unsere Gesichtszüge und Brillen waren fast gleich. Und angesichts der Tatsache, daß mich Jims erste paar Worte so genervt hatten, schloß ich, daß unsere Stimmen auch ziemlich identisch klingen mußten.

Aber sein Eindringen konnte das Essen nicht wesentlich stören. Die Speisen schmeckten hervorragend. Die Vielfalt der Früchte war erstaunlich. Man hatte mir Bananen, Orangen, Ananasscheiben, Trauben, eine Mango und eine Handvoll reifer Jackbaumfrucht-Stücke gebracht. Es gab auch noch kleine, rote Rambutanfrüchte, Papayas, Lychees und Mangostanenfrüchte mit ihrer lilaroten Rinde und dem süßen weißen Fruchtfleisch. Ein großes, bleiches, gelbliches Ding klebte an der Seite meiner Schüssel wie eine riesige Nacktschnecke. Es roch süßlichweich wie Abfall. Es war eine der schrecklichen Stink- oder Zibetfrüchte, die Thais köstlich, alle anderen aber widerlich finden. Ich kümmerte mich nicht um sie.

Jim sprach auf Thai mit den Dorfbewohnern. Sie kamen herüber und setzten sich zu ihm, höchst erfreut darüber, daß dieser neue *farang* ihre unverständliche Sprache sprechen konnte. Er erklärte mir, er habe im vergangenen Jahr an der Chiang Mai Universität in Nordwestthailand Geschichte, Kultur und Religion Thailands studiert. Dies war sein Studienjahr im Ausland.

Nach dem Frühstück brachte ich Jim zum Haus des Ajahn. Der australische Mönch setzte sich auf ein Kissen auf den marmornen Platz unter seiner hochstehenden Teakholzhütte. In vollem Tageslicht sahen die ockerfarbenen Roben an seiner hageren, rosahäutigen Gestalt noch unpassender aus. Er war bestimmt größer als einen Meter und achtzig, aber da er schon seit Jahren mit dem wenigen Essen der Mönche lebte, war er sehr mager geworden. Sein rasierter Kopf hätte vermutlich wie ein Schädel ausgesehen, wenn seine Nase nicht wie ein Schnabel daraus hervorgestanden hätte. Er sah mit seinen blaßblauen Augen Jim an und sprach ruhig und etwas unsicher.

»Du mußt der Amerikaner sein. Ich war etwas durcheinander. Ich dachte, du wärest gestern abend angekommen.«

»Also haben Sie meinen Brief erhalten?« fragte Jim.

Der Ajahn nickte. »Ich dachte zuerst, Tim wärest du.«

»Nun ja, ist er aber nicht, ich bin es. Wie ich schon in meinem Brief geschrieben habe, würde ich gern ungefähr drei Monate bleiben und als *pahkow* hier aufgenommen werden.«

»Und du?« Der Mönch wandte mir seinen hellen Blick zu.

»Ich weiß eigentlich nicht viel von dem Ort hier. Gestern abend habe ich gesagt, ich würde gern ungefähr drei Monate bleiben, aber es könnten vielleicht auch nur zwei oder fünf sein. Ich habe es nicht eilig. Was ist ein *pahkow?*«

»Sie tragen Roben wie ein Mönch, nur in Weiß. Du bist

doch gestern abend Michael begegnet, oder? Genaugenommen ist die Sitte, Männer als *pahkows* aufzunehmen, in der Thai-Tradition noch ziemlich neu. Früher wurden immer nur Frauen *pahkows*, denn es gibt in Thailand keinen Nonnenorden mehr. Gewöhnlich werden Thais sofort Mönche, außer sie sind noch sehr jung, selbst wenn sie nur ein paar Monate bleiben. Natürlich ist es für sie ziemlich einfach, richtige Mönche zu werden, weil sie mit dem Buddhismus aufgewachsen sind. Für Leute aus dem Westen, die mit der Tradition nicht vertraut sind, ist es passender, wenn sie als *pahkows* aufgenommen werden. So können sie sich an die Disziplin und die Übungen gewöhnen, ohne unter dem Druck des regelrechten Mönchslebens zu stehen. Und wenn sie dazu bereit sind, können sie Novizen werden. Schließlich legen sie dann auch die Gelübde eines *bhikkhu* ab – das ist der Pali-Ausdruck für Mönch. Natürlich müßt ihr das nicht jetzt gleich entscheiden.«

»Worin besteht denn der Unterschied zwischen einem *pahkow* und einem Novizen?« fragte ich.

»Der einzige wirkliche Unterschied ist, daß der *pahkow* sich an die »Acht Regeln« hält und der Novize an die »Zehn Regeln«. Ein Mann aus dem Westen bleibt gewöhnlich mehrere Monate lang ein *pahkow*, bevor er sich überlegt, sich als Novize aufnehmen zu lassen.«

»Warum läßt er sich nicht einfach gleich als Novize aufnehmen und hält sich an zwei Regeln mehr?« fragte ich.

»Es ist ein Unterschied, wie man von den anderen angesehen wird«, erklärte der Ajahn. »Ein Novize wird von den Thai und der *sangha* als jemand betrachtet, der auf dem Weg ist, ein Mönch zu werden. Ein *pahkow* ist ein Laie, der nur vorübergehend die grundlegenden Gelübde einhält.«

»Ich verstehe. Also möchte ich auch ein *pahkow* sein«, sagte ich.

»Zuerst werdet ihr beide ein paar Tage als Gäste im Kloster verbringen, bis ihr die Regeln gelernt habt«, sagte der Mönch. »Wir sind hier eine Gemeinschaft, und so gibt es bestimmte festgelegte Vorschriften, nach denen wir uns miteinander verhalten. Wenn es diese Vorschriften nicht gäbe, gäbe es auch keine Harmonie. Die Regeln, denen wir folgen, sind die gleichen, die Buddha vor mehr als zweitausendfünfhundert Jahren im *Vinaya* niedergeschrieben hat. Es ist eine sehr alte Tradition, der ihr hier folgen werdet. Die Mönche halten sich an zweihundertundsiebenundzwanzig Übungsvorschriften. Ihr solltet euch darüber klar sein, daß alles, was die Mönche tun, auch als Regel niedergelegt ist. Soweit wie möglich solltet ihr euch ebenso verhalten. Zunächst werde ich euch nur die fünf Regeln nennen, an die sich Laienbrüder und Gäste halten müssen, und die zusätzlichen drei, an die ihr euch halten müßt, wenn ihr *pahkows* werden wollt.

Die erste Regel lautet, nicht zu töten. Die meisten von uns schaffen es schon ganz gut, keine Menschen und große Tiere zu töten, aber man sollte es auch vermeiden, Insekten zu töten. Das wird euch vielleicht schwer fallen, besonders mit den vielen Mücken und Ameisen, die es hier gibt. Aber nach dem *Vinaya* sollte ein Mönch noch nicht einmal Pflanzen abschneiden oder in der Erde graben. Aber das ist etwas, um das wir euch als Nichtmönche dann vielleicht bitten werden.

Die zweite Regel lautet, daß ihr nichts nehmen sollt, was man euch nicht gegeben hat. Das bedeutet mehr, als nur nicht zu stehlen. Wenn etwas zum gemeinsamen Besitz des *wat* gehört, solltet ihr trotzdem fragen, bevor ihr es verwendet. Manchmal nehmen Menschen Dinge, ohne daran zu denken oder sind unachtsam mit etwas, das nur in begrenzter Menge vorhanden ist. Das kann zu Disharmonie führen, selbst wenn ihnen nicht klar ist, was sie da tun. Also nehmt nichts, was euch nicht gegeben wird.

Die dritte Regel lautet, daß ihr nicht auf unrichtige Art sprecht. Lügen ist nur eine der vier Arten, unrichtig zu sprechen. Man sollte auch niemanden verleumden, beschimpfen oder wertloses Zeug schwatzen. Wenn ihr den Mönchen zuseht, werdet ihr bemerken, wie leise und ruhig sie sind, wenn sie ihren täglichen Pflichten nachgehen. Zumindest sollten sie das tun. Sie stören einander nicht mit überflüssigen Worten.

Die vierte Regel lautet, sich von jedem erotischen Verhalten zu distanzieren. Aus diesem Grund befindet sich die Frauenabteilung ein Stück entfernt vom restlichen *wat*. Die wirkliche Versuchung, der Männer ausgesetzt sind, wenn sie hierherkommen, ist die Selbstbefriedigung. Ihr solltet euch nicht selbst befriedigen. Wenn ihr erst einmal aufgenommen worden seid, müßt ihr, wenn ihr es doch tut, kommen und es dem ältesten Mönch bekennen. Es ist schlimmer, wenn ihr dann ein *bhikkhu* seid. Dann muß ein Treffen der *sangha* einberufen und eine Strafe beschlossen werden. Der schuldige Mönch muß dann am Ende der Speisereihe sitzen. Sieben Tage lang darf niemand etwas für ihn tun. Es ist wirklich unangenehm. Ich erinnere mich daran, daß ein schon älterer Mönch große Probleme damit hatte. Immer wenn die Dorfbewohner morgens kamen, um uns Essen zu bringen, sahen sie ihn am Ende der Reihe sitzen und lachten. Es ist eine harte Strafe, aber Scham ist ein guter Anreiz, Willenskraft zu entwickeln. Manche Männer machen sich Sorgen über den wachsenden Druck, wenn es keine Entspannung gibt. Aber die Natur schafft Entspannung durch feuchte Träume. Da man nichts dagegen tun kann, daß sie vorkommen, werden dadurch keine Regeln gebrochen. Wenn man jedoch bei einem solchen Traum wach wird, sollte man sich nicht darum bemühen, ihn weitergehen zu lassen. Kein Reiben, keine Körperbewegungen. Das ist verboten.

Die fünfte Regel lautet, keinen Alkohol oder andere

Drogen zu nehmen, die zu Bewußtseinstrübungen führen. Das war in Pah Nanachat bisher selten ein Problem, obwohl wir das Rauchen in die Reihe der verbotenen Dinge einschließen. Ich denke, wenn ein süchtiger Raucher hierherkäme, würde ich ihm oder ihr erlauben, außerhalb des Klostergeländes zu rauchen. Aber Alkohol ist auf keinen Fall erlaubt. Es gibt allerdings eine kleine Lücke, die ich in den vergangenen zwei Jahren ausgenutzt habe, nämlich das Kauen von Tabak...«

»Aber Ajahn, ich habe Mönche in ganz Asien Betelnüsse kauen sehen«, sagte ich.

»Und in Thailand rauchen viele *bhikkhus*«, fügte Jim hinzu.

»Aber es geht darum, sich an die Regeln zu halten, genau wie sie niedergeschrieben sind, selbst wenn es an verschiedenen Stellen unterschiedliche Auslegungen gibt. Bei uns ist Tabakkauen nicht verboten. Aber Rauchen.

Also, die siebte Regel lautet, daß man nicht außerhalb der Mahlzeit essen soll. Das bedeutet von Mittag bis zum Morgengrauen. Hier verstehen wir das so, daß wir nur eine Mahlzeit täglich essen, und zwar morgens. Es wird euch vielleicht überraschen, daß wir manchmal zu unseren Getränken nachmittags Schokolade oder Bonbons zu uns nehmen. Die Definition von Essen im *Vinaya* ist anders, als wir sie im Westen verstehen. Zucker, Honig und Schokolade sind genaugenommen keine festen Stoffe, sondern hart gewordene Flüssigkeiten. Und die sind uns zu jeder Tageszeit erlaubt. Da wir jedoch alle Gaben teilen, essen wir sie nur zusammen zur Zeit des Trinkens. Also dürfen wir zu unserem Kakao Pralinen essen, dürfen aber keine Milch hineintun, weil diese nach den Nahrungsregeln zu den Speisen zählt.

Die siebte Regel schreibt vor, nicht zu singen, zu tanzen, Musik zu hören, Theater anzusehen, Parfüm oder Schmuck zu tragen oder sich mit Kosmetik zu verschönern. Diese Regel stellt hier kein großes Problem dar. Der vorige Ajahn brachte ab und zu Filme auf Video mit und sagte, wenn sie über *Dhamma* wären, seien sie erlaubt. Aber ich glaube, einige von ihnen hatten nur eine ziemlich vage Verbindung mit *Dhamma*.

Die achte Regel lautet, man darf nicht auf einem erhöhten oder luxuriösen Bett schlafen. Da es hier kein Bett gibt außer im Quartier des Ajahn, ist das auch kein Problem. Habt ihr beide eure Schlafmatten? Gut. Noch irgendwelche Fragen?«

Jim und ich sahen einander an. Keiner von uns beiden wagte es, wegen des Bettes zu fragen.

»Wie lauten die beiden weiteren Regeln für Novizen?« fragte ich.

»Genaugenommen gibt es nur eine zusätzliche Regel. Die siebte Regel ist in zwei Teile geteilt, damit es zehn werden. Ein Novize darf kein Gold und kein Silber anfassen. Das bedeutet Geld. Manchmal werdet ihr vielleicht gebeten, mit einem Novizen oder Mönch in die Stadt zu gehen, um für sie das Geld zu tragen, wenn sie irgendwelche geschäftlichen Dinge zu erledigen haben.

Zusätzlich zu den sieben Regeln und den zweihundertsiebenundzwanzig Regeln, die ihr kennenlernen werdet, solltet ihr auch die Thai-Traditionen und -Sitten lernen, denen wir hier in Pah Nanachat folgen. Die meisten von uns hier sind keine Thai. Als Gäste in diesem Land bemühen wir uns, uns möglichst gut einzufügen. Die Leute aus der Gegend unterstützen uns, und wir bemühen uns, sie nicht zu beleidigen. In Thailand hat ein wenig Höflichkeit immer sehr viel Effekt. Die hiesige Kultur ist viel formeller als unsere. Leute aus dem Westen brauchen gewöhnlich immer eine Weile, um sich daran zu gewöhnen. Ich bin jetzt seit zwölf Jahren hier und habe mich schon fast vollständig angepaßt. Die Thais wissen das zu schätzen. Dadurch haben wir eine harmonische Beziehung zur Gemeinde der Laien. Zum Beispiel die Art, wie du jetzt sitzt, Tim, würde im Licht der Thai-Gepflogenheiten als unhöflich betrachtet werden und mich als Mönch beleidigen.«

»Entschuldigung«, sagte ich schnell, nahm meine Beine auseinander und wußte nicht recht, was ich jetzt damit tun sollte.

»Und wenn du jetzt eine *pahkow*-Robe getragen hättest, hättest du dich gerade entblößt. Ihr versteht also, daß ihr lernen müßt, auf alle Kleinigkeiten im Leben zu achten. Auf diese Art werdet ihr Achtsamkeit entwickeln. Das ist der Schlüssel.«

»Sag mir, Ajahn, wie sollte ich denn sitzen?«

»Sieh dir Jim an. Er sitzt genau richtig, beide Beine zu einer Seite angewinkelt und von mir abgekehrt. In Thailand sollte man mit den Füßen nie auf jemanden zeigen, besonders nicht auf einen Mönch. Es ist auch nicht korrekt, wenn man in Gegenwart eines älteren Mönchs die Beine kreuzt. Jim, in deinem Brief stand, du seiest schon ein Jahr in Thailand.«

»Ja, ich war an der Chiang Mai Universität. Ich hatte das Gefühl, daß es nicht genug ist, den Buddhismus nur theoretisch zu studieren. Ich muß auch einmal in ein Kloster gehen und dort die Wirklichkeit erleben. Ich habe schon einige Erfahrung mit Meditation, aber noch keine formelle Unterweisung bei einem Lehrer bekommen. Ich denke, vor allem deswegen bin ich hier.«

»Und du, Tim?«

»Der Theravada-Buddhismus ist mir neu, aber ich war im vergangenen Sommer drei Monate in einem tibetischen Kloster in Ladakh, in Nordindien.«

»Mahayana-Buddhismus?«

»Ja. Es ist ungefähr so weit von allem entfernt, was ich bisher vom Thai-Buddhismus gesehen habe wie die katholische Kirche von der Heilsarmee. Aber ich bin offen zu lernen, was immer mich Pah Nanachat zu lehren hat.«

»Wir halten nicht viel von formellen Lehren. Es gibt nur zwei Dinge, die man beachten sollte: Folgt den Regeln und seid achtsam. Eine große Menge des bösen *kamma*, das wir in diesem Leben ansammeln, ist auf die Nichtbeachtung der Regeln zurückzuführen. Haltet sie ein, und ihr werdet feststellen, daß die Meditation von allein folgt. Seid in jeder Beziehung achtsam. Achtsamkeit führt dazu, daß eure Meditationsübungen vierundzwanzig Stunden am Tag weitergehen. Seid aufmerksam mit dem, was ihr im Augenblick gerade tut. Denkt nicht über die Zukunft oder die Vergangenheit nach, auch nicht über irgendeine Abneigung oder die Lust, die ihr spürt. Wenn ihr geht, dann geht; wenn ihr sitzt, dann sitzt. Wendet dieses Prinzip auf alles an, was ihr tut, vom Essen bis zum Stuhlgang. Die Regeln selbst sind eigentlich nur eine Hilfe zur Achtsamkeit.

Manche der Regeln wirken in der heutigen Zeit unsinnig. Sie scheinen mehr Schwierigkeiten mit sich zu bringen, als sie wert sind. Wir würden sie lieber loswerden. Das zeigt nur unseren Mangel an Geduld, einen Mangel an Willen zur Unterordnung. Also hat jede Regel uns etwas zu lehren. Ich erinnere mich daran, daß ich vor zwölf Jahren hierherkam und glaubte, ich würde nur sechs Monate bleiben, die Erleuchtung erlangen und dann wieder weiterreisen. Ich konnte diese ganzen Regeln nicht ertragen. Sie schienen alles zu verzögern. Natürlich war das auch der Sinn der Sache. Ich konnte das damals einfach nicht annehmen. Ich hatte es zu eilig. Erst etwa im vergangenen Jahr habe ich angefangen zu verstehen, wie wichtig die Regeln wirklich sind. Befolgt die Regeln. Ihr werdet überrascht sein, wie alles andere sich dann von allein fügt.«

»Aber wie ist es mit Meditation?« fragte Jim.

»Sie hat ihre Berechtigung. Aber man kann nicht sehr viel darüber sagen. Ich nehme an, am Anfang werdet ihr etwas Anleitung brauchen. Gewöhnlich beginnen wir damit, daß ein Besucher sich während des Atmens auf ein einziges Wort konzentrieren soll. Das Wort, das wir dazu verwenden, ist ›Bud-dho‹, wobei auf dem ›Bud‹ ein- und auf dem ›dho‹ ausgeatmet wird. Das Wort selbst ist nicht wichtig. Man kann jedes beliebige Wort verwenden. Es ist nur ein Mittel, um dem Geist zu helfen, sich auf die Atmung zu konzentrieren. Sobald das gelungen ist, kann man es wieder weglassen.«

»Wie ist es mit Meditation im Gehen?« fragte ich. »Ich habe es heute morgen versucht und hatte die ganze Zeit das Gefühl, als würde ich gleich umfallen.«

»Du solltest nicht so langsam gehen. Wir glauben, daß man Meditation im Gehen mit einer normalen Schrittgeschwindigkeit praktizieren sollte. Auf diese Art gibt es keinen Unterschied zwischen der Meditation und dem normalen Gehen. Alles soll euch zur Meditation dienen. Noch andere Fragen?«

»Eine noch, Sir«, sagte Jim. »Wie geht es Ajahn Chah? Kann er immer noch seine Lehren verkünden?«

Der Ajahn wandte seinen Blick auf Jim. »Er ist jetzt in Bangkok. Die Ärzte sagen, daß sich sein Zustand langsam stabilisiert. Ein Schlaganfall hat ihn vor drei Jahren vollständig gelähmt. Er muß intravenös ernährt werden. Sie können nicht feststellen, ob noch etwas von seiner Persönlichkeit zurückgeblieben ist. Sie hoffen, daß man ihn am Schluß wieder nach Wat Pah Pong zurückbringen kann.« Er seufzte. Seine Worte waren schwer.

»Sie waren doch einer seiner Schüler, oder, Sir? Glauben Sie, daß noch etwas von ihm zurückgeblieben ist?«

»Ich habe dazu keine Meinung. Jetzt werde ich euch ein paar Decken holen.«

Jim und ich verbeugten uns dreimal vor dem Mann, der gerade unser spiritueller Lehrer geworden war. Ich imitierte Jims Verbeugungen gut genug, um keine weiteren

Kommentare des Ajahn nötig zu machen und zog mich zurück.

Ich wanderte zurück in die *sala*. Drinnen traf ich eine junge Thai-Frau, die etwas auf englisch in ein Notizbuch schrieb. Sie erzählte mir, ihr Name sei Dukita, ein Spitzname, der »Püppchen« bedeutete, und sie sagte, sie wohne in der nahegelegenen Stadt Ampher Warin. Während der Ferien bliebe sie im *wat*. Sie hatte ein rundes Gesicht und fröhliche dunkle Augen und sah eigentlich eher aus, als wenn sie dreizehn wäre als in den höheren Klassen der Oberschule. Wir unterhielten uns ohne Mühe.

»Wo hast du so gut Englisch gelernt?« fragte ich. »Ich habe hier im Nordosten noch niemanden getroffen, der auch nur annähernd so fließend spricht wie du. Haben die Mönche es dich gelehrt?«

»Oh, nein«, lachte sie. »Ich war ein Jahr in einer Schule in Amerika. Ich habe ein Stipendium bekommen, so daß ich im nächsten Jahr dorthin zurückgehen und an der Universität studieren kann. Du bist erst heute morgen angekommen, nicht wahr? Du kommst doch aus Amerika, oder?«

»Nein, du meinst bestimmt Jim. Ich bin Tim aus Kanada.«

»Nett dich kennenzulernen, Tim. Hast du schon meine Mutter gesehen?« fragte sie mit einem strahlenden Lächeln.

»Nein. Wohnt sie auch hier?«

»Ich zeige sie dir.« Sie führte mich zur Vorderseite der *sala* neben den Altar. Ich dachte, wir würden uns vielleicht eine der kleinen Figuren auf den glitzernden Seitentischchen vor den Buddhas ansehen. Statt dessen hockte sich Dukita neben den Glaskasten mit dem Skelett. Die Knochen waren an einem Draht oben an dem Kasten befestigt, so daß die Zehen gerade über dem Boden hingen. Vor den Füßen des Skeletts stand das Schwarzweißporträt einer

Eine Erinnerung an die Sterblichkeit.
Der konservierte Körper eines Neugeborenen sitzt
in seinem Gefäß vorn am Altar.

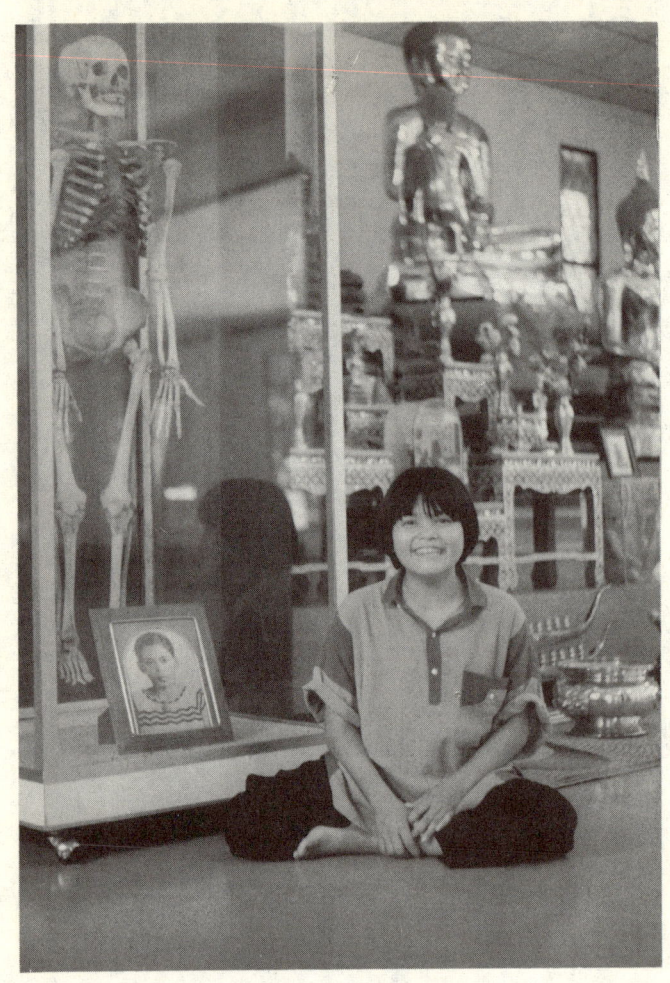

Dukitas Mutter.
Beachte das Einschußloch
links neben dem rechten Auge.

Thai-Frau. Sie hatte kurzes Haar und einen nüchternen Gesichtsausdruck. Ihre Züge waren jungenhaft, aber schön.

»Das ist meine Mutter«, sagte Dukita mit einem Lächeln auf ihrem runden jungen Gesicht. Sie wandte sich mir zu und sagte vergnügt: »Sie hat sich erschossen«, so als berichte sie von einer bedeutenden, aber witzigen Einzelheit aus dem Leben ihrer Mutter.

»Was?«

»Durch den Kopf, siehst du? Dort ist das Einschußloch.« Sie deutete auf ein glattes, schwarzes Loch in der rechten Schläfe des Schädels.

»Das tut mir leid«, sagte ich schwach.

»Das braucht es nicht. Sie hatte Krebs. Es war sehr schlimm, deswegen hat sie sich erschossen.«

»Wie ist sie hierhergekommen?«

»In Thailand ist es nicht erlaubt, Selbstmörder zu verbrennen wie alle anderen Toten. Sie müssen begraben werden. Mein Vater hat den Mönchen die Erlaubnis gegeben, ihr Skelett für die *sala* zu verwenden.«

»Als dauernde Erinnerung an die Sterblichkeit, stimmt's?«

»Ich nehme es an. Mutter hat früher viel Zeit hier im *wat* verbracht.«

»Freut mich, sie kennenzulernen.«

Dukita sah mich etwas seltsam an. Sie lächelte.

»Wirst du lange hierbleiben, Jim?«

Ich verzog das Gesicht. »Ich bin Tim. Jim ist der andere. Ich werde zwischen zwei und fünf Monate hierbleiben.«

»Das ist schön. Welcher andere?«

»Jim.«

Dukita machte ein verwirrtes Gesicht. »Nun, ich hoffe, es gefällt dir hier. Bis bald.«

»Bis bald, Dukita«, rief ich hinter ihr her, während sie aus der *sala* hüpfte und mich mit ihrer Mutter allein zurückließ.

Mutter von Püppchen,
Selbstmord
ist kein Fahrschein herunter vom Rad der
Wiedergeburt,
auch nicht das Ende des Leidens.
Was kann mich dein hübsches Gesicht lehren?

Kapitel 2

Wie groß ist ein Stock?

»Wie groß ist ein Stock?« fragte Ajahn Chah einst seine Schüler. »Das hängt davon ab, wofür man ihn verwenden will, oder? Wenn man einen größeren braucht, dann ist er zu klein. Wenn man einen kleineren braucht, dann ist er zu groß. Ein Stock ist überhaupt nicht groß oder klein. Er wird dazu als Folge deiner Wünsche. Auf diese Art kommt das Leiden in die Welt.«

Am ersten Tag im *wat* kam ich aus meinem Zimmer über der Küche herunter und sah Pahkow Michael Kaffee und Kakao für das Nachmittagsgetränk zubereiten. Mit ihm zusammen waren zwei andere Männer aus dem Westen: ein kleiner, düster dreinschauender Teenager mit dem Namen Herbie, gekleidet in ein weißes Unterhemd und Hosen, und ein grau wirkender Engländer in ockerfarbener Robe, der durch kleine, rundgeränderte Brillengläser die Kessel anblinzelte. Der junge Thai-Novize, dem ich vergangene Nacht begegnet war, hockte in der Nähe auf seinen Hacken und sah den drei *farang* mit einem verborgenen Lächeln zu.

»Der Trick ist es, genau die richtige Menge an Zucker hinzuzufügen«, sagte Michael und schöpfte mit einem Suppenschöpflöffel große Portionen voll davon in den Kessel. Er beobachtete den Thai aus den Augenwinkeln. »Stimmt das nicht, Meow?«

Der Thai stand auf. Er verschränkte die Arme und runzelte einen Augenblick lang die Stirn, als wenn er ein Aufseher wäre.

»Er darf nicht zu bitter sein«, fuhr Michael hastig fort. »Beim Kaffee ist das nicht so schlimm, aber Kakao muß einfach süß sein, sonst kann man ihn nicht trinken. Vielleicht noch einen kleinen Löffel dazu.« Er kippte noch einen gehäuften Schöpflöffel voll hinein. Meow hustete höflich.

An der Säule neben dem Tisch, wo Michael werkelte, war ein Blatt Papier in einer durchsichtigen Plastikhülle befestigt. Darauf standen auf englisch klare Anweisungen, wie die Getränke zu bereiten seien, einschließlich der Grenzwerte nach oben und unten pro Kessel an Kaffee, Tee, Ingwertee und Kakao, sowie die dazugehörigen Rationen an Zucker und Kaffeeweißem. Unter der Liste stand noch eine Notiz: »Bitte haltet euch an die angegebenen Mengen. Folgt nicht euren persönlichen Vorlieben. Getränke sind für die ganze Gemeinschaft, und die Vorräte sind begrenzt. An normalen Tagen sind die Minimalmengen ausreichend. Maximalmengen sind nur für die Arbeitstage vorgesehen.«

»Ich hör' jetzt ab und zu Gerüchte, daß ich ein *pee bah* bin«, sagte der Engländer in Ocker zu Michael mit vorwurfsvoller Stimme.

»Was ist ein *pee bah*?« fragte der kleine Herbie.

»Ich glaube, das liegt daran, daß ich manchmal die Dinge anstarre«, sagte der Engländer, als wolle er etwas erklären. »Manche Leute finden das seltsam. Jetzt sagen die Dorfbewohner, ich sei ein *pee bah*, um Gottes willen. An *bindabhat* ist mir aufgefallen, daß einige der alten Frauen Angst vor mir zu haben scheinen. Sie fürchten sich, mir etwas zu essen in meine Schale zu tun.« Er klang traurig.

»Was ist ein *pee bah*?«

»Ich weiß nicht, was ich jetzt tun soll, Michael. Ich versuche, es zu lassen, aber manchmal sind Dinge einfach so interessant anzusehen. Ich kann nichts dagegen machen.«

»Das verstehe ich, Eddie«, sagte Michael. »Wenn diese Dorfbewohner sich erst einmal etwas in den Kopf gesetzt haben, spricht es sich blitzschnell herum. Sie haben sowieso kaum etwas anderes zu tun, als über die *farang*-Mönche zu reden. Also sie glauben, du wärest ein *pee bah*? Wenn sie das glauben, hält sie das vielleicht wenigstens davon ab, jeden Morgen um unsere Hütten herumzustreichen und Pilze zu suchen.«

»Was ist ein *pee bah*?« Herbies geduldige Frage klang jetzt wie ein Refrain.

Eddie nahm seine Drahtgestellbrille und blinzelte den Teenager an. »Ein *pee bah* ist ein Waldgeist, eine Art Gespenst, um Himmels willen.«

Herbie lachte kurz, kaum mehr als ein Ausatmen lang. Ein Lächeln huschte über sein Gesicht. Dann war er wieder düster.

»Hervorragend!« rief Michael. »Meow, versuche diesen Kakao und sieh, ob er dir süß genug ist.«

Der kleine Thai nahm die Tasse, die er ihm anbot, mit einem breiten Grinsen wie die Cheshire-Katze bei Alice im Wunderland.

Herbie und Eddie nahmen jeder einen Kessel und trugen sie über den freien Platz. Michael und Meow folgten ihnen. Ich ging hinter ihnen her. Ich hatte Hunger.

»Bring eine Tasse aus der Küche mit«, sagte Michael über seine Schulter hinweg, ohne mich anzusehen. Mir war nicht aufgefallen, daß sie auch beide eine Tasse hatten. Auf einem kleinen Tisch an der Wand des Lagerraums fand ich einen Ständer mit einem Dutzend Plastikbechern und ein paar Gläsern. Sie waren wenig begeisternd. Ich suchte mir eine Tasse in gebrochenem Weiß mit angekautem Rand und eilte dann hinter den Kaffeekesseln her, die gerade vom Rand des freien Platzes im Dschungel verschwanden. Meow blieb stehen, um die Glocke zu läuten. Es war halb drei.

Die Getränke wurden beim Haus des Ajahn eingenommen, auf dem marmornen Sockel unter seinem erhöht gebauten Haus. Wir zogen die Sandalen aus. Der Marmor war kühl an unseren Füßen, aber die Luft war heiß und schwer. Dschungelluft. Wir saßen mit nach einer Seite abgewinkelten Beinen da, vom Ajahn abgewandt. Mönche saßen weiter vorn, Novizen, *pahkows* und Laienbrüder weiter hinten, je nach ihrem Platz in der Hierarchie. Jim und ich hielten uns ganz hinten. Die Gemeinschaft trank schlückchenweise und schweigend den süßen Kakao und den Kaffee mit Kaffeeweißem. Wir alle wischten Mücken von uns ab. Ihr Summen erfüllte die Luft. Dunkler Schweiß bedeckte die ockerfarbenen Rücken der Mönche vor uns. Ich hatte den ganzen Tag auf die Getränkepause gewartet. Jetzt zog sich die Zeit endlos in die Länge. Ich bewegte mich etwas zur Seite. Meine Sprunggelenke und meine Knie pulsierten auf dem harten Marmor. Ich mußte mir dauernd die Füße und den Hals reiben, um die Insekten fernzuhalten. Jim wirkte ruhig, versunken in der Beschäftigung, seinen Kaffee zu trinken. Ich beneidete seine Anpassung an die Sitten der Thai, die Mühelosigkeit, in der er mit der Sprache umging, und seine Fähigkeit, lange in den Stellungen der Thai zu sitzen. Ich war erst vor einer Woche in Thailand angekommen, nach einem Jahr auf dem indischen Subkontinent. Mein Marktplatz-Hindi, Ladakhi, Nepalesisch und Bengalisch nützte mir hier nichts. Ich fing wieder ganz von vorn an. Selbst mein Aufenthalt in einem Himalaya-Kloster schien in einem dampfenden Thai-Dschungel wenig Bedeutung zu besitzen. Jim hatte mich angesichts meiner tibetanischen Art, mich zu verbeugen, ausgelacht. Das einzige was ich hatte, war Erfahrung darin, ganz von neuem anzufangen. Ich wollte mich mitten in die alte Theravada-Tradition stellen, um die Früchte der buddhistischen Philosophie in einer lebendigen Gemeinde von Mönchen zu erleben. Buddha sagte seinen Schülern, sie sollten nicht einfach seine Worte glauben, sondern sie ausüben und nur glauben, was ihnen die persönliche Erfahrung zeige. Das war ein Versuch, dem ich nicht widerstehen konnte. Ich war nicht hier, um Erleuchtung zu suchen, brachte ich mir in Erinnerung, ich wollte nicht einmal die Wahrheit erfragen. Ich war nur hier, um zu erfahren, was Buddha gelehrt hatte.

Schließlich begann der Ajahn zu sprechen. »Heute ist keine Post gekommen. In drei Tagen ist es wieder Zeit, die Köpfe zu rasieren. Jeder Besucher, der sich rasieren lassen möchte, sollte in den nächsten zwei Tagen möglichst mit Tan Casipo sprechen.«

Niemand sah Jim und mich an. Wir hatten nichts zu sagen. Schweigend tranken die Mönche ihre Tassen leer. Sie verbeugten sich dreimal vor ihrem Lehrer. Nachdem sie fertig waren, verbeugten sich die hinteren Reihen. Die Mönche erhoben sich, um zu ihren Hütten zurückzukehren, und die Gemeinschaft verlief sich im Dschungel.

Es dauerte ein paar Tage, bevor die weißen und ockerfarbenen Roben ihren distanzierenden Charakter verloren und ich anfing, die Menschen darunter zu spüren. Jim und ich hatten unsere Haare noch. Wir hatten die Uniform und die Uniformität der Gemeinschaft noch nicht übernommen, also teilten wir unser isoliertes Gefühl miteinander. Das brachte uns einander näher. Da wir wußten, daß viele Touristen nur für ein paar Tage nach Pah Nanachal kamen, konnten wir verstehen, warum die Mönche neuen Gesichtern gegenüber fern und desinteressiert wirkten. Wir hatten keine weiteren Lehren empfangen als bei unserer ersten Sitzung mit dem Ajahn. Er gab uns ein paar Bücher, die wir lesen sollten, und ließ uns dann im Gästeraum allein. Die einzigen Menschen, die mit uns persönlich sprachen, waren andere Gäste, ein paar der Laienbrüder und ein Mönch aus Neuseeland, dessen Aufgabe es war, uns die Klosterroutine beizubringen. Durch diesen Mönch, Tan Casipo, sprach es sich langsam herum, daß wir nicht einfach nur auf der Durchreise waren. Die neuen Jungs würden aufgenommen werden. Diese Tatsache, dazu unsere wachsende Vertrautheit mit dem Ort und seinen Besonderheiten machte zusehends Gespräche mit den anderen möglich.

Jim und ich entschlossen uns, an der zweimonatlichen Kopfrasur teilzunehmen, die am anderen Ende des Klostergeländes im Waschbereich neben dem Schuppen, in dem die Roben gefärbt wurden, stattfand. Ich bat Pahkow Michael, mir den Skalp zu scheren. Jim begab sich unter das Messer in die Hände eines australischen Novizen namens Nimalo, der einen ruhigen und milden Eindruck machte, selbst am Maßstab eines Mönchs gemessen. Wir beiden seiften wie angewiesen unsere Köpfe ein, spülten sie ab und seiften sie noch einmal ein. Seifenschaum tropfte von uns herunter, während wir nebeneinander auf einer einfachen Bank aus einem Brett saßen, die neben der Pumpe zum Waschen stand.

»Wir können wieder um die Wette arbeiten«, sagte mein Barbier zu Nimalo. »Das heißt, wenn du nach deinem letzten Versuch dein Selbstvertrauen zurückgewonnen hast. Puh! Das war eine Menge Blut.«

Jim lachte etwas nervös. Ich fühlte das Kratzen eines Rasiermessers am Oberkopf.

»Willst du's mit oder ohne Ohren?« fragte Michael.

Ich dachte, er mache Witze, als er meine Augenbrauen einseifte, aber er rasierte sie säuberlich ab, während ich dasaß und Seifenschaum und Haare über mein Gesicht fielen.

»Es ist in Thailand eine alte Tradition bei den Mönchen, daß sie sich die Augenbrauen rasieren«, erzählte uns Michael. »Es war nämlich so, daß die Burmesen Spione ins Land schickten, die als Mönche verkleidet waren. Sie waren schwer zu erwischen. Niemand wagte es, irrtümlich einen echten *bhikkhu* einzusperren. So ordnete der König an, daß alle Thai-Mönche sich die Augenbrauen rasieren sollten.«

»Warum rasierten sich die Burmesen nicht einfach auch die Augenbrauen?« fragte ich.

»Das taten sie. Aber wenn sie dann zurück nach Burma kamen, wurden sie von den Thai-Spionen am burmesischen Hof entdeckt und entsprechend bearbeitet. Kluge Leute, die Buddhisten, nicht wahr? Geht und spült euch ab.«

Michael gewann um eine halbe Kopflänge.

Seltsam, dieses Kratzen eines Rasiermessers auf meiner Kopfhaut. Seltsam, das Gefühl eines kühlen Lüftchens um meine Ohren und die direkte Sonnenhitze auf meiner Glatze. Ich hielt meinen Kopf unter die Pumpenöffnung. Kaltes Wasser traf ihn wie ein Schreck. Und am allerseltsamsten war die plötzliche Trockenheit, weil das Wasser sofort wieder am Schädel herunterlief.

Nach dem Haarschnitt gingen wir in die *sala* zurück. Tan Casipo gab uns weiße Leinenhosen zum Anziehen. Zusammen mit unseren eigenen Unterhemden stellten sie die offizielle Uniform der Laienbrüder dar. Daß wir sie trugen und unsere Köpfe rasiert waren, zeigte unsere Absicht, im Kloster zu bleiben, auch wenn wir nicht offiziell aufgenommen wurden. Das Kostüm wirkte, als kämen wir aus dem Flügel für Gewalttätige in einer Heilanstalt. Als nächstes wies Tan Casipo jedem von uns eine eigene Hütte im Dschungel zu, die auf Thai *kuti* heißen. Er belud uns beide mit einer Petroleumlampe, Streichhölzern und einem Kessel. Er zeigte uns die Lage unserer neuen Wohnung auf einer Landkarte an der Rückseite des Tempels, dann schickte er uns auf den Weg. Aus dem Gästezimmer hatten wir unsere Decken, Kissen, Schlafmatten, Bücher, Moskitosäcke und kleinen Rucksäcke mitgebracht. So ausgestattet waren Jim und ich bereit, das Leben der Heimatlosen zu beginnen.

Unsere Hütten lagen zehn Minuten Fußweg von der *sala* entfernt an einem schmalen Pfad. Tan Casipo hatte uns nebeneinander einquartiert, getrennt nur durch fünfzig Meter dichten Buschwerks. Diese Anordnung war eigentlich ganz natürlich. Schließlich seien Jim und ich ja seit unserer Kinderzeit Freunde gewesen, nicht wahr? Wie ich befürchtet hatte, betrachtete die Gemeinschaft uns schon als Einheit. Keiner glaubte, daß wir nicht zusammen angekommen waren, auch nicht, daß unsere gleiche Absicht, zu bleiben und aufgenommen zu werden, genauso zufällig war wie unsere körperliche Ähnlichkeit. Jetzt, wo wir beide die weiße Kleidung trugen und kahle Köpfe hatten, war die einzige Möglichkeit, uns zu unterscheiden die, daß Jim etwas größer und ich etwas breiter war. Selbst unsere Brillen sahen gleich aus. Wenn Tan Casipo mit uns redete, sprach er nie einen von uns mit Namen an. Ich wußte, daß er nicht hätte sagen können, wer wer war. Wie konnte man von irgend jemandem erwarten, uns zu unterscheiden? Als der Ajahn vorschlug, wir sollten zusammen in einer gemeinsamen Zeremonie aufgenommen werden, nahmen wir die Wirklichkeit schließlich als gegeben hin: Wir hatten jeder ein Double.

Glücklicherweise und trotz all meiner Befürchtungen mochten Jim und ich einander gern. Wir waren bald dankbar für die Gegenwart des anderen, besonders anfangs, als der Rest der Gemeinschaft noch kalt und unpersönlich wirkte. Ihr schweigender Mangel an Interesse hätte uns isoliert und verängstigt, wenn einer von uns allein gekommen wäre. Jim war einundzwanzig, fünf Jahre jünger als ich, Student der Geschichte im zweiten Jahr am Swarthmore College in Philadelphia. Er sagte, sie würden es »Sweatmore« – Schwitzmehr – nennen, weil der Leistungsdruck dort so ungeheuer war. Er hatte die Absicht, später Jura zu studieren. Er drückte sich immer deutlich aus, hatte immer schon Diskussionen geliebt und besaß einen Hang zum Zynismus. Da er ein Jahr lang in Chiang Mai Thai-Buddhismus und -Kultur studiert hatte, war er eine sehr brauchbare Informationsquelle. Für ihn war ich das Gegengewicht zu seiner analytischen und kritischen Perspektive. Ich hatte an der Universität von British Columbia einen Abschluß in westlicher Philosophie und war seit einem Jahr unterwegs gewesen, durch die *ashrams*, Tempel und billigen Hotels Indiens, wobei ich etwas darüber gelernt hatte, wie das Leben im Fernen Osten aussah. Für Jim war ich ein Weltreisender. Er schätzte meine Erfahrungen und ertrug es, wenn ich ihm meine Erinnerungen erzählte. Wir entdeckten bald, daß wir uns hervorragend auseinandersetzen konnten, wie man es von einem bilderstürmerischen Anwalt und einem Philosophen mit Interesse an Mystik erwarten würde, wenn sie zusammen in Südostasien im Dschungel eingesperrt sind. Wir hatten anfangs die Absicht, den Regeln zu folgen und so wenig wie möglich miteinander über »überflüssige Dinge« zu reden. Aber die Gemeinschaft hatte uns schon zu einer Einheit gemacht, so als wenn wir Zwillinge, jeder in seiner Hütte, wären. Wir teilten uns unsere Erfahrungen mit und verließen uns aufeinander als Stütze und Gesprächspartner, während wir versuchten zu verstehen, was Wat Pah Nanachat war.

Wie groß ist eine Hütte? Klein, aber groß genug. Zweieinhalb Quadratmeter. Zwei Schritte in jede Richtung. Sie stand auf Holz- und Betonstützen vier Meter über dem Boden, um Schlangen, Skorpione und andere Tiere fernzuhalten, die im Dschungel herumkrabbeln. Oben an der Treppe war ein kleiner Vorplatz, auf dem ich sitzen und die Bäume und Schlingpflanzen anstarren konnte, die ganz in der Nähe wuchsen. Ein Fenster in jeder Wand ließ den Wind hindurchblasen, aus welcher Richtung er auch kommen mochte. Die Hütte war aus rohem Holz gebaut, walnußbraun gefärbt, einfach und schmucklos, bis auf die mit Hilfe einer Drehbank gedrechselten Leisten am Geländer des Balkons. Das Dach bestand aus Wellblech. Obwohl die Bäume und der Wind für etwas Kühle sorgten, strahlte das von der Sonne beschienene Dach mittags eine Hitze aus wie ein Ofen. Im Innern des Raums befand sich nur ein einziger Gegenstand. Eine kleine Holzfigur Buddhas, sitzend in Meditationshaltung. Daneben stand ein Kerzenstummel auf einem Brett unter einem der Fenster. Als ich über die Fußbodenbretter ging, entdeckte ich Dutzende von klebrigen, schwarzen Teilchen in der Größe von Reiskörnern. Ein Geräusch zwischen den Deckensparren erklärte bald die Ursache. Ich teilte mein *kuṭi* mit einer Eidechse. Sie war ungefähr dreißig Zentimeter lang, sehr schnell und scheu. Sie hatte eine rötlichgraue Haut und war mit häßlichen kleinen Knubbeln bedeckt. Das erklärte vielleicht ihr zurückgezogenes Verhalten am Tag. Aber es stellte sich bald heraus, daß sie nachts oft rumpelnde und krachende Geräusche auf dem Dach machte, als würde sie im Traum mit Krokodilen kämpfen. Trotzdem freute ich mich darüber, daß sie da war. Ich nannte sie Gonzo. Es war etwas unangenehm, daß ich Eidechsenkot von meinem Moskitonetz schütteln mußte, aber ich bin sicher, daß Gonzo genauso verärgert darüber war, wenn ich nachts um drei herumstampfte. Schließlich war er zuerst dagewesen. Ein Besen war mir zur Verfügung gestellt worden, also fegte ich den Boden sauber. Dann kletterte ich die Stufen hinauf, um den schmalen Pfad zwischen dem Hauptpfad und meiner Hütte zu reinigen. Die letzten zwanzig Meter waren glatt und sandig wie ein Wildwechsel, regelrecht geschaffen zur Meditation im Gehen. Mein neues Heim besaß alle Gegebenheiten, die ein zukünftiger *bhikkhu* sich wünschen konnte.

Pahkow Michael fragte mich, welches *kuti* mir zugewiesen worden war.

»Nummer zehn«, sagte ich.

»Klein Herbie's altes *kuti?* Das ist gut.«

»Was meinst du damit? Ist Herbie aus der Nummer zehn in ein anderes umgezogen?«

»Erst vor ein paar Tagen.«

»Warum?«

»Er sagte, daß er die Skorpione nicht mag.«

»Die Skorpione?«

»Und er mochte die Königskobra auch nicht. Sie lebt irgendwo an dem Pfad zwischen deiner Hütte und der Pumpe zum Waschen. Hast du sie noch nicht gesehen?«

»Ich bin gerade erst eingezogen.«

»Sie ist gute zwei Meter fünfzig lang. Und so dick wie dein Bein.«

»Und Tan Casipo hat mir dieses *kuti* gegeben?«

»Mach dir keine Sorgen. Sie tun dir nichts. Sie spüren, wie du bist. Wir haben einen deutschen Mönch, er ist jetzt in Bangkok, der hier einmal nachts aufs Klo gegangen ist. Er hatte sich gerade hingehockt, als er hinter der Tür eine zusammengerollte Kobra entdeckte. Sie erhob sich bedrohlich vor ihm, weniger als einen Meter vor seinem Gesicht, Auge in Auge.«

»Das ist nicht sehr tröstlich für mich, Michael. Und was geschah dann?«

»Er richtete sich ganz ruhig auf und ging hinaus. Mann, dieser Typ hat wirklich viel *metta*. Kobras wissen das. Sie spüren die Schwingungen. Respektiere sie, dann respektieren sie dich auch.«

»Also brauch' ich nur achtsam zu sein, stimmt's?«

»Stimmt. Und tritt auf niemanden drauf.«

Der Mond war an diesem Abend voll. Es war Wai Phra, das Thai-Gegenstück zum Sonntag, ein Fest, das viermal im Monat in den Nächten gefeiert wird, wenn der Mond, voll, neu und halb ist. Fromme Thai kommen abends zu ihrem *wat* zur Rezitation und zum Gebet. Am Morgen waren viele gekommen, um ein besonderes Mahl für die Mönche zuzubereiten und dann einen Tag im Kloster zu bleiben, sich der Ruhe zu erfreuen, sich in dem Bereich um die *sala* und die Küche zu unterhalten und zu entspannen. Diejenigen, die kamen, hielten sich für diesen Tag an die acht Regeln und trugen weiße Baumwollkleidung wie die Laienbrüder. Ich war überrascht, daß sich bei Einbruch der Dunkelheit über einhundert Thai im Tempel versammelten. Niemand hatte uns erzählt, in welcher Weise die Abendandacht stattfinden würde. Ich entdeckte Tan Casipo, der seinen Kessel mit Wasser aus einem der großen Wassertanks füllte, die den Regen von den Schrägen des Tempeldaches auffingen.

»Tan Casipo, sag mir doch, wie das Programm heute abend aussehen wird.«

»Es beginnt um sieben Uhr mit einer Stunde Sitzmeditation. Um acht werden wir mit der Rezitation anfangen. Wir machen das sowohl in Pali als auch in Thai für die Dorfbewohner. Sie rezitieren noch stundenlang weiter, aber die Mönche und Novizen gehen um neun Uhr zum *kuti* des Ajahn für ein *dhamma*-Gespräch.«

»Ein *dhamma*-Gespräch?«

»Es ist sozusagen eine Predigt über die Wahrheit«, sagte der *bhikkhu* aus Neuseeland.

»Endlich eine Unterweisung.«

»Aber sie ist nur für Mönche, Novizen und *pahkows*. Laienbrüder müssen mit den Dorfbewohnern hier in der *sala* bleiben, bis wir zurückkommen. Das müßte ungefähr um halb zehn sein. Dann gibt der Ajahn eine allgemeine *dasana* für die Menschen.«

»Was ist eine *dasana?*«

»Das ist nur das Pali-Wort für *dhamma*-Gespräche.«

»Gut. Hält er zweimal dieselbe Rede? Aber ich denke, daß das eigentlich egal ist, denn ich werde ja sowieso nur die für die Dorfbewohner hören.«

Tan Casipo sah mich scheu an. »Natürlich wird sie auf Thai gesprochen werden.«

»Ich verstehe«, sagte ich.

»Sie wird wahrscheinlich ein paar Stunden dauern«, fügte der Mönch schnell mit geschäftlichem Ton hinzu. »Aber bevor er anfängt, erhalten wir Getränke. Normalerweise gibt es starken Kaffee, damit wir bis zum Morgen durchhalten. Und wir nehmen eine Medizin zu uns. An Wai Phra sollen wir die ganze Nacht wachsitzen und meditieren.«

»Wogegen ist die Medizin?«

»Gegen Verstopfung. Viele Mönche brauchen sie, besonders nach dem Morgenmahl vor Wai Phra.«

»Das Essen war doch gut heute morgen«, sagte ich. Als ich an diesem Tag in der Reihe mit den anderen Laienbrüdern gesessen hatte, hatte ich einundzwanzig Gerichte gezählt, die vorübergewandert waren.

»Der Klebreis stopft aber häufig«, sagte der Mönch. »Also bekommen wir heute abend eingelegte Oliven. Medizin ist im *Vinaya* erlaubt. Dadurch werden die Regeln nicht gebrochen. Sei nur vorsichtig, daß du nicht zu viele ißt. Sie sind ein sehr starkes Abführmittel.«

Obwohl ich es bedauerte, das *dhamma*-Gespräch nicht zu hören, war es angenehm, der Rezitation zuzuhören. Die Dorfbewohner bildeten eine geschlossene Gruppe, Männer auf der rechten und Frauen auf der linken Seite der *sala*. Sie sprachen die Zeilen abwechselnd in Pali und in Thai. Es war eine seltsame Sprachmischung. Pali wird in langen und kurzen, monotonen Silben gesprochen, und

51

Thai ist ein Singsang aus fünf verschiedenen Tönen. Die Dorfbewohner gaben dem Pali einen Einschlag ins Klangvolle, wodurch die nüchternen Rezitationen in verbotene Musik verwandelt wurden. Ich genoß es sehr. Als die Mönche von dem *dhamma*-Gespräch zurückkehrten, bekamen wir unseren Kaffee und die Medizin. Dann kletterte der Ajahn für die *dasana* in einen höhergelegenen Zeremoniensitz auf ein Kissen. Sein Publikum hörte ihm aufmerksam zu – diejenigen, die Thai verstanden. Unserem Lehrer schien diese klangvolle Sprache viel leichter zu fallen als das australische Englisch bei unserem Gespräch. Als die Predigt schließlich beendet war, saßen wir schweigend zusammen. Die große Uhr an der Seitenwand schlug zwölfmal. Bei diesem Signal richteten sich viele der Dorfbewohner steif auf. Sie schlurften hinaus auf den Vorplatz und machten sich auf den Weg in den Küchenbereich, wo sie die Nacht verbringen würden. Einige Mönche und andere aus der Gemeinschaft schlüpften schweigend hinaus in die Dunkelheit.

Im Vorbeigehen blieb Tan Casipo stehen und flüsterte mir zu: »Wenn du möchtest, kannst du zurück in dein *kuti* gehen bis zur Morgenmeditation um drei Uhr dreißig. Setz dich einfach hin und versuche wachzubleiben. Wenn du einschläfst, mach dir keine Sorgen darüber, es ist keine Mißachtung der Regeln.« Der Ton seiner Mitteilung war voller Mitgefühl und Nachsicht. Aber ich wußte, wie die Nachtschichtarbeit war. Man kann nicht wachbleiben, wenn man allein auf einem bequemen Platz sitzt. Meine Beine waren steif nach fünf Stunden Sitzen auf dem Boden. Meine Knie schmerzten in jeder denkbaren Position. Ich stand unter Schwierigkeiten auf. Ich lief an der Rückseite der dunklen *sala* auf und ab, und dadurch wurden unter Schmerzen meine Beine wieder richtig durchblutet, und meine Füße hörten auf zu kribbeln. Sie waren während der *dasana* eingeschlafen. Ich ging zwar hin und her, aber in meinem Gehen war nur wenig Meditation. Meine Achtsamkeit bestand darin, mich darauf zu konzentrieren, daß ich nicht umfiel. Ich wußte, daß ich einschlafen würde, wenn ich stehenbliebe. Während der Nachtschicht auf einem Ölschiff gab es wenigstens immer etwas zu tun. Jims Gestalt lehnte etwas hängend in meditativem Schlummer an einer Säule, sein weißer Kopf war zur Seite gekippt. Nur drei Mönche und ein halbes Dutzend Dorfbewohner waren noch im Saal.

Plötzlich wird aus dem Gehen die Beobachtung der Körperbewegung. Wie im Traum scheint er von innen angetrieben, wie ein Auto, das von allein fährt. Mein Geist ist auf dem Rücksitz und sieht nur zu. Es überrascht mich, daß der Körper weiß, was er tut. Ich brauche nichts dazu beizutragen. Das beruhigt den Geist. Er versucht zurück auf den Fahrersitz zu springen. Ich bin müde. Meine Knie beginnen weich zu werden. Der Geist, der jetzt die Steuerung wieder übernommen hat, fleht um eine Ruhepause, nur zehn Minuten hinsetzen. Er ist zu müde, um weiter die Kontrolle zu behalten. Als ich einfach weitergehe, übernimmt der Körper wieder. Es gelingt ihm, zu schreiten und umzukehren, ohne zu stolpern. Was beunruhigt den Geist dabei so? Er will die Kontrolle behalten, selbst wenn er eigentlich keinen Wert auf die Aufgabe legt, um die es gerade geht, nämlich die des einfachen endlosen Gehens. Auf dem Rücksitz hopst er herum wie ein unruhiges Kind. Auf dem Fahrersitz will er nur schlafen. Vielleicht ist das der Wert des Wachens an Wai Phra. In der Erschöpfung der tiefen Nacht lockert der Geist seinen Griff. Und wenn man sich dann beobachten kann, was beginnt man dann zu sehen?

Ich gähnte während der Morgenrezitationen. In der frühen Dämmerung hatte ich die Schläfrigkeit überwunden.

Als die Mönche zu ihrer morgendlichen Almosenrunde durch die Dörfer aufbrachen, mußte ich aber doch der Versuchung widerstehen, mich in mein *kuti* zurückzuziehen, um bis zum Essen zu dösen. Ich wollte nichts versäumen. Draußen half mir die kühle Luft des Morgens, mein Schreiten am Rand des freien Platzes wieder aufzunehmen. Aber mein Geist entzog sich meiner Kontrolle und wanderte in die Bereiche der Philosophie.

Das Pali-Wort für Achtsamkeit ist *sati*. Wenn *sati* auf einen einzigen Gegenstand konzentriert wird, so daß der Meditierende darin aufgeht, nennt man das *samadhi*. Wenn das Objekt der Konzentration der Atem ist, heißt es *anapanna*. Der Geist wird zum reinen Beobachter in diesem Stadium, der nur spürt, wie der Körper atmet. Der Beobachtende lernt, daß es im Atmen kein Selbst gibt, kein Ich, kein Ego. Wenn man *sati* auf irgendeinen materiellen Gegenstand oder eine Tätigkeit wie zum Beispiel Gehen richtet, hat das dieselben Folgen. Wenn *sati* dann den Gegenständen des Geistes zugewandt wird, findet es keine substantielle, dauerhafte Einheit, kein Selbst. Es betrachtet Erinnerungen, die aufsteigen und verschwinden. Sie sind nicht das Selbst. Es betrachtet Gedanken, die aufflammen und verschwinden. Sie sind nicht das Selbst. Es betrachtet Gefühle, die wüten und sich dann auflösen. Sie sind nicht das Selbst. Wo ist das Selbst? Was ist das Selbst? Ich hatte es in der Ruhelosigkeit des Gehens in der vorigen Nacht gespürt, in dem Bemühen um Kontrolle. Was ist es, das sich da bemüht? Wer ist dort? *Sati* betrachtet sich selbst und verschwindet.

Durch das Betreiben von *sati* wird *vipassana* erscheinen. Man nennt es auch die Meditation nach innen. Sie ist mehr als die Erkenntnis, zu der man im *samadhi* gelangt, jenem »Ich bin nicht dies, ich bin nicht das«. *Vipassana* ist das Wissen um das, was noch da ist, wenn der Vorhang der Illusion weggezogen worden ist. Es offenbart sich in der Stille. Es ist ein Wissen, das nicht mit Worten gelehrt werden kann, denn die Worte sind selbst der Stoff, aus dem der Vorhang besteht.

Nach dem Frühstück begegnete ich einem Mönch, der an diesem Morgen genau rechtzeitig zum Essen angekommen war. Ich hatte ihn noch nie gesehen, aber aus der Art, wie Michael ihn begrüßte, als er durch die Tür in die *sala* trat, war mir klar, daß er als Mönch zum Kloster Pah Nanachat gehörte. Er war ungefähr fünfzig Jahre alt, hatte einen runden Bauch und hängende Kinnbacken. Seine Augen waren leuchtendblau und lebhaft, trotz der Tränensäckchen darunter.

»Hast du gut geschlafen heute nacht?« fragte er mich spielerisch, als wir uns vor der *sala* begegneten. Er sprach eindeutig den Akzent des mittleren Westens der USA.

»Ich hab' kein Auge zugetan, Mr. Chicago«, erwiderte ich. Ich hob die Hände und drückte unter meiner Nase die Handflächen respektvoll gegeneinander in der Geste des *wai*, die man machte, wenn man einem Mönch begegnet. Der Mönch zog angesichts dieser Bezeichnung ein finsteres Gesicht. Michael hatte ihn so genannt. Und angesichts des Akzents stimmte er.

»Du solltest mich Tan Sumeno nennen, Junge«, erklärte er mir mit vorwurfsvollem Grinsen. »Du bist Jim, stimmt's?«

»Nein, ich bin der andere. Tim. Ich komme aus Vancouver.«

»Im Staat Washington. Netter Ort. Ich bin alle paar Wochen geschäftlich nach Seattle geflogen. Früher.«

»Aus dem anderen Vancouver. Dem in Kanada.«

»Das kommt auf dasselbe heraus. Also du willst hier aufgenommen werden und das ganze verrückte Leben hinter dir lassen?«

»Ja, als *pahkow*. Auf jeden Fall werde ich das verrückte Leben für ein paar Monate verlassen.«

»Warum bleibst du nicht und läßt dich als Novize aufnehmen? Du könntest in ein paar Jahren Mönch sein.«

»Ich habe schon darüber nachgedacht, Tan Sumeno. Aber zum jetzigen Zeitpunkt meines Lebens bin ich dazu nicht bereit. Ich bin noch auf der Reise. Das gehört nicht zu meinen Plänen.«

»Das ist es ja, worum es geht. Genau diese Pläne sorgen dafür, daß du im verrückten Leben bleibst. Hier ist der richtige Ort, alles loszulassen und mit der Wirklichkeit Kontakt aufzunehmen. Ich sage dir, dort draußen ist ein Irrenhaus. Glaube mir, ich weiß das. Ich habe damals genug davon erfahren.«

»Ich weiß nicht, Mr. Chicago. Wenn die Welt schon verrückt ist, braucht sie vielleicht ein paar vernünftige Leute. Warum schließen sich die Mönche in den Klöstern ein? Was nutzt es, sein persönliches Leid zu lösen, wenn diese Lösung einen vom Leiden der anderen fernhält?«

»Du hast ja eine ganze Menge Fragen! Du mußt diese Argumente und Vernunftgründe hinter dir lassen, Junge. Glaubst du, es ist so leicht, einem Verrückten zu helfen? Du weißt nicht, was *samsara* ist. Da draußen gibt es nur Lust, Haß und Illusion. Glaub mir, ich weiß das. Wie willst du den Verrückten helfen? Willst du ihre Rechnungen bezahlen? Dann werden sie nur von dir abhängig. Willst du, daß sie sich an deiner Schulter ausweinen? Dann werden sie schon bald darauf sitzen. Willst du sie zum Lachen bringen? Sie werden erwarten, daß du sie unterhältst und dich dann dafür verantwortlich machen, wenn irgendwas schiefgeht. Glaub mir, ich kenne mich da aus.« Mr. Chicago machte eine kurze Pause. Er sah zum Dach der *sala* und durch die Bäume zum blauen Himmel dahinter auf, während er sich seine nächsten Worte überlegte. »Das soll nicht heißen, daß ich glaube, die Menschen wären schlecht. Sie sind nur gefangen. Ich mag Menschen, wirklich. Aber man kann nur sich selbst verändern. Man fängt an, sich Gedanken über andere zu machen, und sie werden einen herunterziehen in den Dreck. Die Welt ist voller Leiden.«

»Und du meinst, man soll es einfach dabei belassen?«

»Ich meine, man kann es nicht ändern. Wenn du glaubst, du kannst es, versuch es ruhig. Du wirst am Schluß noch verrückter sein, weil du es nicht beenden kannst. Du kannst *samsara* nicht ändern. Es ist wie bei Mutter Theresa in Kalkutta. Jetzt ist sie schon seit Jahren dort, und ich wette, in den Straßen der Stadt gibt es jetzt mehr Bettler, als es zu der Zeit gab, als sie anfing. Versuche ruhig, Kalkutta zu heilen, und es wird dich verrückt machen.«

»Warst du schon in Kalkutta, Tan Sumeno?«

»Nee. Hab' auch keine Lust, hinzugehen.«

»Ich war da. Du hast recht, was die Stadt betrifft. Sie ist vollgestopft mit Bettlern in grauen Lumpen. Sie leben an den Straßenecken, unter Tüchern oder Pappstücken. Sie machen Feuer aus Kokosnußschalen und wühlen sich durch Berge verrottenden Mülls, um etwas zum Essen zu finden. Wenn sie Glück haben, können sie eine Rikscha ziehen oder einen Karren schieben. Sie arbeiten wie Tiere, damit sie genug Reis zu essen haben. Alte gebrechliche Frauen haben meine Füße berührt und mich um eine Rupie gebeten. Ich habe ihnen zehn Paise gegeben. Doch das nützt nichts. Aber du täuschst dich, was Mutter Theresa betrifft. Du weißt, daß sie nicht verrückt ist. Ich bin in dem Heim für Alte und Kranke gewesen, das sie leitet. Es liegt in einem der schlimmsten Slums der Stadt, gleich neben einer Gerberei für Schweinehäute. Von dem Gestank mußte ich würgen. Ströme von schleimigem Abwasser füllten die offenen Gossen auf beiden Seiten der Straßen. Menschen lebten in kleinen Verschlägen aus Blech und Stoff neben der Brücke über der Bahnlinie, Tausende, zusammengedrängt mit ihrem Müll und ihren Ausscheidungen, ein großer, stinkender menschlicher Irrgarten. Ich hatte mich verlaufen. Ich fand einen toten Hund auf der Bahnlinie. Er war von einem Zug zerteilt worden. Wahrscheinlich war das ein seltsamer Scherz von ein paar Kindern gewesen. Obwohl die Sonne herunterbrannte, fühlte es sich dort dunkel an. Schließlich kam ich zu einer hohen, mattgelb gestrichenen Mauer. Auf der anderen Seite wuchsen Palmen. Es war das Heim. Die Schwestern führten mich herum. Ich sah Hunderte von Alten und geistig Behinderten in gestreifter Baumwollkleidung. Rot für die Frauen, blau für die Männer. Die Nonnen brachten Menschen herein, die sie auf den Straßen fanden und die nicht für sich selbst sorgen konnten. Man gab ihnen zu essen und ein eigenes Bett. Vielleicht zum ersten Mal in ihrem Leben kümmerte sich jemand um sie. Die Mauer hatte nicht den Sinn, sie einzusperren, sondern das auszusperren, was sie tötete. Ich beobachtete eine Gruppe von zehn alten Frauen, die über eine fette Dame lachten. Sie brüllte eine junge, geistig behinderte Frau an, die sie neckte. Die Dicke versuchte immer wieder, sie zu erwischen, aber sie war zu langsam. Selbst die Dicke mußte ab und zu grinsen, während sie die junge Frau jagte. Als diese mein weißes Gesicht sah, kam sie zu mir gelaufen und hielt mir die Hand hin wie eine Bettlerin. Sie rief irgendwas mit verschwommener Stimme. Ihre Augen schielten, und ihre Bewegungen waren ruckartig. Das war mir unangenehm. Ich versuchte wegzugehen. Sie schien zu glauben, daß sie immer noch draußen auf den Straßen war und versuchte, von einem Touristen ein paar Rupien zu bekommen. Ich ignorierte sie. Die anderen Frauen sahen zu und lachten. Schließlich griff die junge Frau nach meiner Hand. Ich konnte sie nicht wegziehen. Sie klammerte sich fest daran. Dann schüttelte sie sie, wie bei einem höflichen Händeschütteln. ›Hallo‹, sagte sie in sorgfältigem, aber verzerrt klingendem Englisch. Ihr braunes

Gesicht lächelte mich breit an. Sie ließ mich los und lief zurück zu der Dicken, die die Hände auf die Hüften gestützt auf sie wartete. Ich schämte mich, Tan Sumeno. Ich dachte, sie würde betteln, also wich ich ihr aus. Und sie wollte nur einen Gast begrüßen. Das ist Mutter Theresas Werk. Natürlich gibt es immer noch Leiden, gibt es immer noch Tausende wie sie, die auf den Straßen betteln und vergewaltigt werden. Aber jetzt gibt es ein Lächeln, das früher nicht da war. Es gibt Leid in diesem Slum. Mutter Theresa wird das nicht verhindern. Aber sie bringt die Liebe hinein. Und Liebe ist wirklicher als Leid.

Ich hatte Glück und sah auch Mutter Theresa selbst, bevor sie nach Äthiopien fuhr. Sie verließ ihr Kloster, das Mutterhaus, auf dem Weg zum Flughafen. Sie sah alt aus und gebeugter, als ich erwartet hatte. Auf der Straße wartete ein Auto auf sie. Drei Bettler in Lumpen drängten sich durch das seitliche Tor herein. Sie warfen sich auf ihren Weg nieder und hoben ihr die leeren Hände entgegen. Sie baten sie, ihnen etwas zu geben. Einer von ihnen, ein Mann mit einem wirren Bart und einem zerrissenen grauen Unterhemd, weinte. Mutter Theresa klopfte ihm zärtlich auf den Arm. Sie sah ihm in die Augen und schüttelte den Kopf. Dann ging sie ruhig um die Bettler herum und stieg in das wartende Auto. Ich stand voller Staunen da. Sie wurde überhaupt nicht von den Bettlern verzehrt. Selbst wenn sie wirklich Geld brauchten, wußte sie, daß sie nur wegen eines Almosens gekommen waren. Sie versuchte nicht, verantwortlich für sie zu sein. Sie wurde nicht von ihrer eigentlichen Aufgabe abgelenkt. Wenn sie etwas brauchten, gab es wahrscheinlich einen Weg, wie ihre Organisation ihnen würde helfen können. Aber gefühlvolles Bitten bewegte sie nicht. Die Frau widmet ihr Leben den Armen. Wenn sie sie abwies, geschah das nicht, weil sie zu viel zu tun hatte. Sie weiß, was ihre Arbeit ist und was nicht. Trotzdem hat sie sie nicht behandelt wie ein Stück Dreck, was ja alle anderen tun. Ich kann nicht beschreiben, wie zärtlich ihre Berührung am Arm des Mannes war. Sie sah die Männer als Menschen, nicht als Bettler. Für mich zeigt das, wie eine Heilige in einer verrückten Welt lebt. Gehe deiner Aufgabe nach, ohne dir einzubilden, du könntest das Leid der Welt beseitigen. Es ist doch eigentlich genug, einem zurückgebliebenen Bettelmädchen soviel Liebe zu geben, daß sie mit einem Lächeln jemandem die Hand schüttelt und ihn begrüßt, oder?«

»Das ist gut«, sagte Tan Sumeno. Er überraschte mich. »Danke für die Geschichte. Ich freue mich, daß du sie mit mir geteilt hast.« Er hatte meinem Monolog aufmerksam zugehört. Meine Worte hatten vielleicht unsere Auseinandersetzung gewonnen, aber seine Erwiderung gewann das Gespräch. Ich hatte diesen Mönch im mittleren Alter gern. Er interessierte sich nicht nur genug für einen Neuankömmling, um ein Gespräch mit ihm anzufangen, er war auch ein guter Zuhörer. Endlich eine Lehre.

Kapitel 3

Samadhi-Selbstmord:
Unser Beispiel

Michael sagte mir, er und Herbie würden zum Einkaufen in die Nachbarstadt Ampher Warin gehen. Er fragte mich, ob ich etwas bräuchte. Ich bat ihn, eine Tasse für mich zu kaufen, die ich für die Getränke verwenden könnte. Ich wollte etwas für mich persönlich.

»Eine spezielle Farbe?« fragte Michael.

»Rot. Richtig rot. Je roter desto besser. Ich habe nichts Rotes, nur weiße Sachen. Ich brauche etwas Rot in meinem Leben«, sagte ich.

Am nächsten Morgen zur Essenszeit fand ich an meinem Sitzplatz einen schönen Plastikbecher, der ein Zubehörteil von einem Feuerwehrwagen hätte sein können.

»Wenn du ihn umdrehst, könntest du ihn als rotes Blinklicht für einen Polizeiwagen verwenden«, sagte Michael, der mit sich zufrieden war. »Ich dachte, wir würden nie eine solche Tasse in Warin finden. Aber plötzlich war sie da, mitten im Schaufenster, so als wäre sie für uns vorgesehen gewesen.«

»Vielleicht hat sie den Ruf empfunden, ins *wat* zu kommen. Das Rot ist wirklich vollendet. Vielen Dank«, sagte ich.

»Ich habe ein *bhat* Wechselgeld bekommen, da habe ich noch etwas für dich mitgebracht«, sagte der *pahkow* leise. Ich schaute in meinen Becher hinein und sah das Geheimnis: zwei eingewickelte Bonbons.

Jim und ich bereiteten uns auf unsere Aufnahme ins Kloster vor. Zu der Zeremonie, die auf Pali abgehalten werden mußte, gehörte auch, daß wir vor dem Ajahn ein Gelübde ablegten. Wir mußten dabei die acht Regeln auswendig aufsagen und das dreifache Zufluchtnehmen. Das dreifache Zufluchtnehmen ist das Glaubensbekenntnis des Theravada-Buddhisten:

> Ich nehme Zuflucht zu Buddha.
> Ich nehme Zuflucht zu *Dhamma*.
> Ich nehme Zuflucht zu *sangha*.

Buddha, *Dhamma* und *sangha* sind die drei Quellen des spirituellen Wachstums und ein Schutz für den Thai-Buddhisten. Sie sind eine Dreieinigkeit, die die »Drei Kostbarkeiten« heißt. Buddha war der historische Begründer des Glaubens, aber in diesem umfassenderen Zusammenhang ist die Bedeutung erweitert und meint »der Wissende« in jedem von uns. Es ist die Weisheit, die wir durch die Meditation erlangen können. *Dhamma* heißen die Lehren des Buddha, die in den Pali-Schriften aufgezeichnet wurden. Aber es bedeutet auch die Wahrheit selbst, auch wenn sie sich im Pali-Kanon nicht findet. *Sangha* ist die Gemeinschaft der Mönche. Aber die menschlichen Wesen, die die Roben tragen, sind nicht die ganze Bedeutung von *sangha*. *Sangha* sind jene, die den spirituellen Weg miteinander gehen, sich gegenseitig unterstützen, während sie sorgfältig das *Dhamma* Buddhas ausüben.

Jim hatte das Aufnahmeritual schon auswendig gelernt, bevor er nach Pah Nanachat kam. Er erklärte mir, daß er in seiner Zeit in Chiang Mai ursprünglich die Absicht gehabt hatte, als Mönch in ein Kloster aufgenommen zu werden. Er hatte für jene viel längere Zeremonie mehr als einen Monat lang Texte auswendig gelernt.

»Ich kannte ein Thai-Ehepaar, das mich unterstützen

wollte. Für einen *farang* ist es eine große Sache, als Mönch aufgenommen zu werden. Sie hätten sich für ihre Rolle dabei einen großen, spirituellen Verdienst erworben. Die Thai glauben, daß ein Sohn, der als Mönch aufgenommen wird, und sei es auch nur für eine Woche, seinen Eltern großes spirituelles Ansehen für die nächste Inkarnation erwirbt. Meine Paten hatten keine eigenen Kinder, also war meine Aufnahme in ein Kloster eine sehr aufregende Angelegenheit. Sie organisierten ein Fest, Roben und Geschenke für die Mönche in dem *wat* in der Stadt, wo ich aufgenommen werden sollte. Sie arrangierten sogar die Zeremonie zur Kopfrasur. Ich hatte von Pah Nanachat gehört und mir vorgenommen, hierherzukommen. Aber ich wollte zuerst zehn Tage im Kloster in Chiang Mai verbringen, um mich an die Roben zu gewöhnen. Ich stellte mir vor, daß ich auf diese Art in den Dschungel kommen und wirklich zur Meditation bereit sein würde.

Meine Paten brachten mich zum Abt des *wat*, in dem ich leben würde. Er war der ekelhaft fetteste Mönch, den ich je gesehen hatte. Er erinnerte mich an den dicken, bösen Jabba aus *Krieg der Sterne*. Während wir miteinander sprachen, rauchte er eine Zigarette nach der anderen. Er hatte rote Knopfaugen. Zum ersten Mal hielt ich inne und fragte mich, was ich eigentlich gerade tat. Ich bin in Thailand ein Außenseiter. Ich bin nicht einmal Buddhist. Mir gefällt an der Philosophie, daß dabei meditiert wird, aber manche Dinge finde ich wirklich widerlich, wie zum Beispiel diesen Abt. Mir wurde klar, daß ich nicht das Recht hatte, die Rolle eines religiösen Mimen zu spielen. Ich würde den Erwartungen nicht gerecht werden können, die diese Kultur an mich stellte. Ich mußte mich fragen, was für Gründe mich bewegten, ein Mönch werden zu wollen. Sie waren ziemlich seicht. Es war alles ein großer Egotrip. Ich hatte meinen Freunden in Amerika geschrieben, daß ich ein buddhistischer Mönch werden würde. Ich würde eine

Robe tragen, mir den Kopf rasieren lassen und mir meine Nahrung erbetteln. Wenn ich es mir jetzt anders überlegte, würden sie glauben, ich hätte die Nerven verloren. Ich hatte mir eingeredet, ich wolle es nur um der Meditation willen tun. Aber es war einfach reizvoll, anders zu sein.

Ich sah mich um, was für ein Aufhebens alle um mich machten. Meine Paten und andere Thai-Freunde hatten etwa fünftausend *bhat* für die Zeremonie ausgegeben. Das sind mehr als zweihundert amerikanische Dollar und hier sehr viel Geld, und diese Leute sind nicht reich. Ich bin Atheist, aber ich hasse es, wenn Religion zum Geschäft verkommt. Läden, die religiöse Gegenstände verkaufen, machen eine Menge Gewinn durch Thai, die sich gute Voraussetzungen kaufen wollen. Ich fühlte mich elend, dabei mitzumischen. Mein einziger Grund, nicht alles einfach abzublasen, war, daß ich nicht wußte, wie ich ihnen meinen Sinneswandel erklären sollte. Sie würden es nicht verstehen. Und sie hatten das Geld ausgegeben. Kannst du dir das vorstellen? Ich würde Mönch werden, um ihren spirituellen Verdienst im Wert von zweihundert Dollar nicht zu verschwenden.

Damals traf ich einen Thai-Mönch, der mehrere Jahre in Pah Nanachat verbracht hatte. Ich erklärte ihm mein Problem. Er schlug vor, ich solle doch *pahkow* werden. Ich wußte sofort, daß das eine bessere Rolle für mich sein würde. Vielleicht kann ein Thai vor sich rechtfertigen, gleich die ockerfarbenen Roben anzulegen. Er wächst auf, während er von der Religion umgeben ist. Ich denke, daß es ihnen im Blut liegt. Ich wußte, daß das bei mir nicht funktionieren würde. Es war schwierig, meinen ganzen Stolz hinunterzuschlucken und meinen Paten zu erklären, daß ich es mir anders überlegt hatte. Ich versuchte, ihnen klarzumachen, warum ich mich entschlossen hatte, statt dessen ein *pahkow* zu werden, aber sie hörten mir nicht zu. Sie sagten, daß es ihnen leid täte, daß ich das Interesse an ihrer Religion verloren hätte. Ich glaube, sie nahmen es recht gut auf. Es muß für sie auch ein Gesichtsverlust gewesen sein, aber sie hegten keine schlechten Gefühle.«

»Hat es denn irgend jemand verstanden?« fragte ich.

»Vielleicht einer meiner Professoren. Alle anderen schrieben mich einfach ab. Und wahrscheinlich ist das auch gut so. Jetzt bin ich hier, ohne daß irgend jemand Erwartungen in mich setzt. Ich bin wirklich froh. Kannst du dir vorstellen, wie ich hier hereingewallt wäre und so getan hätte, als wäre ich ein Mönch nur wegen der Robe? Könnte ich weiter vorn in der Reihe sitzen als Nimalo, der jetzt schon seit drei Jahren Novize ist? Es war der richtige Platz, ganz hinten in der Reihe als Gast anzufangen. Vom Laienbruder zum *pahkow* ist es genausoweit, wie ich gern gehen möchte.«

»Ja, da gebe ich dir recht«, sagte ich. »Ich hatte auch daran gedacht, Mönch zu werden, aber für mich stimmt es genausowenig. Ich weiß nicht, ob ich in deiner Lage den Mut gehabt hätte, die ganze Show abzublasen.«

»Du hast auch keiner Thai-Version von Jabba gegenübergesessen.«

Tan Casipo gab mir einen kleinen Kassettenrekorder und eine Kassette von der Aufnahmezeremonie. Er war ein hilfreicher Mönch, schüchtern und schmal. Ich denke, er war Mitte Zwanzig. Aber hier bedeutet Alter nichts, sagte man mir. Man fragte auch nicht danach. Seine Augen hatten einen ruhigen Ausdruck. In seinem Lächeln lag ein untergründiger Sinn für das Komische. Er war in seinem letzten Jahr aus einem Studium der angewandten Physik ausgestiegen.

Die Aufnahme war nur eine Viertelstunde lang. Fast alles, was der Aufzunehmende sagt, ist eine einfache Wiederholung der Worte des Ajahn. Die Pali-Aussprache war für mich ziemlich schwierig. Kurze und lange Vokale mußten mit absoluter Präzision ausgesprochen werden. Ich übte stundenlang in meinem *kuti*. Jim kam ab und zu herüber, um mir zu helfen. Wir saßen entweder auf meinem Balkon oder unter dem Schutz meines Moskitonetzes und probten. Er kannte den Text so gut wie rückwärts und gab seinen Silben einen Einschlag ins Thai. Wir konnten uns auch während der Vorbereitungen gegenseitig helfen. Wir hatten beide Zweifel, ob wir auch das Richtige taten, aber wir waren fest entschlossen, nicht zu kneifen. Zu geloben, daß man den acht Regeln folgen wollte, war keine Schwierigkeit. Obwohl die Regeln inhaltliche Ähnlichkeiten mit den Zehn Geboten der Christen haben, sind sie doch keine vom Himmel angeordneten Befehle. Buddha lehrte seine Anhänger, *sila*, moralische Reinheit, zu üben – eine wesentliche Voraussetzung zur Meditation. Er sagte, Verfehlungen würden Schuld und Angst erzeugen. Und wenn der Geist in Bewegung ist, kann er nicht ganz ruhig werden. Richtiges Verhalten erzeugt eine natürliche Ruhe. Diese Ruhe ist nötig, damit Meditation zustande kommen kann. Die Regeln sind einfach ein Mittel, um Meditation zu ermöglichen. Jim und ich konnten diese Gelübde ohne Schwierigkeiten ablegen. Allerdings waren wir beide unsicher, wie es bei uns mit der Zuflucht zu den »Drei Kostbarkeiten« aussah. Wir waren beide keine Buddhisten. Ich war Christ. Jim war Atheist. Aus diesen entgegengesetzten Extremen hatten wir Hemmungen, Buddha, *Dhamma* und *sangha* zu unserer einzigen Zuflucht zu erklären. Unser Ajahn erklärte uns, wir sollten uns keine Sorgen über die Bedeutung des Begriffs »Zuflucht nehmen« machen. Folgt einfach dem Ritual, riet er uns. Das Verständnis wird dann im Laufe der Zeit folgen. Glaube braucht Zeit, um zu wachsen. Wir waren nicht sicher, was für eine Art von Glaube da wohl in uns wachsen würde. Vielleicht würden wir es annehmen können unter der eher esoterischen Interpretation von Buddha als dem »Wissenden« und *Dhamma* als der Wahrheit ganz allgemein, aber wir waren beide nicht dazu bereit, uns der Gemeinschaft der Mönche zu unterwerfen, als wenn sie etwas Göttliches wäre. Buddha hatte die Menschen aufgefordert, seine Worte trotz ihrer anderslautenden Erfahrung auf die Probe zu stellen. Für uns schloß diese Probe jetzt die Unterordnung unter die Mönche ein. Das setzte einen Glauben voraus, den wir beide nicht besaßen. Aber im Sinne der Probe entschlossen wir uns, gemeinsam dem Ritual zu folgen und uns der ordinierten Hierarchie von Wat Pah Nanachat anzuschließen.

Die Übungen nahmen all meine Vormittage in Anspruch, all meine Ruhe und all mein Schweigen. Sie sogen meine Geduld auf. Meditation war unmöglich. Ganz offensichtlich konnte ich nicht meditieren und am gleichen Tag noch etwas anderes tun. Wenn das so war, was für einen Sinn hatte dann die Meditation, wenn es nicht meine Absicht war, mein ganzes Leben in einem *wat* zu verbringen? Wenn ich hierherkam, um zu meditieren, wozu dann diese verwirrenden Rezitationen, die mein Gehirn blockierten wie Werbesprüche?

Der Geist ist wie ein Affe, sagen die Buddhisten. Er springt von einem Platz zum nächsten ruhelos und wild. Wir haben keine Kontrolle darüber. Unsere Empfindungen, Wahrnehmungen, Erinnerungen, Wünsche und Gedanken schwatzen in unserem Gehirn ständig durcheinander. Es gibt keinen Frieden. Das Ziel der Meditation ist es, zu lernen, wie man zuerst den Affen-Geist beherrschen und sich dann von ihm befreien kann. So sieht man im Westen den Geist bestimmt nicht. Die wissenschaftlichen und humanistischen Traditionen der Menschheit sind für uns kein wirres Geschwätz. Wir erheben unseren

Geist. Wir erweitern unser Bewußtsein. Unser Selbstgefühl ist unser wichtigster Besitz. Wir können nicht begreifen, was Buddha gelehrt hat.

Aber das Ziel der Meditation kann man auch mit wissenschaftlichen Begriffen umschreiben, entsprechend der psychologischen Lehre von den beiden Gehirnhälften. Die beiden Hemisphären des Großhirns beherrschen unterschiedliche Bereiche. Die linke Hirnhälfte erzeugt lineare Gedanken. Sie ist zuständig für Begriffe, Abstraktes, Worte. Sie gibt uns Worte und Ideen. Die rechte Hirnhälfte erzeugt nichtlineare Gedanken. Sie ist zuständig für Intuition, das Schöpferische, die Vorstellungskraft. Die linke Hirnhälfte ist der beherrschende Partner bei den meisten menschlichen Tätigkeiten; sie gibt nur sehr selten die Kontrolle auf. Sie treibt schwierige Aufgaben voran, und wenn sie nicht voll ausgelastet ist, schweift sie ziellos ab. Die rechte Hirnhälfte ist schnell in Anspruch genommen von genau den Tätigkeiten, die die linke uninteressant findet. Wenn zum Beispiel von der linken Hirnhälfte gefordert wird, sie solle sich auf eine so weltliche Beschäftigung wie das Atmen konzentrieren, wird sie sich dagegen auflehnen. Sie wird an etwas Interessanteres denken wollen. Aber wenn die Aufmerksamkeit immer wieder auf das Atmen zurückgeführt wird, kann schließlich die linke Hälfte der rechten die Kontrolle überlassen. Wenn das geschieht, spürt man eine ganz deutliche geistige Wandlung. Die Ruhelosigkeit hört auf, indem die rechte Hirnhälfte übernimmt. Ein Mensch in diesem Zustand wird sich in friedliche Betrachtung versenken und entspannen. Auf diese Art betrachtet, bedeutet Meditation eine Art Therapie gegen die Beherrschung durch die linke Hirnhälfte. Während die passive rechte Hälfte lernt, die stärkere zu sein, wird es uns möglich, ein schöpferischeres und intuitiveres Leben zu führen, was ein Gleichgewicht im Innern des menschlichen Wesens wiederherstellt.

Ich sitze auf meinem Balkon und konzentriere mich auf das vibrierende Streichen des Atems durch meine Nasenflügel. Schließlich beginnt die Leichtigkeit der Versunkenheit. »He, jetzt erreiche ich was! Das ist Meditation!« Vorstellungen springen plötzlich in mein Bewußtsein und zerstören die Ruhe. Ein Wort, ein Gedanke, führt zum nächsten. Die schwatzende linke Hirnhälfte übernimmt wieder wie ein Tyrann. »Ja, endlich meditiere ich. Na ja, für eine Sekunde hatte ich es fast erreicht. Ganz schön heiß hier. Wann ist Kaffeepause? Wie war die Kaffeepause damals auf dem Wagen? Mit gefüllten Keksen. Verdammte Mücken.«

Ein Mittel, den Affen-Geist einzuschränken, wenn er sich ungebeten in die Meditation drängt, ist der Gebrauch eines *mantra* wie zum Beispiel das »Bud-dho«, das uns unser Ajahn vorgeschlagen hatte. Es kann anfangs sein, daß die rechte Hirnhälfte noch zu schwach ist, die Beherrschung über ein so feines Objekt wie den Atem zu behalten. Die linke Hirnhälfte kann sich da ohne Mühe hineindrängen, wenn man sie nicht entsprechend gezähmt hat zu schweigen. Ein *mantra* zu wiederholen, zwingt den Fluß der Gedanken, immer wieder auf dasselbe zurückzukommen. Die linke Hirnhälfte kann das eine Weile lang ertragen, denn ein *mantra* ist ja wenigstens ein Wort. Aber es ist langweilig. Hunderttausendmal »Buddho, Buddho, Buddho« zu wiederholen, ist nicht das, was ihr Spaß macht. Sie wird sich Mühe geben, diese Folge zu unterbrechen. Aber wie die Glieder einer Kette sind diese Worte fest miteinander verbunden. Viele Buddhisten wiederholen ihre *mantras*, während sie für jede Wiederholung eine Perle auf ihrem Rosenkranz weiterschieben. Der Rhythmus der Worte und die Perlen in den Händen helfen dabei, die linke Hirnhälfte zum Schweigen zu bringen und die rechte zu unterstützen.

»Bud-dho, Bud-dho, Bud-dho, Bud… wie spät ist es

jetzt? Ich sitze nun bestimmt schon fast eine Stunde. Wann kommt endlich die Kaffeeglocke? Der Ajahn – ich meditiere nicht. Bud-dho, Bud-dho, Kaf-fee. Gedanken drängen sich immer wieder herein. Ich muß mich intensiv konzentrieren und immer wiederholen Bud-dho, Bud-dho, und vielleicht gibt es auch Kakao. Ob Kaffeeweißer wohl ein Verstoß gegen das *Vinaya* ist? Ach, ach, Bud-dho. Warum nicht Buddha? Bud-dha, Bud-dha, Bud-dho, Bud-dha. Vielleicht – Aufhören, aufhören! Verdammte Gedanken raus!«

Das Bemühen, einen Gedanken zum Schweigen zu bringen, ist selbst ein Gedanke. Schreie »Halt!«, und es wird nur deine Ruhe vernichten. Sobald man sich sagt: »O je, jetzt denke ich«, hat die linke Hirnhälfte schon wieder die Kontrolle übernommen. Etwas zu beurteilen, ist eine Funktion der linken Hirnhälfte. Ein Mensch, der meditiert, muß sogar darauf verzichten, die Qualität seiner Meditation zu beurteilen. Ajahn Chah erklärte seinen Schülern, sie dürften sich nicht von Gedanken ablenken lassen, die während der Meditation aufsteigen. Nimm zur Kenntnis, daß sie aufsteigen, aber hänge dich nicht an sie, sagte er. Betrachte einen Gedanken, der sich hereindrängt, aber stelle ihn nicht in Frage, bestreite, beurteile oder berücksichtige ihn nicht weiter. Er ist einfach da, genauso wie die Atmung da ist. Niemand beurteilt seine Atmung. Nimm alle Geisteszustände an, wenn sie auftreten. Das verhindert, daß die linke Hirnhälfte sich weiter damit beschäftigt, alles als gut oder schlecht einzustufen. Anzunehmen was da ist, ist eine Tätigkeit der rechten Hirnhälfte. Sie versteht Dinge mit einer Art von blitzartiger Erkenntnis, die vor den Worten kommt. In der Meditation kann man diese Erkenntnis den eindringenden Gedanken gegenüberstellen, und schon werden sie bis auf ihre Wurzeln zusammenschrumpfen.

Bud-dho. Diese Gedanken und Vorstellungen wirbeln

durch meinem Geist, während ich vor meinem *kuti* auf dem Pfad auf und ab gehe und in der Nachmittagshitze schwitze. Ich begreife, daß es mir nicht gelingt zu meditieren und wälze Theorien, um mein Theoretisieren zu überwinden. Worte, um einen Vorhang aus Worten zu zerreißen.

Tan Casipo führte Jim und mich zu einem großen Holzschrank am hinteren Ende der *sala*. Wir sollten für unsere neue Rolle in der Hierarchie eingekleidet werden.

»Wir haben hier drin ein paar gebrauchte *pahkow*-Roben«, sagte der hilfreiche Mönch, »aber ich glaube nicht, daß es genug *sabongs* für euch beide sind. Ihr braucht jeder drei Gewänder. Da ist aber eine Menge Leinen. Wir müssen einfach noch ein paar machen. Ich habe Meow geschickt, damit er Yenaviro holt. Er ist der malaysische Mönch, der für die Vorräte zuständig ist.«

Tan Yenaviro kam. Er war mir früher schon einmal aufgefallen. Seine chinesisch-malayischen Gesichtszüge unterschieden ihn von den anderen Mönchen. Er saß in der Frühstücksreihe neben den Novizen, was bedeutete, daß er der jüngste *bhikkhu* war. Er war der einzige Asiate, der kein Thai war in dem internationalen *wat*. Er nahm einen Schlüsselbund aus seinem ockerfarbenen Überwurf und öffnete den Schrank. Er zog einen Stapel weißes Leinen herunter, das wie Bettzeug aussah.

Ein *sabong* ist ein einfaches, breites Stück Stoff. Wenn man es einmal um die Taille wickelt, bedeckt es einen bis zu den Knöcheln. Es ist das geläufigste Kleidungsstück der Landbevölkerung in Südostasien und Indien. Normalerweise besteht es aus bunt bedruckter Baumwolle. Als religiöse Uniform ist es ocker für Mönche und Novizen und weiß für *pahkows*. Es gibt eine besondere Methode, wie die Männer, die ihr Gelübde abgelegt haben, es befestigen müssen. Tan Casipo und Tan Yenaviro zeigten uns wie. Der Mann wickelt das Stoffstück um sein Hinterteil und hält die Enden auf Armlänge vor sich. Dann rollt er die beiden Enden umeinander, bis der *sabong* eng um die Taille liegt; das zusammengerollte Stück hängt vor dem Bauch bis zum Boden hinunter. Darüber trägt man einen breiten Baumwollgürtel, der über dem oberen Ende der Stoffrolle gebunden wird. So befestigt rutscht nichts herunter und rollt auch nicht auseinander. Das Ergebnis ist ein Midirock mit einer Stoffrolle von oben bis unten wie ein gerafftes Segel. So ist man gut bekleidet und trotzdem beweglich. Die einzige gefährliche Haltung ist, wenn man beide Beine anwinkelt. Wenn man die Knie auseinanderbreitet und anwinkelt, kann es sein, daß sich die Rolle des *sabong* so weit auseinanderrollt, daß alles sichtbar wird, was der *pahkow* darunter trägt. Und in der tropischen Hitze ist das nicht viel. Um den Gürtel richtig zu befestigen, muß die Rolle fast zehn Zentimeter über die Taille hinausragen, wobei der dicke Knoten bis zum Nabel reicht. Das sieht aus wie ein großer, weißer Phallus. Während Yenaviro nach einem Gürtel suchte, blieb ich stehen, hielt diesen Knoten fest und schob die Rolle zurecht. Jim und Casipo begannen plötzlich zu kichern. Yenaviro drehte sich vom Schrank aus verwirrt um und begann dann auch zu lachen. Vielleicht war die Kleidung dazu gedacht, eine dauernde Erinnerung an die dritte Regel darzustellen.

Über der Taille tragen die ordinierten Mitglieder der Gemeinde einen baumwollenen oder leinenen Überwurf, der über der linken Schulter drapiert und unter der rechten Achsel befestigt wird. Er fällt über die Brust und bedeckt diskret die Brustwarzen und den vorstehenden weißen Erinnerungsknoten. Pahkow Michael trug seinen Überwurf allerdings zusammengerollt und nur über die Schulter gehängt, damit er es kühler hatte. Ich sagte Yenaviro, daß mir das gut gefiel.

»In der *sala* ist das nicht angebracht. Du mußt deine Brust bedecken«, sagte der Malaysier.

Ich deutete auf die glänzenden Statuen vorn im Tempel. »Aber Buddha zeigt auch eine Brustwarze«, sagte ich.

»Wir machen die Regeln nicht, wir befolgen sie nur«, erklärte er mir.

Pahkows brauchen die ganze Robe nicht zu tragen, die die *bhikkhus* und Novizen bei Zeremonien und auf der Almosenrunde tragen müssen. Besonders während des heißen feuchten Thai-Sommers, bevor die Monsunregenfälle die Luft reinigen, sind die Roben heiß und einengend. Aber Mönche müssen den Regeln folgen. Der einzige Nachteil der *pahkow*-Kleidung ist die Farbe. Als ich mich über den großen Umfang meiner neuen Garderobe beschwerte – drei *sabongs,* drei Überwürfe, zwei Garnituren Badekleidung, die zweifache Ausführung der Kleidung zum Sitzen und eine weiße Tragetasche – erklärte mir Yenaviro, daß ich sie alle brauchen würde, wenn ich nicht meine Kleider jeden Tag waschen wollte.

»Diese weißen Sachen bleiben nicht lange so weiß, wenn du ein paarmal morgens auf der Almosenrunde durch die Reisfelder gegangen bist«, sagte er. »Besser gesagt, du wirst eine ziemlich lange Zeit mit Waschmeditation verbringen.«

Die Mönche haben Glück. Die ockerfarbenen Roben, die sie tragen, passen gut zu dem rötlichbraunen Boden. Manche *bhikkhus* gebrauchen sogar Schlamm, um ihre Badekleidung in der vorgeschriebenen Farbe zu färben.

Ein großer *farang* Mönch Ende Zwanzig betrat die *sala* und gesellte sich unserer Einkleidungssitzung zu. Er war der deutsche Mönch, der sich ruhig vor der schlafenden Kobra in der Toilette zurückgezogen hatte. Er war erst vor kurzem aus Bangkok zurückgekehrt, wo seine beiden Knie operiert worden waren. Zu viel Sitzmeditation hatte sie kaputtgemacht. Bei der Mahlzeit saß er auf einem Kissen, wodurch der Druck auf seine Gelenke gemildert wurde. Am Tag, als er zurückgekommen war, hatte er den anderen die elastischen Binden gezeigt, die zur Unterstützung um seine Beine gewickelt worden waren. Trotz seiner Verletzung lag immer ein Lächeln auf seinem Gesicht. Ajahn Chah hatte ihm einen Spitznamen auf Thai gegeben, den er dem Pali-Namen vorzog, den er bei seiner Ordination bekommen hatte. Er hieß Ruk, und das bedeutete Lachen.

Michael sagte, Ruk sei wie ein Tank konstruiert. Er war dafür bekannt, daß er bei einer einzigen Mahlzeit einmal fünfzehn Mangos gegessen hatte. Er war groß und hatte breite Schultern. Trotzdem schien er wie die meisten Männer aus der westlichen Welt, die mehrere Jahre in einem Kloster verbracht haben, weniger zu wiegen als normal. Seine Gestalt war mächtig, aber er war ein sehr schmal aussehender Tank. Trotzdem arbeitete er wie ein Bagger. Er war immer aktiv. Schon am Tag, als er mit verbundenen Knien nach Pah Nanachat zurückkam, begann er, im Dschungel abgestorbenes Holz zu sammeln. Ich sah, wie er es als Vorrat für die Regenzeit zersägte und unter dem Vordach des Schuppens zum Färben der Roben stapelte. Er schwitzte wie ein Pferd. Seine Roben waren immer feucht. Oft lief ihm der Schweiß über die kahle Stirn, die kahlen Augenbrauen und auf die goldgeränderte Brille. Er machte sich mit Vergnügen an seine selbstgewählten Aufgaben. Wenn seine Gelübde das Singen nicht verboten hätten, wäre bestimmt die Luft um ihn her mit Musik erfüllt gewesen.

Wenn er nicht gerade abgestorbenes Holz aus dem Dschungel zerrte, war er in dem kleinen Seitenraum der *sala* und schwitzte über der Nähmaschine. Meow hatte Ruk erzählt, daß die beiden neuen Laienbrüder neue *pah-kow-sabongs* brauchten, also hatte er sich entschlossen, seine Künste im Nähen zur Verfügung zu stellen.

»Ich liebe Nähen«, erklärte er uns. Sein deutscher Akzent war immer noch hörbar. »Genaugenommen muß ich sogar vorsichtig sein, denn das Nähen kann sich für mich leicht zur Bindung entwickeln. Ich habe eine Weile lang eine Woche im Monat im Nähzimmer verbracht. Ich habe Roben für jeden gemacht, der mich darum gebeten hat. Natürlich waren die anderen eher bereit, mir die Aufgabe zu übergeben, als mich dazu zu überreden, daß ich ihnen das Nähen beibrachte.« Er lachte. »Und selbst wenn ich versucht hatte, es ihnen zu erklären, wenn sie es dann nicht richtig machten, habe ich ihnen die Arbeit einfach wieder abgenommen.«

Ruk führte uns zur Vorderseite der *sala* in die Nähe des Nähzimmers. Er holte ein Maßband und fing an, uns zu vermessen, damit er die neuen *sabongs* anfertigen konnte. Wir standen neben dem Skelett von Dukitas Mutter. Während Ruk arbeitete, fragte ich ihn nach der Frau und wie es dazu gekommen war, daß ihre Knochen als Ausstellungsstück in den Tempel gekommen waren.

»In Thailand ist es üblich, ein Skelett neben dem Altar stehen zu haben. Es erinnert uns daran, was wir eigentlich sind. Sie kam früher oft ins Kloster. Sie war gern hier. Als sie starb und weil man sie nicht verbrennen durfte, wurde sie in der Nähe im Dschungel begraben. Ihr Mann erlaubte ein Jahr später, sie zu exhumieren, als jemand vorschlug, man könne das Skelett für die *sala* verwenden. Einer der Mönche war ein guter Freund von ihr gewesen. Ihr Tod hatte ihn sehr traurig gemacht. Er übernahm die Aufgabe, das Skelett für die Ausstellung herzurichten. Als sie die Leiche ausgegraben hatten, ließen sie sie eine Weile lang offen liegen, damit sie ganz trocknen konnte. Dann verbrachte der Mönch jeden Tag ein paar Stunden damit, das noch daran haftende Fleisch von den Knochen abzulösen. Er tat es als Meditation über den Tod. Er arbeitete allein im Dschungel. Er war ganz hingegeben an seine

Aufgabe und verwendete nur ein einziges Werkzeug, sein Messer, das er auch zum Essen gebrauchte. Am Ende jedes Tages reinigte er es immer und gebrauchte es dann wieder für das Morgenmahl.«

Jim und ich betrachteten das Skelett genau, während Ruk das Maßband aufwickelte. Es war faszinierend, eine riesige, hängende Skulptur in völligem Gleichgewicht. Ausgehend von der schmalen Wirbelsäule wölbten sich die zarten Rippen in den Raum. Von den Becken- und Schulterknochen hingen bewegungslos die Arme und Beine, doch frei, als könnten sie auch bewegt werden. Ihre Finger und Zehen waren ganz präzise gebildet. Bedeckt mit lebendem Fleisch waren solche Knochen das Wunder in jedem von uns. Wir standen voller Ehrfurcht bewundernd vor ihrer Schönheit.

»Wie ist es mit den anderen Erinnerungsstücken an die Sterblichkeit, Ruk?« fragte ich und ging hinüber zum Altar. Ich berührte das durchsichtige, etwa einen halben Meter hohe Plastikgefäß, das bis zum Rand mit Formaldehyd gefüllt war. Darin saß eine kleine rosa Gestalt mit geschlossenen Augen. Die Haut hatte etwas Gummiartiges, aber sie war echt. Ein totes, menschliches Baby, weniger als ein Jahr alt.

»Haben die Eltern dies dem Kloster vermacht?« fragte ich. Ruk schüttelte den Kopf.

»Und was ist damit?« Ich zeigte auf ein in schwarzem Holz gerahmtes Foto, das oben auf dem Gefäß mit dem Baby stand. Es war ein Schwarzweißbild von einem nackten Meditierenden, der mit angewinkelten Beinen im Lotussitz saß und grinste. Man sah auf den ersten Blick, daß er schon lange so gesessen haben mußte. Der Asket war ganz abgemagert. Ich sah noch genauer hin, und mir fiel auf, daß die Haut zwischen den Rippen sich abgelöst hatte. Sein Becken war nur ein gähnendes schwarzes Loch. Man konnte deutlich jeden Zehenknochen erkennen. Und auch die Gelenke am Ellenbogen zwischen Unterarm und Oberarm. Sein Kopf war ein in Leder gehüllter Schädel. Das glückliche, aber wahnsinnige Lächeln auf seinem Gesicht kam daher, daß seine Lippen sich nach hinten gezogen hatten und vertrocknet waren.

»Sie glauben, daß er ein Mönch war«, erklärte Ruk. »Man fand seine Leiche allein in einer Höhle ein paar hundert Kilometer nördlich von hier. Er starb in *samadhi*. Seine Haltung war so vollendet, daß die Leiche nicht umfiel.«

»Er sieht wirklich so aus, als wenn er einen glücklichen Tod gehabt hätte«, sagte ich.

»Es ist schwer, nicht zu lächeln, wenn man keine Lippen mehr hat«, sagte Jim.

»Ruk«, sagte ich, »ich möchte eigentlich gern wissen, warum sein Foto hier vorn in der *sala* steht. Soll er eine Warnung für uns sein oder ein gutes Beispiel?«

»Ein gutes Beispiel natürlich«, sagte Ruk etwas überrascht angesichts der Frage.

»Für mich ist er bestimmt kein Vorbild«, murmelte Jim, als wir beide die *sala* verließen.

Ich fragte mich, ob der Mönch wohl eines natürlichen Todes starb oder ob seine Meditation ihn tötete. Ajahn Chah warnte seine Schüler vor den Gefahren der Besessenheit von *samadhi*:

Was dem Meditierenden am meisten schaden kann, ist völliges Versinken im *samadhi*, das *samadhi* mit tiefer, andauernder Ruhe. Dieses *samadhi* bringt großen Frieden. Und wo Frieden ist, da ist auch Glück. Und wo Glück ist, da entsteht ein Gebundensein und Sich-Klammern an das Glück. Der Meditierende will nichts anderes mehr betrachten, er möchte sich nur noch diesem angenehmen Gefühl hingeben. Wenn wir schon seit langer Zeit Meditation praktizieren, kann es sein, daß wir darauf versessen sind, dieses *sa-*

madhi möglichst schnell zu erreichen. Sobald wir uns auf unser Meditationsobjekt konzentrieren, betritt unser Geist die Ruhe, und wir möchten sie nicht mehr verlassen, um irgend etwas anderes zu erfahren. Wir hängen einfach an diesem Glück. Das ist eine Gefahr für jemanden, der Meditation betreibt.[1]

Vielleicht wurde dieser Höhlenmönch süchtig nach diesem Versinken im *samadhi* und kam nie mehr daraus zurück. Ich stellte ihn mir in vollendeter Erfüllung vor, in absoluter Innenschau, während sein Körper immer steifer wurde und auszutrocknen begann. Als bewußt Meditierendem wären ihm diese Ereignisse aufgefallen, während sie eintraten, aber sie hätten ihn nicht beunruhigt. Es wäre dann ein Augenblick gekommen, in dem er gewußt hätte, daß seine Glieder jetzt gleich starr werden würden, daß es für ihn, den einsamen Einsiedler, keine Hilfe mehr geben würde, wenn er sich nicht sofort bewegte. Er hätte diesen Augenblick herankommen und vorübergehen sehen, ohne seine Ruhe aufzugeben. Während die Tage vergingen, mochte ihm vielleicht das langsam ersterbende Gefühl bewußtgeworden sein, während das Leben trocknend seine Glieder verließ. Langsam hätte sein Kreislauf angefangen zu stocken. Toxine hätten seinen Körper immer mehr vergiftet. Manche Meister der Meditation können ihren Energieverbrauch in großem Maße verringern. Vielleicht lebte der Einsiedler viele Monate auf diese Art, wesentlich länger, als ein natürlicher Tod gedauert hätte. Vielleicht war er noch nicht so völlig abgemagert gewesen, als er sich anfangs hingesetzt hatte und in sein fatales *samadhi* eingetreten war, hatte den ganzen Vorgang des Todes und des Zerfalls von Anfang an beobachtet. War er

---

[1]   Ajahn Chah, *Taste of Freedom*, Wat Pah Pong, 1980, Ubon Rajathani, Thailand, S. 18f.

immer noch bei Bewußtsein, als seine Haut zu trocknen, zu reißen und zu verfaulen begann, als sein Bauch hart wurde und das Blut nicht mehr durch seine angewinkelten Beine floß? Sein Körper blieb aufrecht und ausgewogen sitzen, während sich seine Wirbelsäule in einen versteinerten Stab verwandelte. Er achtete auf seinen Atem, Einatmen, Ausatmen, bis keine Feuchtigkeit mehr da war, um seine Lippen oder seine Zunge anzufeuchten, und bis sich das Vorbeistreichen der Luft an seinem Körper in ein trockenes Kratzen über totes Fleisch zu verwandeln begann. Nachdem seine Lungen zusammengefallen waren, nachdem sein Herz in der Brust immer langsamer geworden war, aufgehört hatte zu klopfen und schließlich locker in die zerfallende Masse darunter gerutscht war, gab es womöglich immer noch ein paar letzte elektrische Impulse in seinem Schädel, mit denen er die reine Seligkeit spürte, bis zu dem Tag, als irgendein roher Fotograf ihn fotografierte und seine Knochen zum Verbrennungsplatz hinausgetragen und verbrannt wurden. Vielleicht war es die Absicht des Mönchs gewesen, als er anfangs seinen Platz einnahm, über den Tod zu meditieren, indem er ihn durchlebte. Dieses Wissen würde er bis zu seiner nächsten Wiedergeburt mit sich tragen. Und sicher würden nur noch wenige Lebenszyklen für ihn übrig bleiben, bis er schließlich vom Rad des *samsara* endgültig befreit wurde.

Ich wollte Jim auf dem Rückweg zu unseren *kuties* fragen, was er über diesen Höhlenmönch dachte. Es hatte angefangen zu regnen, und die Luft wurde kühler. Der rote Schlamm des Pfades klebte an unseren Gummisandalen. Durch das Dach der Blätter im Dschungel drang anfangs nur wenig Regen. Wir gingen vorsichtig und langsam, hörten genau das Klatschen des Regens auf die Baumwipfel. Mein Zwilling ging vor mir her.

»Jim, was denkst du über Selbstmord?«

Er blieb stehen, drehte sich um und sah mich an.

»Ich meine nicht wie bei Dukitas Mutter aus Schmerz und Verzweiflung. Ich meine wie dieser Mönch auf dem Foto. Ich denke, daß er *samadhi*-Selbstmord begangen hat.« Ich stellte mich neben ihn auf dem Pfad.

»Ich glaube nicht, daß man einen Selbstmord aus Verzweiflung anders beurteilen sollte als einen philosophischen Selbstmord«, sagte Jim. Er sprach langsam und formulierte sorgfältig jedes Wort, starrte dabei mehr durch mich hindurch als mich an. »Verzweiflung ist nur eine Ausrede. Ich glaube, daß wir alle neugierig sind, was den Tod betrifft. Manchmal kann er sehr reizvoll sein. Wenn das Leben schwierig wird, läßt man weniger zurück, als man eigentlich denkt.« Wir gingen langsam weiter. Der Regen begann in großen Tropfen durch die Blätter zu fallen. Wir hörten einen Donner.

»Hört sich an, als hättest du dir schon viele Gedanken darüber gemacht«, sagte ich.

»Du bist doch der Philosoph. Hast du je Camus' Essay *Der Mythos von Sisyphos* gelesen? Er sagte, Selbstmord sei die wichtigste philosophische Frage. Warum sollte man ihn also nicht begehen?«

»Aber Camus hat schließlich auch eine Antwort gefunden. Ich erinnere mich nur undeutlich daran. Vielleicht war die Antwort auch undeutlich. Er sagte, das Leben sei absurd, aber man müsse diese Absurdität annehmen, sich ihrer sogar erfreuen. Wie Sisyphus rollen wir den Stein immer wieder auf den Berg, obwohl wir wissen, daß er wieder herunterrollen wird. Wir nehmen die Vergänglichkeit an.«

»Das ist nicht das Wesentliche, Tim. Man erfreut sich nicht trotz der Absurdität, sondern gerade wegen ihr. Das Leben ist absurd, also verpflichtet es uns zu nichts. Es gibt keine Logik und keine Notwendigkeit. Wir tun, was wir tun, als Ausdruck von Freiheit. Wir haben immer die Freiheit zu entscheiden. Die Absurdität des Lebens bedeutet, daß man niemals gezwungen ist, Selbstmord zu begehen.«

»Wie ist das mit Kirilov, Dostojewskijs Figur in dem Roman *Die Dämonen?*« fragte ich. »Er erklärt allen, daß er Selbstmord begehen muß, um zu beweisen, daß es keinen Gott gibt. Nach Kirilov ist es so, daß, wenn Gott existieren würde, es gegen Sein Gesetz verstoßen müßte, Selbstmord zu begehen. Aber Kirilov weiß, daß es keinen Gott gibt, also gibt es auch kein Gesetz. Als ein freier Mann im vollen Besitz seiner geistigen Kräfte ist er absolut dazu in der Lage, sich selbst zu töten. Es gibt nichts, was ihn davon abhalten könnte. Er entschließt sich bewußt dazu als notwendigen Beweis seiner Freiheit.«

»Also zwang ihn die Freiheit dazu, Selbstmord zu begehen? Das verstehe ich. Nette Philosophie.«

»Aber Jim, wie sehr interessierst du dich eigentlich ausdrücklich für den philosophischen Aspekt?«

»Ich versuche, dir klarzumachen, daß mein Interesse gar nicht ausschließlich philosophisch sein kann. Das ist es nie für irgend jemanden. Was könnte denn schon persönlicher sein als dein eigener Tod?«

»Das Persönliche ist wichtiger als die Philosophie, das gebe ich zu. Für mich ist das ein Bekenntnis.« Ich sah ihn schweigend an und wartete. Wir waren an der Gabelung des Pfades angekommen, dessen eine Seite zu Jims *kuti* führte. Riesige Regentropfen fielen von den nassen Blättern auf unsere nackten Köpfe.

»Ich weiß, wonach du fragst.« Jim schaute in den Dschungel. »Zweimal. Beim ersten Mal ging die Pistole nicht los, die eine von sämtlichen Patronen in Amerika. Das zweite Mal hatte der Zug Verspätung. Das war vor einem Jahr. Es scheint in Zyklen wiederzukommen.«

»Und wann ist das nächste Mal?«

Jim grinste mich an und lachte. »Irgendwann in den nächsten sechs Monaten. Die Abstände werden kürzer.«

»Wenn du je jemanden brauchen solltest, mit dem du hier draußen im Dschungel reden kannst, ich bin in Rufweite, im nächsten *kuti*. Ich habe nicht viel zu sagen, keine Ratschläge oder so...«

»Mein Gott! Ratschläge sind auch das letzte, was jemand in dieser Situation braucht. Nur jemand, der da ist und ein Mensch ist. Ich werde dir mal einen Traum von mir erzählen. Aber wir werden ganz naß.«

»Ist gut. Ich seh' dich dann beim Kaffee.«

»Danke«, sagte Jim. Er drehte sich um und begann den Pfad entlang in Richtung auf seine Hütte zu verschwinden.

»Paß auf, daß du nicht zu tief ins *samadhi* rutschst«, warnte ich ihn.

Kapitel 4

Zuflucht
bei den Drei Kostbarkeiten

Ich saß auf dem Balkon meines *kuti* und kämpfte um die Ruhe des gefährlichen und sich mir immer wieder entziehenden *samadhi*. Aber die Meditation wurde mir unmöglich, weil ich dauernd gegen die erste Regel verstieß. Ich mordete Mücken. Der Ajahn hatte gesagt, man solle sie nicht töten, nur einfach wegwischen. Sie surrten um meine Ohren und suchten nach neuen Plätzen, um mich zu stechen. Dabei waren sie genauso aufdringlich und ablenkend wie meine Gedanken. Ich klatschte mir an den Kopf und schlug um mich, als würde ich Fledermäuse jagen. Dann dachte ich über die Bedeutung dieses gemeinen Anschlags auf mich nach. Ich hatte das klare Bedürfnis, mich zu verteidigen. Aber wenn eine Mücke erst einmal angefangen hat zu saugen, ist das Gift schon unter der Haut. Wenn man sie tötet, juckt es später nicht weniger. Im Gegenteil, da das Insekt eine ganze Menge seines Gifts selbst wieder aufnimmt, ist es besser, es fertigsaugen zu lassen, wenn es schon dabei ist. Und oft tut der Stich auch weniger weh, als der Schlag, den man sich selbst versetzt. Es ist wirklich sinnvoller, die Mücke in Ruhe stechen und fertig werden zu lassen.

Eine Mücke landete auf meinem Daumen. Instinktiv erhob sich meine Hand, um sie zu erschlagen, aber dann bremste ich meine Aggression und sah zu, wie das hungrige Insekt mit dem Saugrüssel meine Haut testete, um nach einem weichen Platz für den Einstich zu suchen. Armes Tierchen, dachte ich. Vielleicht bist du von den ungezügelten Kräften und dem angesammelten *kamma* vergangener Leben dazu verdammt, nach Blut zu suchen. Ich erlaube dir, dir einen Tropfen von mir zu holen. Ich spürte den vertrauten Stich und unterdrückte den Reflex zum Zuschlagen. Panik entstand in mir, als ich zusah, wie sie sich den Bauch füllte. Jeder weiß, daß Mücken kleine, böse Pfeile des Teufels sind, dazu ersonnen, Menschen zu quälen. Wenn du zuläßt, daß eine dich sticht, wird sie tausend weitere erzeugen. Die Ökologie und die Theologie sträuben sich dagegen, daß man einer erlaubt zu stechen. Und doch zerstörte die Tatsache, daß ich es zuließ, meine Fähigkeit, die böse Absicht der Mücke zu erkennen. Mein Zorn verrauchte. Ich hatte gar nicht gemerkt, daß ich zornig war – zornig auf ein Insekt. Ich hatte immer geglaubt, Mücken stechen, um Menschen zu ärgern. Deswegen setzen sie sich immer an schwer erreichbare Stellen zwischen den Schulterblättern oder saugen gemeinerweise im Dunkeln an Fingern und Zehen. Sie wissen, wann ein Mensch beide Hände voll hat und sich nicht an ihnen rächen kann. Das alles glaubte ich. Mein gegen diese Pest erhobener Arm war ein Mittel der gerechten Vergeltung gegen sie. Die Mücke auf meinem Daumen hörte auf zu saugen, zog ihren Rüssel heraus und flog mit blutgefülltem, schwerem Bauch von dannen. Sie hinterließ eine kleine, weiße Schwellung auf meiner Haut. Ruk sagte, daß Mücken einen nicht stechen, wenn man sie liebt. Man kann von ihnen nur lernen.

Vormittags, in der Zeit, wo es am schwierigsten war, zu meditieren, kehrte ich nach der täglichen Mahlzeit zu meinem *kuti* zurück und setzte mich auf den Balkon. Eine leichte Brise brachte bald die Mücken mit sich. Langsam lernte ich, mich von jeweils einer Mücke stechen zu lassen. Aber die gierigen Insekten zogen es vor, in Scharen über mich herzufallen, so daß ich in meine Hütte und unter das Moskitonetz vertrieben wurde. Das Netz schützte uns voreinander. Dann heizte die Sonne das Blechdach auf wie einen Ofen. Mein Kopf fing an zu kochen, wenn ich versuchte zu sitzen. Die einzig erträgliche Position war das Liegen. Dann überkam mich die Schwere von Klebreis und Mangos im Magen, und ich döste, bis die Nachmittagsglocke zur Kaffeepause läutete. Die einzige Lösung war Meditation im Gehen. Obwohl meine Piste der prallen Sonne ausgesetzt war, was mich oft dazu zwang, meinen kahlen Schädel zu bedecken, war die Luft draußen eben doch kühler. Mücken umschwärmten mich, aber wenn ich einen zügigen Schritt beibehielt, konnten nur wenige von ihnen auf mir landen. Oft wurden meine Beine schwach, während mein Magen sich bemühte, das schwere Essen zu verdauen. Ich wurde langsamer und stolperte. Nur die Mücken spornten mich wieder an. Mein Geist fing an zu wandern, als ich eine gewisse Routine im Schreiten entwickelt hatte. Er begann, sich gegen die Meditation aufzulehnen. Er führte mich in eine Welt aus Zukunftsphantasien. Ich dachte über mein Verlangen zu lehren und zu schreiben nach und entwarf im Kopf ganze Kurse über buddhistische Philosophie, während ich mich im Dschungel neben meiner Hütte hin- und herschleppte. Die abschweifenden Gedanken verzögerten meine Schritte. Das einzige, was mich immer wieder zurück in die Gegenwart holte, waren die plötzlichen Stiche in Füße oder Hals. Meine Hand zuckte als Reaktion, und ich konnte sie nur selten meiner Gelübde wegen bremsen. Ich besaß keine Dankbarkeit.

Einmal, während ich durch die Zeit meines morgendlichen Schreitens stolperte, landete eine Mücke auf meiner Stirn, und ich schaffte es, meine Arme unten zu behalten, während sie an mir saugte. Ich erlaubte es ihr. Eine zweite bohrte sich plötzlich in meinen Knöchel. Es ärgerte mich, daß sie nicht wenigstens warten konnte, bis ihre Schwester fertig war. Zwei gleichzeitig waren schwer zu ertragen. Dann bemerkte ich, daß der Schmerz in der Stirn verschwand, während ich mich auf das Stechen im Knöchel konzentrierte. In dem Augenblick, als ich daran dachte, spürte ich den Stich im Kopf wieder, dafür verblaßte der am Knöchel. Ich konnte gleichzeitig nur jeweils eines der beiden Gefühle wahrnehmen.

Es scheint, daß das Bewußtsein wie ein Radio funktioniert. Es gibt Millionen von Sendern, die wir einstellen können, aber man kann immer nur ein Programm zur gleichen Zeit hören. Buddha hat gesagt, daß der Einstellknopf dieses Radios in den Händen des Affen-Geistes liegt, der ihn hin- und herdreht, von einer Frequenz zur nächsten. Das Radio gibt eine Mischung ungeordneter Töne von sich, einmal einen Teil eines Worts, dann wieder Knistern, ein Stückchen von einem Lied. Das ist der Normalzustand des menschlichen Bewußtseins. Das aufmerksame Bewußtsein blendet den größten Teil dieses Durcheinanders aus und sucht sich hier und da ein paar Bruchstücke aus dem Frequenzband heraus. Daraus formt es die menschlichen Gedanken – wie ein Archäologe, der Kenntnisse über eine alte Zivilisation aus ein paar Fragmenten aus Knochen und Keramik erlangt, indem er ihre ursprüngliche Gestalt wiederherstellt. So stellen wir uns unsere Wirklichkeit zusammen. Alles, was wir wahrnehmen, ist Wirklichkeit, aber wir bleiben nie lange genug bei einer Frequenz, um ihr wirklich zuzuhören. Mit ein paar Piepsern und zerstreuten Tönen erschaffen wir in unserem Geist Lieder, ersetzen Lücken aus unserer Erinnerung an Klänge, die wir früher gehört haben. Unsere Erfahrung von der Vergangenheit bildet unsere Gegenwart. Sie zwingt den zufälligen Signalen, die wir durch unser Bewußtsein empfangen, überwältigende Interpretationen auf. Wie ein Atommodell besteht unsere Wirklichkeit fast völlig aus leerem Raum.

Buddha nannte die geistigen Strukturen, die wir aus unserer Vergangenheit zusammenstellen, *sankaras*, jene Gebilde des *kamma*, die wir von einem Leben zum anderen mit uns nehmen. Sie sind die Objekte unserer Gedanken, die Bausteine unserer Ideen, unserer Worte. Sie reichen von materiellen Dingen wie Stühlen und Tischen bis zu abstrakten Dingen wie Mathematik und unseren Bedürfnissen im Gefühlsbereich. Bewußtes Handeln entspricht der Zusammenstellung dieser Bausteine zu den unterschiedlichsten Mustern. Sie sind der Fluß der Worte in unseren Köpfen. Aber *kammische* Gebilde erheben sich in uns als Erzeugnis der Vergangenheit, nicht der Gegenwart. Wenn wir uns unserer Gedanken bewußt sind, sind wir uns einer Sache bewußt, die anders ist als die Wirklichkeit der Gegenwart. Meditation lenkt das Bewußtsein weg von *kammischen* Gebilden in subtilere Frequenzen. Sie bremst die Hand des Affen, damit sich das Bewußtsein auf das konzentrieren kann, was vorher nur ein Piepsen im Vorbeistreichen der Sender war. Wenn das geschieht, verschwinden die Gedanken. Man kann sich nur einer Sache gleichzeitig bewußt sein. Wenn man das Bewußtsein auf das Gefühl des Atems konzentriert, wird das Denken ausgeschaltet. Noch tiefer in der Meditation verschwindet sogar das Bewußtsein des Atems. Das Gefühl wird zu fein, als daß man es noch als Ereignis bestimmten könnte. Man sitzt in Leere und Stille, während das Bewußtsein stetig bei der einen Frequenz bleibt. Und dann, so sagen die buddhistischen Weisen, schwingt das Bewußtsein, ohne daß Gedanken aufsteigen, in Klängen, die anders sind als alles, was unser *kamma* schafft. Sie sind ganz neu und gegenwärtig. Wenn Meditation überhaupt ein Ziel hat, dann ist es dieser direkte Kontakt zur Wirklichkeit.

Nach der Getränkepause verkündet uns der Ajahn, daß heute Reinigungstag ist. Mönche, Novizen, *pahkows*, Laienbrüder und Gäste nehmen sich jeder einen Bambusbesen mit steifen Strohbündeln an einem Ende und fegen den sandigen Tempelvorplatz. Wir fegen auch den Pfad hinunter von der *sala* bis zum Färbeschuppen und durch die gewundenen Pfade in den Dschungel hinein bis zu jeder der einzelnen Hütten. Selbst der Ajahn fegt mit uns zusammen – Blättchen, große breite Dschungelblätter, rote und schwarze Beeren, die von den Bäumen gefallen sind, kleine Zweige und Stücke von Schlingpflanzen, die der gestrige Sturm heruntergeworfen hat. Fünfzehn Männer, sie fegen Blätter, fegen schweigend Blätter, fegen mit Achtsamkeit die Blätter, ihre Aufgabe ist Mittel zur Meditation; so wie wir fegen, um unseren Geist von Gedanken zu befreien, so fegen wir, um den Pfad von Blättern zu befreien. Blätter fegen, Blätter fegen. »Was fegst du da?« fragte die schweigende Stimme.

»Blätter.«

»Was sind Blätter?«

»Blätter kenne ich jetzt«, antwortete ich. »Sie sind das Erzeugnis meiner *kammischen* Gestalten, gebildet aus ein paar kurzen Eindrücken aus der Vergangenheit, während mein Affen-Geist am Knopf dreht. Zu Gedanken geboren ist mir ihr wahres Wesen unbekannt. Was sie wirklich sind, ist von etwas bedeckt, was die Gestalt von Blättern hat.«

»Und wo sind all die Blätter, die du schon weggefegt hast?«

»Im Wald.«

»Nein. Sie stiegen auf als deine persönlichen *kammischen* Gebilde, sie befinden sich auch als *kammische* Gebilde in deinem Geist. Aus diesem Grund wirst du immer noch Blätter fegen, wenn du deinen Besen wegstellst. Heute nacht, wenn du schläfst, wirst du wieder von diesen Blättern träumen. Das Lied, das du geschrieben hast, wird weiterlaufen. Es sind deine Erinnerungen, die du da fegst. Du hast sie ins Leben gerufen, also werden sie wieder zurückkehren. Du hast sie aus einem kleinen Stück Bewußtsein entstehen lassen, aus einem Fließen, das du nur einen Augenblick lang wahrgenommen hast und das jetzt von einem Teppich von den Dingen bedeckt ist, die du als Blätter bezeichnest. Eine reine und schwingende Strömung liegt unter der Illusion, die du geschaffen hast. Ein paar Augenblicke vergingen, während du diese Strömung ›be-griffen‹ hast, während sie in dein Bewußtsein flatterte...«

»Und wenn ich lerne, ganz aufmerksam diesem Flattern zu lauschen, dem, was zum ersten Mal als Funken den Gedanken für das Wort ›Blatt‹ gezündet hat?«

»Dann werden keine *kammischen* Gebilde entstehen. Dann wird es keine Erinnerung geben.«

»Wie werde ich mich dann daran erinnern? Was werde ich lernen? Wie kann es Lernen ohne Erinnerungsvermögen geben?«

»Gibt es vielleicht gar nicht.«

»Was gibt es denn dann?«

»Nur das Nicht-Fegen von Nicht-Blättern, die du Blätter nennst.«

»Und wenn ich damit fertig bin, nicht-fegend zu fegen, werden dann die als Blätter bezeichneten Nicht-Blätter zurückkehren und durch meine Träume spuken?«

»Nein. Sie werden im Wald bleiben.«

Menschen kommen und Menschen gehen. Unsere Gemeinschaft in Wat Pah Nanachat ist in ständigem Fluß. Nur die Roben bleiben dieselben. Mr. Chicago ist nach Bangkok abgefahren. Pahkow Michael wird bald nach Malaysia reisen, um sich sein Visum erneuern zu lassen und Urlaub zu machen. Der britische Novize Edward ist vor einiger Zeit verschwunden. Die anderen Laienbrüder sind alle weg, um ihre Reisen fortzusetzen bis auf den kleinen Herbie, der traurig dreinschaut, weil Michael fortgeht. Aber neue Laienbrüder sind angekommen, und Pahkow Mark ist als Novize aufgenommen worden. Er hat seine weißen Roben ockerfarben gefärbt. Alle unsere Mönche gingen hinüber nach Wat Pah Pong zu der Aufnahmezeremonie. Sie erfordert zwanzig Mönche und einen *bhote* – einen speziellen Ordinationstempel – für das Ritual. Pah Nanachat hatte nicht genug *bhikkhus*, und unser neuer *bhote* war noch im Bau. Diejenigen von uns, die weiter unten in der Hierarchie standen, wurden zu der Zeremonie nicht eingeladen. Wir sahen einfach nur zu, wie Mark in seinen weißen Kleidern fortging. Er kehrte später am Abend zurück und trug ein verstaubtes Gelb. Er war so dicht eingewickelt, daß es aussah, als trüge er ein Leichentuch, aus dem nur der magere, knochige Schädel oben herausschaute.

»Und fühlst du dich jetzt dem *nibbana* näher?« fragte ich ihn.

»Ich fühle mich überhaupt nicht anders«, sagte Mark.

»Warum hast du es dann gemacht?«

»Ich denke, es war wohl einfach die richtige Zeit dafür. Was ich wirklich an diesem Ort bekomme, ist das Gefühl der Gemeinschaft. Ich war immer ein Einzelgänger. Ich habe nie in der Nähe von anderen Menschen gelebt, wenn ich es vermeiden konnte. In dieser Gemeinschaft hier respektieren alle einander, es ist nicht so wie daheim in Neuseeland. Ich denke, ich bin jetzt ordiniert, weil ich dadurch mehr an allem teilhabe.« Mark saß beim Essen an Edwards altem Platz.

Ein neuer Engländer kam an, ein Mann im mittleren Alter, der Percy hieß und genauso exzentrisch wirkte wie der Novize, der verschwunden war. Percy hatte dicht beieinanderstehende Augen und unauffälliges, ergrauendes Haar. Er kämmte es nach vorn, weniger um die Stelle zu

verbergen, wo es langsam dünner wurde, als um einer
Mode nachzueifern, die vor ungefähr fünfzehn Jahren un-
modern geworden war. Er trug neue Blue Jeans, die tief
auf seinen Hüften hingen, so daß sein Bauch nicht einge-
engt war. In seinem Gang war ein kleines Hinken, das er
gewöhnlich in ein Hüpfen zu verwandeln versuchte, wobei ihm jedoch der gewünschte Effekt nie gelang. Percy
sprach mit der affektiert wirkenden Art von englischem
Akzent, die bei mir den Eindruck erweckte, als versuche
er etwas ungeheuer Komisches zu sagen und zu sehen,
wie weit er damit gehen konnte. Seine Stimme klang in
einer Weise ernst, als versuche er, in sämtlichen Einzelheiten den Kampf um die Radieschenernte vom letzten
Jahr zu beschreiben. Ich wartete immer darauf, daß jetzt
gleich die Pointe folgen würde. Sie kam nie. Percy erzählte
mir, er fände Buddhismus unheimlich gut. Ich konnte mir
irgendwie nicht vorstellen, daß er nicht in einem Vorort
von London war, um Dünger in seinen schäbigen Rasen
zu harken, in dem doch nie etwas anderes als Unkraut
wachsen würde. Er schien der geborene Umstandskrä-
mer, der in seiner beständigen Geschäftigkeit immer un-
zufrieden war mit seiner Gartenschere, jemand, für den
auf der Welt nie etwas vernünftig funktionieren würde.
Ich wollte ihn fragen, was er hier machte, so weit weg von
seinen sterbenden Begonien. Die Frage hörte sich dann
aber etwas höflicher an.

»Warum hast du dich entschlossen, nach Pah Nanachat
zu kommen, Percy?«

»Ich dachte, das würde ein geeigneter Platz sein, um etwas über Buddhismus zu lernen. Weißt du, ich finde meditieren unheimlich gut.«

»Hast du schon vorher *vipassana* betrieben?«

»*Vipassana*? Nennt man das so? Das ist doch das mit
dem Atmen, oder?«

Ich nickte.

»Nein, das habe ich noch nicht gemacht, nicht *vipassana*.«

»Hast du schon andere Meditationstechniken betrieben?«

»Nicht viel. Eigentlich nicht. Nein. Vielleicht kannst du mir ja etwas darüber erzählen?«

»Ich bin auch erst vor einer Woche hier angekommen. Du solltest mit dem Ajahn reden, wenn du unterwiesen werden möchtest.«

»Du hast das schon vorher gemacht, oder? Meditiert, meine ich?«

»Ich war letztes Jahr drei Monate in einem tibetischen Kloster in Ladakh.«

»Ah ja, Ladakh, Ladakh. Und wo ist Ladakh?«

»In Indien, in den Bergen im Norden.«

»Das ist doch der Himalaya, oder?«

Ich nickte.

»Das klingt ja unwahrscheinlich interessant. Warst du auch in Bombay?«

»Bombay?«

»Das ist eine Stadt in Indien.«

»Das weiß ich.«

»Dann warst du also dort?«

»Nein.«

»Oh.«

»Warst du denn schon dort, Percy?«

»Nein.«

»Oh.«

»Aber ich bin Leuten begegnet, die dort waren. Sie finden es alle unheimlich gut.«

Sprich nicht, wenn es nicht besser ist, als zu schweigen, sagte einmal ein buddhistischer Weiser.

Ich sah Percy am nächsten Morgen in der Gruppenmeditation sitzen. Die Haltung seiner Beine war schlecht. Ich konnte sehen, daß es ihm weh tat. Sie standen nach vorn, kaum gekreuzt, in einer Haltung, die ein Thai bestimmt als sehr unhöflich empfinden würde. Seine Art zu knien, war sogar noch schlimmer. Er schien seine Knie nicht beugen zu können. Anstatt sein Gewicht nach hinten auf seine Füße zu verlagern, hatte er von der Taille aufwärts etwas Schlagseite, war leicht zu einer Seite geneigt, wie ein kaputter Kistenteufel. Es mußte qualvoll gewesen sein. Seine Verbeugung war kaum mehr als ein Absacken seines Gesichts, und das sah noch vergleichsweise anmutig aus.

Als die Meditation zu Ende war und die Mönche zu ihrer morgendlichen Almosenrunde aufgebrochen waren, ging ich zur Rückseite der Küche, um einen stämmigen Besen zu holen. Nach dem ersten Reinigungstag hatte der Ajahn erklärt, es sei die Pflicht der Gäste und Laienbrüder, den Platz vor dem Tempel jeden Morgen zu fegen. Er sagte, wir würden keine Schwierigkeiten haben, während die Mönche fort waren auf *bindabhat*, und es würde uns helfen, das Kloster ordentlich zu halten. Anfangs gefiel mir das nicht. Der frühe Morgen war die Zeit, die mir für die Meditation im Gehen am liebsten war. Den Platz ordentlich zu fegen, dauerte oft länger als die Almosenrunde. Im Verzicht liege der Weg zur Befreiung, behaupteten sie. Skorpione leben unter den Blättern, sagten sie. Ich fing an zu fegen.

Ich sah Percy mit seinem Besen kämpfen. Er hatte sich den dünnsten, struppigsten für seine Arbeit ausgesucht. Sein Fegen war kaum mehr als ein unwirksames Kratzen im Sand. Er traktierte die Blätter mit leidenschaftlichen kleinen Stößen, als versuche er, jedes einzelne von seinen Füßen wegzuschubsen. Der Boden, wo er fegte, blieb mit Blättern, Zweigen und Beeren bestreut. Ich sah, wie er regelrecht darüber hinwegfegte.

»Ich denke, das sollte für heute genug sein«, sagte er, als ich mich ihm näherte. Er legte sich den Besen über die Schulter und wischte sich die kaum feuchte Stirn.

»Wir sollten die Straße auch fegen, Percy, zumindest ein Stück davon. Da liegen viele Blätter«, sagte ich, ohne meinen Fegrhythmus zu unterbrechen. Aus irgendeinem Grund hatte Percy das Gefühl, als wäre er mir untergeordnet. Niemand kümmerte sich sonst um ihn. Ich erinnerte mich an meine eigene Isoliertheit, als ich vor ein paar Tagen angekommen war. Percy mußte es vorkommen, als wenn ich ein bleibendes Teil der Gemeinschaft wäre. Ich kannte die Regeln.

»Ja, ich verstehe schon. Dann also noch die Straße, ja? Ich nehme an, man darf die Straße eben nicht vergessen. Na gut. Also werde ich hinübergehen und anfangen, wenn es schon jemand machen muß.« Er wandte sich mit düsterem Blick auf den Weg den Pfad hinunter.

»Denk daran, Percy, der Ajahn will, daß wir die Blätter in der Mitte zu kleinen Haufen fegen, sie dann an die Straßenseite tragen und dort hinlegen. Fege sie nicht von der Mitte nach außen.«

»Natürlich nicht. Haufen in die Mitte, dann zur Seite tragen. Kannst du mir sagen, was das für einen Sinn hat?«

»Sonst wird der ganze Kies irgendwann im Dschungel landen«, zitierte ich den Ajahn.

»Nun ja, aber das wollen wir ja wirklich nicht, stimmt's?«

Ich sah ihn scharf an und suchte nach auch nur einer Spur von Sarkasmus in seinem Gesichtsausdruck. Aber ich fand nur finstere Entschlossenheit, während er eisern an seiner Oberlippe kaute. Sein Blick war auf den von Blättern bedeckten Weg vor sich gerichtet.

»Wieviel von der Straße müssen wir fegen? Vielleicht sollten wir noch etwas für morgen übriglassen?«

»Das ist eine gute Idee. Wir arbeiten genauso lange daran, bis wir genug haben.«

Er drehte mit einem tiefen Seufzer den Besen wieder um und begann, sich einen Weg die Straße abwärts zu kratzen. Ich fing langsam an, den wohlmeinenden Mut in seinem Gesicht voller Hilflosigkeit zu mögen. Es würde leicht sein, mit ihm zu schimpfen, ihn sogar zu verachten, dachte ich. Ein wenig Lob jedoch schien viel auszurichten bei ihm. Jede wiederholte Ermutigung erzeugte erneute Entschlossenheit bei ihm, die Unordnung zu beseitigen. Seine Sprache, so sorgfältig mit Klischees ausgestopft, schien nur ein Schild zu sein, hinter dem er wirklich kämpfte.

Nach dem Frühstück eilten Jim und ich zu unseren *kuties* zurück, um unsere neuen weißen Roben anzulegen. Es war Zeit für unsere Aufnahmezeremonie. Ich fühlte mich etwas seltsam, als ich zum ersten Mal mit der Robe durch den Dschungel ging, meine Beine fühlten sich so luftig an ohne die Einschränkung durch die Baumwollhosen. Das Leinen meiner besten Robe, die Ruk genäht hatte, war steif. Sie fühlte sich an wie ein Hochzeitskleid.

»Du siehst wirklich berauschend aus«, sagte Jim, der an der Weggabelung zu seinem *kuti* auf mich wartete.

»Danke *bhikkhu*. Du bist selbst auch reizend.«

»Du siehst aus wie ein Gladiator mit seinem Kampfnetz«, kicherte er, während ich meine vordere Rolle in Ordnung brachte. »Du solltest besser die andere Brustwarze auch noch verdecken.«

»Und du machst den Eindruck, als hättest du ein Hauptsegel angezogen. Ich glaube, du würdest in Ocker besser aussehen. Bist du ganz sicher, daß du kein Mönch werden willst?«

Jim lachte und ging mit zügigem Schritt voraus durch den Dschungel zum Tempel. Dort wartete Tan Casipo auf uns.

»Wo ist der Ajahn?« fragte Jim.

»Wartet in seinem *kuti* auf euch. Ihr müßt ihm eine Opfergabe bringen. Ich helfe euch dabei, sie zusammenzustellen«, sagte der Neuseeländer.

Neben dem Altar, gleich neben den glitzernden kleinen Seitentischchen, gab es einen Stapel mit Räucherstäbchen und Kerzen. Tan Casipo legte sechs Kerzen und eine Handvoll der duftenden Stäbchen auf ein rundes Blechtablett. Aus einer der Blumenvasen nahm er zwei frische Lotusblüten, die die Opfergabe vervollständigten. Auf dem Tablett war die vertraute Abbildung eines Mannes mit Zylinder, der mit großem Schritt über die Mitte ging. Darüber stand geschrieben: »Johnny Walker Black Label«.

»Meinst du wirklich, wir sollten dem Ajahn unsere Opfergabe auf einem Whiskytablett bringen?«

»Es kommt auf die gute Absicht an«, sagte der Mönch.

»Der Gedanke gefällt mir«, sagte Jim. »Ein Jammer, daß wir nicht auch etwas Kautabak haben, den wir ihm anbieten könnten.«

»*Swaddie krup*«, rief Jim zum *kuti* des Ajahn hinauf. Der Lehrer beantwortete den Gruß in Thai. Er kam etwas steif die Stufen herunter und bedeutete uns beiden mit einer wortlosen Geste, daß wir uns auf die marmorne Terrasse unter seiner Wohnung setzen sollten. Er wirkte bleich und abwesend, während er sich in den erhöht aufgestellten Zeremonialsitz setzte. Er sah uns mit seinen ernsten, blaßblauen Augen an. Wir verbeugten uns dreimal vor ihm.

»Wer von euch kommt zuerst dran? Du Tim, denn du warst zuerst da. Aus praktischen Gründen wirst du auch als der Senior-*pahkow* gelten. Jim, und du wirst der Junior sein. Obwohl natürlich alle Menschen gleich sind, wird es durch diese Einteilung kein Durcheinander mit der Sitzordnung beim Essen und anderen Gelegenheiten geben. Also, Tim, jetzt kannst du anfangen und mir die Opfergaben darbieten.«

Ich kroch auf den Knien bis zu ihm hin, wie Tan Casipo es uns erklärt hatte, und bot ihm vorsichtig unsere Zeremonialgaben auf dem Whiskytablett dar. Ich rutschte dann wieder zurück zu meinem Platz neben Jim und kniete mich in meiner bestmöglichen Thai-Position hin, wobei mein Hinterteil auf meinen Fersen ruhte und meine Hände in einem höflichen *wai* zu meiner Nase erhoben und gefaltet waren. Ich hatte jetzt schon seit fünf Tagen das Ritual geübt. Ich fühlte mich mehr als bereit.

»Vor meiner Ordination als Mönch«, fing unser Lehrer an, »fühlte ich mich sehr selbstbewußt. Aber als ich mein erstes Wort sagte, hob Ajahn Chah seine Hand, um mich zum Schweigen zu bringen. Dann stand er auf und ging aus dem *bhote* hinaus. Ich wußte nicht, was ich getan hatte, das so schlimm gewesen sein könnte, daß er hinausging. Ich war am Boden zerstört. Er kam eine Minute später mit einem Kassettenrekorder wieder, setzte sich in seinen Sitz, hob seine Hand und drückte den Aufnahmeknopf. Dann sah er mich an und bedeutete mir mit einer Geste, ich solle noch einmal anfangen. Er hatte eine unfehlbare Art, jeden von uns davor zu bewahren, daß er sich seiner selbst zu sicher wurde. Seid ihr also bereit, anzufangen?«

Ich nickte.

»Denkt immer daran, den *wai* stetig zu halten. Mir ist aufgefallen, daß du die Tendenz hast, die Hände hin und herzuschwingen wie ein Metronom.«

Ich hielt die Hände unbeweglich, meine Gelassenheit war dahin, und ich begann zu rezitieren.

»AHAM BUNTE, TI SARENA SAHA ATTA SILANI YAJAMI.« Ehrwürdiger Mönch, gib mir die acht Regeln.

Das Ritual lief reibungslos. Der erforderlich tiefe, nasale, monotone Singsang war mir jetzt schon ganz vertraut, es schien beinahe tröstlich, ihn wiederholen zu können. Selbst die gefürchtete siebte Regel brachte mich nicht aus dem Konzept, obwohl sie für mich bis zum letzten Tag ein Zungenbrecher geblieben war.

»NAGAGITA VADITA VISUKADASANA MALA-GANDHA VILEPANA DHARANA MANDANA VIBU-

SANATHANA VERAMANI SIKHAPADAM SAMADHI-
YAMI.«

Mit diesen Worten verzichtete ich in aller Form für die
Zeit meines Hierseins auf Singen, Tanzen, Musik, Schau-
spiele, Parfüm, Schmuck, alle Verschönerungen und Kosmetik. Jim folgte fehlerfrei meinen Ausführungen und gebrauchte bei der Aussprache des Pali seine klangvolle Art,
Thai zu sprechen. Wir nahmen Zuflucht zu Buddha,
Dhamma und *Sangha*. Ein seltsames Paar Zufluchtsuchen-
der, der Christ und der Atheist vor dem australischen Abt.
Die »Drei Kostbarkeiten« waren für uns immer noch keine
Zuflucht vor dem Leid geworden. Es war mehr, als wären
wir mit der Herausforderung konfrontiert worden, eine
neue Höhle zu erforschen.

Als Jim fertig war, sagte unser Lehrer, wir sollten uns jetzt
bequem hinsetzen. Nun konnten wir ihn mit Recht unseren Lehrer nennen, denn indem wir die acht Regeln von
ihm entgegengenommen hatten, waren wir formal in ein
religiöses Abkommen eingetreten. Er war unser Guru; wir
waren seine Schüler, durch unsere Gelübde gebunden,
ihm in allem zu folgen.

»Jetzt, wo ihr ordiniert worden seid, wird auch mitgeteilt, wie euer zukünftiges Verhalten und eure Pflichten
aussehen, die von euch als *pahkows* erwartet werden. Solange ihr noch Laienbrüder wart, wurde nur von euch erwartet, daß ihr den fünf Regeln folgt und euch der täglichen Routine anpaßt. Als *pahkows* habt ihr eine neue Position und eine Rolle in der Hierarchie bekommen, die neue
Pflichten sowohl den über als auch den unter euch befindlichen Männern gegenüber einschließen. Den Gästen und
Laienbrüdern gegenüber müßt ihr ein gutes Beispiel geben, was richtiges Verhalten und Respekt betrifft. Sie werden nach euch sehen, wenn sie unsicher sind, was sie
selbst tun sollen. Ihr solltet euch um sie kümmern und ihnen helfen, die Regeln zu lernen. Thai, die zu Besuch hier

sind, werden euch mit gleichem Respekt zusehen wie den Mönchen. Ihr müßt aufpassen, daß ihr sie nicht durch ein Verhalten beleidigt, das sie für einen Ordinierten als unangebracht oder unmöglich empfinden würden. Tim, in der *sala* fällt mir immer noch manchmal auf, daß du beim Sitzen deine Füße direkt nach vorn zeigen läßt oder dein Knie mit den Händen umfaßt. Bitte korrigiere das. Es könnte jemanden beleidigen. Sei diesbezüglich ausgesprochen sorgfältig, weil du jetzt eine Robe trägst. In ihr mußt du besonders achtsam sein, sonst wirst du vielleicht deine Hoden entblößen. Das ist peinlich, aber nicht nur für dich, sondern für die ganze Gemeinde und besonders den Ajahn, der für dich verantwortlich ist. Ihr habt auch denen, die in der Hierarchie über euch stehen, gegenüber neue Pflichten. Ihr müßt lernen, wie man die Mönche bedient. Ihr müßt ihre Gelübde kennen. Manchmal wird man euch bitten, Aufgaben zu übernehmen, die ihnen verboten sind, zum Beispiel den Umgang mit Geld und bestimmte Arbeiten. Die Regeln verbieten es einem Mönch, in der Erde zu graben oder Pflanzen abzuschneiden. Ihr solltet bereit sein, diese Art von Arbeit zu übernehmen, wenn sie anfallen sollte. Ein Mönch kann euch nicht einmal direkt darum bitten, eine solche Arbeit zu verrichten. Lernt es, auf kleine Fingerzeige zu achten und das zu tun, wovon ihr annehmt, daß es getan werden sollte.

Es gibt viele umständliche Regeln über das Essen, nicht nur was unsere eigene Nahrung betrifft. Mönche haben ein besonderes Verhältnis zu ihrer Nahrung, die ja aus Almosen stammt. Ein Mönch darf nur essen, was ihm angeboten worden ist. Wenn eine andere Person die Schüssel eines Mönchs oder etwas von den ihm gegebenen Speisen berührt, dann darf der *bhikkhu* es nicht anfassen, bevor es ihm nicht noch einmal dargeboten worden ist. Bemühe dich, einem Mönch seine Schüssel richtig zu reichen, indem du dich tief verbeugst, damit du ihn nicht überragst. Dann tritt ganz nah an ihn heran, damit er nicht die Hände ausstrecken muß. Ein Mönch sollte niemals die Hände nach etwas ausstrecken. Er muß ohne Verlangen leben. Nur was ihm direkt in die Hände gegeben wird, darf er annehmen. In diesem *wat* ist es den *pahkows* auch erlaubt, morgens mit den Mönchen auf die Almosenrunde zu gehen. *Bindabhat* hat viele Regeln. Denkt daran, daß ihr das *wat* repräsentiert. Die Dorfbewohner werden euch genau beobachten. Schwenkt nicht die Arme. Redet nicht. Seht die Menschen nicht direkt an, die euch Speisen geben. Befolgt einfach nur genau, was die Mönche vor euch tun. Als *pahkows* könnt ihr weiterhin den Seniormönchen dadurch helfen, indem ihr ihre Schüsseln zurück zum Kloster tragt. Da ihr eure Schüsseln mitgebracht habt, werde ich euch zeigen, wie ihr mit ihnen umgeht.«

Der Ajahn sprach mit uns eine halbe Stunde lang über unsere Schüsseln und die Regelungen im Zusammenhang mit diesem wichtigen Besitz. Tan Casipo hatte uns an diesem Morgen unsere Schüsseln gegeben und uns angewiesen, sie mit uns zu der Zeremonie zu nehmen. Sie hatten in etwa die Größe von großen Bowlingkugeln, bestanden aus Metall und waren schwarz emailliert. Zu jeder gehörte ein orangener Wollüberzug mit einem daran befestigten Riemen, so daß man sie um den Hals tragen konnte, während man durch die Dörfer ging. Die Regeln in bezug auf die Schüsseln und den Umgang damit waren ausführlich und manchmal seltsam. Dennoch konnte man sich problemlos die menschlichen Schwächen vorstellen, die zur Entstehung dieser Regeln geführt hatten.

Ein Mönch darf nicht in die Schüssel eines anderen Mönchs sehen.

Ein Mönch darf nicht die Speisen in seiner Schüssel mit Reis bedecken, um den Eindruck zu erwecken, als habe er nur Reis bekommen.

Ein Mönch darf die Innenseite seiner Schüssel nicht mit seinen Fingernägeln auskratzen.

Ein Mönch sollte seine Schüssel nicht an einer Kante oder am Tischrand abstellen.

Ein Mönch sollte seine Schüssel nicht hinstellen, wo jemand dagegentreten könnte.

Ein Mönch sollte seine Schüssel nicht auf seine flache Hand stellen, sondern sie fest am Rand fassen.

Ein Mönch sollte nicht stehen, während er seine Schüssel reinigt, sondern sie dazu auf den Boden stellen und sie auf seinem Schoß abtrocknen.

Die Mehrzahl dieser Regeln stammen aus einer Zeit, als die Schüsseln noch aus gebranntem Ton und nicht aus Metall bestanden hatten. Ein einziger Augenblick der Achtlosigkeit konnte bei einem so vergänglichen und instabilen Gegenstand schon unerfreuliche Veränderungen hervorrufen. Der Ajahn erklärte uns jedoch, daß zwar die modernen Schüsseln nicht zerbrechlich wären, die Regeln aber beibehalten worden seien, damit die Mönche Achtsamkeit entwickeln konnten.

»Es gibt noch viele andere Regeln, die ihr lernen solltet«, sagte unser Lehrer schließlich. »Macht euch keine Sorgen, wenn ihr sie am Anfang nicht alle behalten könnt. Folgt dem Beispiel der Mönche, und ihr werdet voranschreiten. Wenn ihr mit den Regeln so gut zurechtkommt wie mit den Worten für die Ordinationszeremonie, dann werdet ihr euch hier gut einfügen.«

Jim und ich verbeugten uns vor der sitzenden ockerfarbenen Gestalt, die groß und gerade wie ein Stock in ihrer unbeweglichen Haltung saß.

»Und Jim«, sagte er und griff nach dem Whiskytablett, auf dem immer noch unsere Opfergaben waren, »du kannst das mit in die *sala* zurücknehmen.«

»Na, Jim, wie fühlst du dich jetzt, wo du rechtmäßig in der Robe steckst. Dem *nibbana* irgendwie näher?«

»Heiliger *pahkow* Tim, ich fühle mich eher so, als hätte ich mich gerade einer Armee angeschlossen anstatt einem Kloster.«

»Aber jetzt haben wir unsere offizielle Zulassung zum Sitzen bekommen. Jetzt haben wir die Lizenz zum Meditieren.«

»Ist dir klar, daß wir über eine Stunde mit dem Mann gesprochen haben, der unser Lehrer sein sollte, bei ihm Zuflucht gesucht, die Gelübde abgelegt, all den Regeln noch einmal aufmerksam zugehört und eine kräftige Ladung neue dazubekommen haben und daß dabei nicht ein einziges Mal das Thema Meditation erwähnt wurde?«

»Er hat aber gesagt, wir sollen achtsam sein, wenn wir unsere Schüsseln saubermachen.«

»Mußte ich wirklich die ganze Reise an die Grenze von Laos machen, um hier zu lernen, wie ich mein Geschirr spülen soll?«

»Ich weiß, was du meinst. Alle reden von *Vinaya*, nicht von *vipassana*. Alles was wir bekommen haben, als wir hier ankamen, war das eine kleine Buch von Ajahn Chah zum Lesen. Hast du das Schild an der Rückseite der *sala* gesehen, auf dem stand, daß man das Lesen so weit wie möglich einschränken sollte? Wie sollen wir denn hier irgendwas lernen? Wir beide haben wenigstens ausreichend Kontakt mit dem Buddhismus gehabt, um nicht vollständig in Verwirrung zu geraten. Aber Leute wie Percy zum Beispiel, die nichts von Meditation wissen, was nutzt es ihnen, wenn sie nur den Regeln folgen? Vielleicht können sie Percy beibringen, wie man sich korrekt verbeugt. Aber muß er sich verbeugen können, bevor er Meditation betreibt?«

Jim wischte die Schweißperlen von seinem Schädel. »Hast du auch manchmal das Gefühl, daß wir uns zwar

102

vor Buddha, *Dhamma* und *Sangha* verneigen, wir aber immer nur *Sangha, Sangha, Sangha* zu hören bekommen?«

Percy hinten erhob seine Hand und räusperte sich. »Wird es in nächster Zeit irgendwann eine Lehrrede oder etwas Ähnliches geben?« fragte er über die in der drückenden Hitze schweigende Versammlung in der Kaffeepause hinweg.

»Wir lehren hier keine Meditation«, sagte der Ajahn mit ausdrucksloser, ruhiger Stimme. »Wir folgen nur den Regeln und den Vorschriften der praktischen Meditation. Halte du dich auch daran, dann wird deine Meditation von Natur aus Früchte tragen.«

Percy biß sich auf die Lippe. Der Ajahn sah sich in der Runde der Gäste und Laienbrüder in Weiß um. Die Gesichter hatten alle in plötzlichem Interesse aufgeleuchtet. Selbst die beiden neuen *pahkows* starrten ihn an. Der Ajahn schien dazu verpflichtet, noch mehr zu sagen.

»Ich kann nicht viel zum Thema Meditation sagen. Achtet auf euch selbst. Wo leistet ihr Widerstand? Wo seid ihr leichtsinnig? Die Regeln werden euch eure Verfehlungen enthüllen. Vielleicht gefällt es euch nicht, euch vor den Mönchen oder gar dem Ajahn zu verneigen? Denkt daran, daß es nicht die Person ist, vor der ihr euch verneigt, sondern die Robe. Sich zu verneigen, ist ein wichtiges Mittel, den Stolz des Ego zu brechen. Vielleicht schmeckt auch Kaffee mit dieser Menge Zucker nicht, oder ihr hättet gern noch mehr. Wenn ihr in einer Klostergemeinschaft lebt, gibt euch das die Gelegenheit, eure persönlichen Vorlieben aufzugeben. Sie sind nur Illusionen und Unwissenheit, die dem Verlangen Tür und Tor öffnen. Wenn sich ein Widerstand erhebt, erkennt ihn als Abneigung. Die Verfehlungen enthüllen sich euch, wenn ihr anfangt, den Regeln zu folgen. Bleibt eisern bei der Disziplin, und eure Verfehlungen werden sich zusehends verringern und euren Geist klar und friedvoll zurücklassen. Pflanzt die Regeln in eure Herzen ein, folgt ihnen mit Achtsamkeit und ihr werdet nicht mehr hungern und dürsten, auch nicht nach Meditation. Wir lehren hier Verzicht. Ihr könnt hier lernen, eure geschätzten Ideen von eurem Selbst aufzugeben. Wenn ihr sie erst einmal im Sinne des *Vinaya* aufgegeben habt, werdet ihr feststellen, daß sie doch nur eine Bürde waren.«

Der Lehrer sah uns alle aufmerksam an. »Ich habe allerdings wirklich in den vergangenen Tagen einen gewissen Mangel an Haltung und Begeisterung festgestellt. Ich war überrascht, als ich vor nicht langer Zeit wieder hierher zurückgekehrt bin, daß die Abendrezitationen nicht mehr abgehalten werden. Ich glaube, das ist ein schlechtes Zeichen. Heute abend werden wir uns also um sieben Uhr versammeln. Ich habe schon seit einiger Zeit über diese Angelegenheit nachgedacht. Der Tag heute ist genausogut geeignet wie jeder andere.« Viele der Mönche rutschten unbehaglich hin und her, als der Ajahn von einem Gesicht zum anderen schaute. »Der heutige Nachmittag wird ein Arbeitstag sein«, schloß er.

Kapitel 5

Wunde Füße auf dem Edlen Weg

Jeden Tag nach den Nachmittagsgetränken verrichteten wir die anfallenden Hausarbeiten und holten Wasser. Die ersten drei Männer am Brunnen hatten das Privileg, die Kanne hochzuziehen, die Kübel zu entleeren und das Drahtnetz zu halten, durch das das Wasser gereinigt wurde. Das Wasser diente zum Waschen, nicht zum Trinken. Die Kübel wurden dann an den beiden Enden einer Bambusstange befestigt und von zwei Männern zu den verschiedenen Waschbereichen des Klosters gebracht. Das Wasser schwappte nach beiden Richtungen aus den Kübeln, wenn die Träger nicht vorsichtig und im Gleichschritt marschierten. Die Arbeit dauerte weniger als zwanzig Minuten, wenn alle mithalfen. Es waren jeden Tag nur acht große Wassertanks aus Keramik zu füllen – drei in der Küche, einer für jede der beiden Toiletten, zwei neben der *sala*, um dort die Schüsseln zu spülen, und eine für das *kuti* des Ajahns. Wir arbeiteten eifrig. Ich genoß die Gelegenheit, ein paar meiner Muskeln zu strecken.

Eines Tages, während wir Wasser zur Toilette der Mönche trugen, sagte Yenaviro: »Ich schätze, du könntest das Waschgefäß umwerfen, wenn du wolltest.«

»Warum sollte ich das wollen?« fragte ich erstaunt. »Es ist dreiviertel voll. Noch zwei Eimer, dann ist es ganz voll.«

»Vielleicht möchtest du gern?« sagte er.

»Im Sinne der Achtsamkeit? Wenn du das willst, tu es ruhig. Mir kommt das wie sinnlose Arbeit vor.«

»Ich kann nicht«, sagte der Mönch mit einem plötzlichen Anflug von Scham.

»Warum nicht?«

»Weil vielleicht Mückenlarven darin sind.«

»Ach so, und du darfst sie nicht töten. Warum willst du denn dann, daß ich es umwerfen soll?«

Yenaviro wurde rot. »Weil vielleicht Mückenlarven darin sind«, stieß er hervor. »Und wenn das so ist, muß es irgend jemand tun, denn die Mönche dürfen es dann nicht benutzen.«

»Aber wenn du denkst, daß es so sein könnte, darfst du es nicht tun, sonst wäre es eine Verletzung der Regeln, stimmt's? Also willst du, daß ich es mache.«

»Das darf ich dir nicht sagen«, meinte der Mönch.

»Aber wenn Mückenlarven darin sind, dann verletze ich auch die Regeln, wenn ich das Gefäß ausschütte.«

»Du würdest sie ja nicht im eigentlichen Sinne des Wortes töten«, sagte Yenaviro, der immer unruhiger wurde. »Mönche dürfen ausdrücklich kein Wasser ausschütten, das vielleicht Lebewesen enthält.«

Ich war unhöflich, das wußte ich, und wurde auch noch selbstgerecht dazu. Weniger als einen Tag in der Robe und schon hielt ich einem Mönch eine Predigt. Ich faßte den dicken Rand des Gefäßes und stieß dagegen. Es rollte zur Seite. Ich hielt es fest und entleerte den lebenden Inhalt in den Sand.

»Du solltest besser nicht zusehen«, sagte ich zu dem Mönch.

»Du brauchst dich nicht über mich lustigzumachen«, sagte der Mönch.

Nach dem Wasserholen fragte mich Ruk, ob ich ihn zum Holzholen für die tägliche Arbeit begleiten würde. Ich war dankbar für sein lächelnd gemachtes Angebot und stimmte zu. Wir zogen einen der rostigen Karren den Pfad hinunter und in den Dschungel hinein. Mit Macheten in den Händen kletterten wir ein kleines Stück durch den Busch bis zu der Stelle, wo Ruk am vergangenen Tag einen umgefallenen Baum entdeckt hatte.

»Ich könnte das gar nicht allein bewerkstelligen«, sagte der fleißige *bhikkhu*. »Ich brauche Hilfe von jemandem, der kein Mönch ist.«

»Warum nicht? Ich weiß, daß du keine Pflanzen abschneiden darfst, aber dieser Baum ist doch schon tot.«

»Aber sieh dir die Schlingpflanzen an.« Er deutete auf die grünen Schnüre, die sich um den Baum gewickelt hatten. Einige der Lianen lebten noch, obwohl ihre Stütze umgefallen war.

»Kannst du sie für mich *koppy* machen?« fragte er und deutete mit der Schneide seiner Machete auf eine der Schlingpflanzen.

»Du meinst, ich soll sie abschneiden?«

»Darum kann ich dich nicht bitten. Es verstößt gegen die Regeln. Mach es nur erlaubt.«

»Was?«

»Es heißt in den Regeln, daß ein Mönch keine Pflanze abschneiden oder jemand anderen darum bitten darf, es für ihn zu tun. Aber wenn du mir erlaubst, eine abzuschneiden, dann darf ich es tun.«

»So heißt es in den Regeln?«

Ruk nickte. Seine breite Gestalt begann schon in der Nachmittagshitze zu schwitzen.

»Das sieht ja nach einem verdammt engen Ausweg aus.«

»Nur die Achtsamkeit ist wirklich von Bedeutung.«

»Ändert sich durch Achtsamkeit für die Pflanze etwas? Ich dachte, Mönche sollten deswegen keine Dinge töten, weil dadurch ihr *kamma* blockiert wird. Weil die schlechten Taten irgendwann wieder zu ihnen zurückkommen.

Und weil dadurch anderen Wesen ein Leid zugefügt wird. Also, wie kann ich es für dich erlaubt machen?«

»Nur die Absicht zählt, das ist alles.«

»Aber Ruk, wenn es die ganze Zeit deine Absicht war, mich hierher mitzunehmen, damit ich die Pflanzen abschneide, verstößt du dann nicht gegen dein Gelübde? Das ist doch nur eine bequeme Art, eine unbequeme Regel zu umgehen.«

»Aber was ist daran denn verkehrt?«

»Der Ajahn hat gerade heute erst gesagt, daß, wenn die Regeln in Konflikt mit persönlichen Wünschen und Vorlieben geraten, das nur beweist, an welchen Stellen wir Verfehlungen begehen. Und dann sollen wir den Regeln gehorchen.«

»Das stimmt.«

»Aber du bist doch gerade dabei, einen Weg zu finden, wie du die Regeln umgehen kannst, weil sie in Konflikt stehen mit dem, was du tun willst, oder?«

Der große Mönch lachte wohlwollend. »Befolge ich denn die Regeln nicht?« fragte er und schwang seine Machete durch die Luft.

»Eigentlich ist mir das egal, Ruk. Ich will nicht mit dir darüber streiten, ob es böse ist, Pflanzen abzuschneiden. Mag sein, daß es das ist. Ich mache es *koppy* für dich. Schluß aus. Darf ich auch welche abschneiden aus eigenem Antrieb?«

»Das kannst du. Aber befrage mich nicht dazu.«

Wir hackten vergnügt die sich festklammernden Schlingpflanzen weg und rissen sie von dem Stamm ab, wo sie aus dem Boden wuchsen. Ich war im Dschungel immer noch etwas unruhig. Obwohl ich wußte, daß es in der Nähe des *wat* keine großen Tiere gab, sind abgestorbenes Holz und Blätter doch ein gutes Versteck für Schlangen und Skorpione. Ruk machte einen völlig gleichmütigen Eindruck. Er sah mit einem Lächeln zu, als eine Viper direkt vor ihm unter einem Ast hervorkroch. Ich sah, wie sie ins Unterholz schlängelte und wollte weglaufen. Es fiel mir schwer, mich auf das Schneiden zu konzentrieren, besonders mit meinen Gummisandalen. Jedes Blatt, das über meine Fersen strich, fühlte sich an wie ein Skorpion. Ruk lachte, als ich ihm das erzählte. Er sagte, er hätte einmal acht Monate lang in einem *kuti* gelebt, das von ihnen nur so gewimmelt hätte.

»Ich habe jeden Monat gewöhnlich dreißig oder vierzig gefangen. Und gestochen worden bin ich nur einmal, und zwar von einem ganz kleinen.«

»Der es noch nicht besser verstand?«

Er lachte noch einmal. »Das letzte Kloster, in dem ich gelebt habe, bevor ich hier in Pah Nanachat mein Heim gefunden habe, lag im Nordwesten Thailands. In der Gegend gab es noch Tiger. Manchmal, wenn ich hinaus in den Wald ging, fand ich frische Spuren. Ich wollte immer einem von Angesicht zu Angesicht gegenüberstehen, aber sie waren zu scheu. Wenn du die Lebewesen liebst, spüren sie das und tun dir nichts.«

Ruks Sympathie für Lebewesen war überzeugend. Sie erstreckte sich sogar auf Skorpione und die roten Wanderameisen, die durch unseren Dschungel marschierten wie vietnamesische Soldaten, bereit, alles anzugreifen, was ihnen in den Weg kam. Innerhalb von Sekunden können sie ein Bein bedecken und mit einem giftigen Stachel stechen. Durch die Regeln war es uns verboten, sie zu töten. Einmal trat ich in eines ihrer Nester, als ich den *sala*-Vorplatz fegte. Ich hatte keine Zeit für Sympathie. Ich mußte klatschen und stampfen und panisch auf meine Beine schlagen.

»Letztes Jahr blieb ein Mönch während der ganzen trockenen Jahreszeit hier draußen«, sagte Ruk. »Er hatte das Gefühl, als wenn es hier kühler und freundlicher wäre als in seiner Hütte.« Ruk deutete auf eine kleine Lichtung in der Nähe des umgefallenen Baums. Eine verblichene Wäscheleine hing zwischen zwei Bäumen.

»Im Freien? Auf dem Boden? Dieser Mönch – sag' mir, Ruk, wie lange bist du jetzt schon hier?«

»Fünf Jahre. Ich kam Weihnachten vor vier Jahren zum ersten Mal hierher. Als ich ankam, dachte ich, ich würde nur ein paar Wochen bleiben. Ich bin nie wieder fortgegangen, außer um andere Klöster zu besuchen – *tudong* –.«

»Bist du nie mehr zu Hause gewesen?«

»In Deutschland? Nein.«

»Was ist mit deinen Eltern, vermissen sie dich? Was meinst du dazu?«

»Sie wissen, daß es mir hier gutgeht. Ich war nicht sehr glücklich, als ich Europa verließ. Ich schreibe ihnen.«

»Das freut mich. Ich denke, es ist wichtig, seine Eltern nicht einfach fallenzulassen, wie manche das meinen.«

»Ich glaube, Eltern sind eine sehr wichtige *kammische* Verbindung.«

»Was hast du denn getan, bevor du aus Deutschland fortgegangen bist, was dich so unglücklich gemacht hat?«

»Ich war Student. Ich bin in meinem letzten Studienjahr im Maschinenbau an Hepatitis erkrankt und mußte aufhören. Ich entschloß mich, nach Indien zu gehen. Da bin ich dann ein Jahr herumgereist und bin dann nach Thailand gekommen.«

»Hast du vor, je zu Besuch wieder nach Hause zu gehen?«

»Ich würde schon zurückgehen und wieder in Deutschland leben, aber ich darf hier nicht weg, bevor nicht meine fünf *pansa* vorbei sind. Und ich habe noch drei vor mir.«

»Und was ist ein *pansa*?«

»Es ist die Zeit des Rückzugs im Regen. Während jedem Monsun müssen alle Mönche zusammen drei Monate lang in ihrem Kloster bleiben. Ein junger Mönch muß fünf *pansa* hinter sich gebracht haben, bevor er irgendwo allein hinreisen kann. Wenn ich jetzt irgendwo hingehen wollte, müßte ich einen älteren Mönch mitnehmen. Noch ein paar Jahre, und dann kann ich gehen, wohin ich will. So hat Ajahn Chah es auch gemacht. Er ist viele Jahre lang allein im tiefen Dschungel gewesen und hat meditiert.«

»Aber was würdest du in Deutschland tun? Ein Kloster eröffnen?«

Er lachte über den Gedanken, und Schweiß rann ihm über das lächelnde Gesicht. Wir hatten die letzten Schlingpflanzen von dem Stamm gelöst und hoben ihn gemeinsam auf unsere Schultern. Wir begannen gerade, ihn zu unserem Karren zu tragen, da spürte ich ein scharfes Prickeln meinen Hals hinunter.

»Ameisen! Der Baum ist voller Ameisen!« brüllte ich und warf mein Ende des Stamms so weit wie möglich von mir. Rote Monster schwärmten über unsere Schultern und Arme. Ich tanzte und fluchte und verstieß immer wieder gegen mein erstes Gelübde. Sie bissen schmerzhaft, stachen wie Wespen. Ruk lachte weiter und erstaunte mich, indem er die kleinen Wesen einfach von seinem Umhang schüttelte. Er streifte sie sanft, aber eilig von seinen Armen.

Auf unserem Weg zurück zum Holzhaufen am späten Nachmittag erzählte mir Ruk von einem japanischen Mönch, der mit ihm im Nordwesten gelebt hatte.

»Eines Tages waren wir unterwegs und wanderten durch ein Feld. Er war vor mir. Wir lachten und machten Witze. Plötzlich erhob sich eine Königskobra vor ihm, nur zwei Meter entfernt. Sie war riesig, vielleicht fünf Meter lang. Ihr schwarzer Kopf befand sich auf der Höhe meiner Taille. Der Körper war so dick wie ein Bein. Der Japaner blieb einfach stehen. Er war auf der Stelle völlig bewegungslos. Selbst wenn wir uns hätten umdrehen können, wäre es uns nie gelungen, dieser Schlange davonzulaufen. Eine Kobra ist viel schneller als ein Mensch. Der Japaner stand nur da und sah sie an. Ich spürte, wie der Mönch Ruhe und *metta* ausstrahlte. Die Schlange entspannte sich, senkte den Kopf und verschwand lautlos im Gras.«

Metta. Ruks sanftes Lachen ist davon erfüllt. Es ist die buddhistische Tugend der universalen Freundlichkeit. So wie Buddha lehrte:

> Wenn ein Mönch die vier großen Schlangenfamilien mit einem Herzen voll Liebe umgeben würde, würde er nicht sterben, wenn eine Schlange ihn bisse. Ich erlaube euch, Mönche, die vier großen Schlangenfamilien mit einem Herzen voller Liebe zu umgeben, um das Selbst zu bewahren, um das Selbst zu bewachen, um das Selbst zu beschützen...

> Für die Fußlosen, meine Liebe,
> Meine Liebe für die Zweibeiner,
> Für die Vierfüßer, meine Liebe,
> Meine Liebe für jeden mit vielen Füßen.
> Mögen mir die Fußlosen keinen Schaden zufügen,
> Und jene nicht mit den zwei Beinen,
> Mögen mir die Vierfüßer keinen Schaden zufügen,
> Und jene nicht mit vielen Füßen.
> Alle Geschöpfe, alle die atmen,
> Alle Wesen und jedes –
> Mögen sie alle das Glück sehen,
> Mag keines zum Bösen kommen.[1]

Am ersten Morgen, an dem Jim und ich auf *bindabhat* gehen, fällt mir zum ersten Mal auf, daß die Mönche auf ihrem neunzig Minuten langen Gang über Feldwege und

---

[1] Übersetzt nach: Ananda K. Coomaraswamy und I. B. Horner, Gotama the Buddha, Cassell and Co., Ltd. London 1948 (S. 136).

Dämme zwischen Reisfeldern keine Sandalen tragen. Jeden Morgen wandern sie in Gruppen zu drei oder vier in die nahégelegenen Dörfer. Ich entscheide mich, dem australischen Novizen Nimalo zu folgen, der gewöhnlich mit Sun Tin unterwegs ist, einem Thai-Bauern, der Mönch geworden ist. Sun Tin hat einen blauen Löwen auf seinen Unterarm tätowiert, und auf seinem Gesicht liegt ein schräges, verrücktes Lächeln. Er führt uns mit schnellen Schritten in den morgendlichen Dunst, die Schüsseln haben wir über die linke Schulter gehängt, die Schirme als Sonnenschutz aufgespannt. Ein mitfühlender Anhänger hat dem *wat* etwa zwanzig gestiftet. Für Mönche in Thailand ist ein Schirm fast genauso wichtig wie eine Schüssel für die Almosen. Der Kies auf der Straße zum Tor schneidet in meine weichen, empfindlichen Füße. Mit dieser Art von Leid hatte ich nicht gerechnet. Ich stakse langsam über die Steine. Meine Gefährten lassen mich zurück. Ich brauche zehn Minuten, um das Klostertor zu erreichen, auf dessen beiden Seiten zwei große Gipstiger stehen, die grell bemalt sind mit knallroten Lippen und lebhaften Streifen, vielleicht um *pee bahs* zu verscheuchen. Dies ist das erste Mal, daß ich durch das Haupttor von Pah Nanachat gehe. Das direkte Sonnenlicht läßt mich blinzeln. Seit ich im *wat* angekommen bin, war ich immer im Dschungel. Jetzt sehe ich, daß das Kloster außerhalb des Dschungels von Reisfeldern umgeben ist. Einen halben Kilometer entfernt gibt es eine Tankstelle. Ein Lastwagen rollt die Hauptstraße entlang. Es überrascht mich, einen Lastwagen zu sehen. Meine Reise zum Tempel war im Dunkeln sehr mühsam gewesen. Unser Dschungel-*wat* scheint von innen betrachtet weit genug abgelegen zu sein, aber es ist doch nicht so isoliert vom Rest der Welt, wie ich gedacht hatte.

Es ist herrlich, durch die offene Landschaft zu gehen. Ein rosa Schimmer des nahenden Sonnenaufgangs leuchtet am östlichen Himmel, die Welt atmet ruhig und leer. Meine Augen nehmen hungrig das leuchtende Grün der jungen Reispflanzen auf, die Waldstücke in der Ferne, die Wasserlachen in den von Dämmen umgebenen Feldern, die die wolkige Morgenröte spiegeln. Sun Tin und Nimalo warten am Tor auf mich. Als ich herauskomme, gehen sie hintereinander her. Nimalo erklärt mir, ich solle hinter ihm bleiben, nicht näher als zwei Schritte. Sun Tin geht los, über den Kies hinüber und verläßt die Straße. Er macht sich auf den Weg entlang der glitschigen, schlammigen Dämme zwischen den Reisfeldern. Ich rutsche in Nimalos Spuren daher und balanciere meinen Schirm und meine Schüssel. Wie der Sergeant von einem Rekrutenlager wandert Sun Tin bis zu den Knien durch das brackige Wasser, ohne seinen Schritt zu verlangsamen. Dann watet er durch das letzte Feld vor der Hauptstraße, Nimalo hinter sich, ein erfahrener Führer. Der neue Rekrut ist weit abgeschlagen. Ich halte krampfhaft den Deckel meiner Schüssel fest und bemühe mich, meine rutschenden Füße davon abzuhalten, daß sie roten Schlamm überall auf meinen weißen *sabong* spritzen. Ich halte ihn hoch wie einen Rock. In diesem Reisfeld findet sich kein fester Grund, nur nachgiebiger, blubbernder Schlamm. Als ich schließlich die Straße erreiche, sind mir die anderen weit voraus. Meine Füße sind rot und schimpflich schmutzig. Schlamm fliegt von meinen Zehen hoch und hinterläßt Flecken auf dem Saum meiner Robe. Die Hauptstraße ist mit rauhem Asphalt belegt, aus dem scharfe und spitze Steinchen herausstehen. An der Seite machen kleine Kiesel und grober Sand das Gehen erträglicher. Ich zwinge meine Füße zum Gehen. Sie werden aussehen wie rohes Fleisch, wenn diese Aufgabe vorüber ist. Der edle Pfad lehrt einen Mönch, das Leid zu überwinden, sage ich mir. Und ich kann nicht einmal barfuß eine Hauptstraße entlanggehen.

Yenaviro und Tan Wee
betteln im Dorf um ihre tägliche Portion Reis.

Jim (rechts) und Tim (links) versuchen
sich in ihren *pahkow*-Roben
an das »heimatlose Leben« zu gewöhnen.

Ruk (rechts) und Sun Tin (links)
sägen trockenes Holz aus dem Dschungel.

Ruk geht nach der Almosenrunde
vor den anderen durch die Reisfelder.

, Die Lederfüßigen, Sun Tin und Nimalo, warten am Ortseingang unseres ersten Dorfes wieder auf mich. Ihrem Beispiel folgend, verlagere ich die Aufhängung meiner Schüssel von der linken auf die rechte Schulter. Nimalo erinnert mich daran, meine linke Hand auf dem Deckel liegen zu lassen und den Rand der Schüssel mit der rechten zu halten, die Arme beim Gehen unbeweglich und den Kopf ehrfürchtig gesenkt zu halten. Während unseres Ganges sollen wir nicht sprechen und den Dorfbewohnern nie in die Augen sehen. Ich erinnere mich an die Warnung des Ajahn, niemals mit jemandem zu reden, der einem eine Speise gegeben hat. Einmal in der Vergangenheit hat ein *farang*-Novize wirklich einer Frau für eine Handvoll Reis gedankt. Sie war so gekränkt, daß sie ins Kloster kam und dem ältesten Mönch erklärte, sie und ihre Familie würden dem *wat* nie wieder ein Almosen geben. Die Menschen geben der Robe, nicht dem, der sie trägt. Sie glauben, daß dieses Ritual verdienstvoll ist, ihnen eine bessere Wiedergeburt verschafft. Wenn ein Mönch dem Gebenden dankt und es so als persönlichen Gefallen behandelt, wird kein Verdienst erlangt. Überall auf dem schlammigen Weg durch das Dorf kommen alte Frauen, kleine Kinder, Schulmädchen, grauhaarige und krummbeinige alte Männer aus ihren hölzernen, auf Stützen gebauten Häusern und knien vor den Mönchen. Jedes Familienmitglied hält einen kleinen Korb gefüllt mit gekochtem Klebreis oder eine Schale mit Früchten als Gabe. Als wir uns der ersten Gruppe der Gläubigen nähern, geht Sun Tin ganz dicht an sie heran, bückt sich etwas zu ihnen herunter und hebt den Deckel. Er hält die leere Schale einer alten Frau mit grauem Haar entgegen, deren Zähne faulen und schwarz gefärbt sind vom Betelnuß-Kauen. Sie zieht eine kleine Handvoll Reis aus ihrem Korb und läßt sie in seine Schüssel fallen, ohne ihn oder die Schüssel zu berühren. Eine Frau darf niemals einen Mönch berühren, nicht einmal seine Robe. Sie wiederholt ihre Handlung noch zweimal für Nimalo und mich, berührt dann mit dem kleinen Korb ihren Kopf und murmelt ein paar Worte zum Gebet. Ihre Großzügigkeit gegenüber unseren Roben wird ihr entsprechenden Lohn bringen.

Das Ritual ist einfach und macht uns bescheiden, wir wiederholen es an diesem Morgen fünfzig oder sechzig Mal, bis meine Schüssel schwer ist von Reis, Mangos, Bananen, getrocknetem Fleisch, Fisch und klebrigen, in Blätter gewickelten Süßigkeiten. Wissen diese Dorfbewohner, woher wir kamen, wie unsere Länder aussehen – mit Swimmingpools in Vororten, Flugzeugen und Restaurants, die sich um sich selbst drehen – um hier durch ihre Reisfelder zu wandern und über ihre mit Holzspänen, Pappstückchen und Büffeldung bestreuten Pfade? Ihre Häuser sind geräumig, aber roh, aus ungeglättetem Holz gefugt. Die Menschen tragen gemusterte Baumwoll-*sabongs* oder kurze Hosen. Manche der älteren Frauen sind über ihrem *sabong* nur mit einem sicheren Büstenhalter bekleidet. Ein Büstenhalter ist im ländlichen Thailand ein Statussymbol. Er ist ein passendes Kleidungsstück für den Tag während der heißen Jahreszeit. Denken sie an die Welt, die wir hinter uns zurückgelassen haben? Ich nehme an, daß wenige von ihnen auch nur Bangkok gesehen haben. Fragen sie sich, warum wir unseren westlichen Himmel verlassen haben, um barfuß vor ihren Türen zu betteln, oder geben sie das Essen nur der Robe?

Es tut weh. Es tut weh, als wenn Nadeln in meine Füße dringen würden, als ich meinen Weg über die kiesbelegte Straße zurück zum Kloster zu finden versuche. Die anderen lassen mich weit hinter sich. Schließlich erreiche ich die Türen der *sala* und wasche dankbar meine Füße in dem kleinen viereckigen Fußwaschbecken am Seiteneingang. Nachdem ich den Schlamm abgewaschen habe, setze ich mich hin, um meine Fußsohlen zu untersuchen. Sie pulsieren schmerzhaft. Kein Blut zu sehen. Nicht einmal Blasen. Jim humpelt hinter der Gruppe des Ajahn herein. Er trägt außer seiner eigenen Schüssel auch noch die Schüssel des obersten Mönchs, seine Augen hat er vor sich auf den Boden geheftet. Er bleckt die Zähne in einem grimmigen Grinsen, als er sich dem Fußwaschbecken nähert. Der Ajahn tritt zuerst hinein. Nimalo kommt aus der *sala* und hockt sich neben den Lehrer. Mit den Händen wäscht er den Schmutz von den Füßen des obersten Mönchs. Meow steht daneben und wartet mit einem Handtuch. Der Ajahn empfängt die Reinigung und das Abtrocknen wortlos. Die drei betreten die *sala* und lassen mich und Jim allein zurück.«

»Das war bestimmt das, was der Ajahn gemeint hat, als er davon gesprochen hat, den Mönchen zu helfen und sich in Demut zu üben«, sagte mein Zwilling zu mir, als er allein im Fußwaschbecken stand.

»Das ist eine ziemlich zynische Bemerkung für einen *pahkow*, der gerade die Schüssel der obersten Mönche den ganzen Weg durch die Reisfelder zurückgetragen hat«, erwiderte ich.

»Vielleicht bin ich deswegen so zynisch. Er hat mir gesagt, ich solle es tun.«

»Welches Glück du hast, vom Meister ausgewählt worden zu sein für eine extra Lehrstunde. Ich konnte mit dem führenden Mönch in meiner Gruppe nicht einmal Schritt halten. Du hast das gut gemacht.«

»Niemand schien mich zu beneiden.«

»Man sollte annehmen, daß die Mönche alle versessen darauf sein müßten, eine Gelegenheit zu erhalten, um uns die Füße zu waschen. Es wäre doch viel eher eine Übung in Demut, einem *pahkow* die Zehen zu waschen, findest du nicht?«

»Das ist christliche Demut, von der du da sprichst, Tim. In Thailand ist das anders. Das würde den Gesetzen des

117

Status widersprechen. Ein Übergeordneter würde niemals einem Untergeordneten die Füße waschen. Das wäre einfach undenkbar.«

»Du bist ein guter Thai-*bhikkhu*, Jim.«

»Ich kann es kaum erwarten bis zu meiner nächsten Wiedergeburt. Aber es war doch lustig auf der Almosenrunde. Die Dorfbewohner glauben, daß wir kein Thai verstehen. Ich habe sie ein paarmal über mich reden hören. Sie hielten mich für unheimlich groß. ›Und habt ihr je eine so große Schüssel gesehen!‹ sagten sie, ›und schaut, wie schön er sich für uns verneigt.‹ Ich hätte ihnen wirklich gern eine Antwort gegeben, aber das konnte ich natürlich nicht.«

»Also sie halten die *farang*-Mönche für etwas Besonderes?«

»Natürlich. Wir sind Konvertierte aus einer heidnischen Kultur – von hohem Rang in der heidnischen Kultur. Natürlich interessieren sie sich für uns. Aber es ist lustig, wenn sie am *bindabhat* über einen reden.«

»Ich schätze, das kommt von der Robe.«

Daß wir die Roben angelegt hatten, änderte eine ganze Menge für Jim und mich. Die Mönche nahmen uns eher zur Kenntnis. Sie erinnerten mich öfters daran, daß ich nicht meine Hoden zeigen solle, wenn ich unaufmerksam in der *sala* saß, und daß ich meine Schüssel nicht abtrocknen solle, wenn ich stünde oder hockte. Unglücklicherweise wurde mein *sabong* schmutzig, wenn ich ohne mein Sitztuch draußen saß, deswegen stand ich lieber. Und wenn ich das machte, führte das immer dazu, daß mich einer der *bhikkhus* schalt. Die Regeln sagten, daß ich sitzen sollte. Ich bestand darauf, auf meinen Fersen zu hocken in einer Position, die ich mir auf meiner Reise durch Indien für die Toiletten angeeignet hatte. Doch dadurch wurden mir nur noch mehr strenge Blicke von den Mönchen zuteil. Oft fragte ich mich, ob ich wieder irgend etwas unvorsichtig in der Brise flattern ließ. Obwohl ich gelegentlich eine Art Verfolgungswahn wegen ihrer Kritik hatte, spürte ich einen Ton der Billigung in der Gemeinschaft, wo vorher völlige Gleichgültigkeit gewesen war. Unsere Gelübde als *pahkows* verliehen uns das Recht, uns als dazugehörig zu empfinden, wenn auch nur vorübergehend. Wir stiegen in der Speiseordnung auf, saßen weiter vorn als alle Laienbrüder, einschließlich Herbie, der schon seit ein paar Monaten im *wat* gewesen war, als wir ankamen. Wir saßen auch während der Gruppenrezitationen eine Reihe weiter vorn und waren nicht mehr verpflichtet, beim frühmorgendlichen Fegen zu helfen. Indem wir den Mönchen zusahen, lernten wir schnell viele der Regeln.

Die Routine des Klosters wurde uns bald zur zweiten Natur. Das zu wissen, bedeutet Macht, denn wir sollten ja die Gäste und die Laienbrüder in ihren Pflichten anleiten und ihnen ihren Platz in der Hierarchie zuweisen. Es war wirklich zu einfach, Neuankömmlinge mit derselben leidenschaftslosen Gleichgültigkeit zu behandeln, die wir anfangs auch erfahren hatten.

Ich stellte fest, daß ich von Tag zu Tag weniger Interesse an den in der Hackordnung weit unter mir stehenden Männern besaß. Als ich angekommen war, hatte es drei *pahkows* gegeben. Jetzt wo Michael fortgegangen und Mark als Novize ordiniert worden war, saß der oberste *pahkow* gleich neben mir in der Essensreihe. Er war Thai, sprach kein Englisch und war nicht sehr mitteilsam. Eines Tages verschwand er. Herbie erklärte mir, der *pahkow* sei nur für die Dauer seines Urlaubs hiergewesen. Jetzt wo er weg war, wurde ich oberster *pahkow*.

»Aber du brauchst mir nicht die Füße zu waschen«, erklärte ich Jim.

»Soll ich mich vor dir verbeugen?«

»Achte nur etwas mit darauf, daß ich meine Hoden bedeckt halte.«

Es war schwer zu sagen, was Herbie über diese Veränderungen in der Mitte der Hierarchie empfand. Ich hatte das Gefühl, daß er seit unserer Aufnahme etwas überempfindlich geworden war. Dadurch hatten wir ihn einfach übersprungen. Ich dachte, er mochte uns vielleicht nicht, weil wir so schnell die Robe angezogen hatten. Natürlich war auch ein Grund, daß Michael fort war. Herbie hatte das Gefühl, er würde nicht wiederkommen, und sie waren Freunde gewesen. Aber vielleicht lernte ich auch nur seine von Natur aus verschlossene und schwierige Art jetzt erst richtig kennen. Es war schwer zu verstehen, warum er so lange geblieben war, ohne sich aufnehmen zu lassen. Manchmal schien er der ganzen Welt gegenüber feindlich eingestellt zu sein. Sein Gesicht war oft von dunkler Intensität umwölkt. Dann wieder lachte er plötzlich und sah sich schnell um, wer ihm zuschaute. Wenn ich seinem Blick begegnete, grinste er breit, so als verbände uns ein gemeinsamer Scherz. Wann immer ich mit ihm während der Hausarbeitszeit Wasser trug, sah ich die Knoten seiner Anspannung auf seinem mageren Rücken. Er rannte fast mit der Stange, so daß ich mich mit meinem Rock verhedderte. Schließlich gelangte ich zu der Überzeugung, daß er nichts gegen Jim und mich hatte. Wir waren nur die nächsten neben ihm in der Hierarchie, also kannten wir ihn besser. Jims Theorie war, daß Herbie ein Ausreißer war. Er war erst achtzehn und wich allen persönlichen Fragen aus wie ein ehemaliger Sträfling. Jim nahm an, daß er Schwierigkeiten hatte und nicht nur einfach schweigsam war. Bei den Mahlzeiten aß er lediglich Klebreis und Mangos mit ein paar Mundvoll Curryragout. Er sagte, er hätte seit zwei Monaten Verstopfung. Jetzt wo Michael fort war, entschlossen wir uns, etwas auf ihn achtzugeben.

Als wieder Wai Phra kam, aß Herbie meine ganze übrige Olivenmedizin. Es war eine schwere Wache. Obwohl ich am Nachmittag erst ein paar Stunden geschlafen hatte, benötigte ich meine ganze Energie, um in der Nacht wachzubleiben. Meine Gedanken entglitten mir, beschäftigten sich mit der *bindabhat*-Wanderung am Morgen und wanderten immer wieder in meine Vergangenheit. Meditation war unmöglich. Meine Knie schmerzten mich vom langen Sitzen. Ich versuchte zu gehen, stolperte aber ständig und wäre beinahe im Dunkeln hingefallen. Die Nacht war kühl. Ich hatte unter meinem Umhang ein weißes Unterhemd angezogen, aber an den Armen hatte ich eine Gänsehaut. Ein schwerer Regen schläferte die Männer ein, die so wie ich in der *sala* geblieben waren. Er trommelte auf das Dach und klopfte auf die metallenen Wassertanks. Eingewickelt in eine warme Decke saß ich gegen eine Säule gelehnt und wartete auf die Glocke um halb vier, die zur Morgenrezitation läuten würde. Jim sagte, sein Knie habe an der Stelle einer alten Skiverletzung angefangen zu schwellen, und war in sein *kuti* zurückgegangen.

»Was für einen Sinn hat dies eigentlich?« fragte ich mich. »Ich sitze hier in der Kälte die ganze Nacht lang, nur um wachzubleiben, aber konzentrieren kann ich mich nicht.«

»Ausdauer«, sagte die Stimme in mir. »Ausdauer wird zu Achtsamkeit führen. Besser wachbleiben und leiden, als in die Hütte zurückkriechen und schlafen. Wenn du unter deiner Schläfrigkeit leidest, dann kommt auch die Meditation. Wenn du immer nachgibst, wie willst du da an Kraft gewinnen?«

»Auch ihr Mönche«, so lehrte Buddha, »solltet euch weiter bemühen, ohne zurückzuschrecken, und euch sagen: ›Gern bestünde ich nur aus Haut und Sehnen und Knochen und ließe das Fleisch und das Blut vertrocknen, wenn dann ein Strudel aus Energie käme, so daß das, was

121

noch nicht gewonnen ist, dann gewonnen würde durch menschliche Kraft, durch menschliche Energie, durch menschliches Streben.‹«[2]

Als die Morgenrezitationen beendet waren, erhielten wir eine Tasse Ovomaltine vor dem *bindabhat*, damit wir etwas Kraft bekamen und die Träume von *nibbana* aus unseren erschöpften Gemütern vertrieben wurden. Das heiße Getränk war angenehm und schmeckte nach Schokolade. Dukita hatte einen Kaffeekuchen dazu gebacken.

»Hast du eine gute Nacht gehabt?« fragte mich Ruk, als ich dasaß und auf meine Kuchenkrümel hinunterstarrte.

»Ich war zu müde«, murmelte ich. »Ich konnte mich nicht konzentrieren, nicht sitzen, nicht gehen, nicht auf meinen Atem achten. Ich habe die ganze Nacht oberflächlich meditiert. Und du?«

»Ich hatte für ein paar Stunden wirklich gutes *samadhi* gehabt. Das war genug. Dann bin ich eingeschlafen.« Der sanfte Mönch lächelte. »Willst du mit mir zum *bindabhat* gehen?«

Ich hatte mich vor der morgendlichen Wanderung über den Kiesweg und die rutschigen Dämme in den Reisfeldern gefürchtet, aber Ruks Angebot erzeugte auf meinen Lippen ein Lächeln. Ich nickte.

Das dritte Mitglied unserer Gruppe war ein texanischer Novize, der am vergangenen Abend im *wat* angekommen war. Sein Name war Richard. Er und ein Thai-Mönch waren aus der Gegend von Chiang Rai im Goldenen Dreieck hierhergekommen, wo sie in einem kleinen Höhlenkloster gelebt hatten. Richard wirkte nach der Reise bleich und hager. Seine Robe löste sich ein oder zweimal, während wir den Kiesweg hinuntergingen. Es sah so aus, als wenn er nicht an sein äußeres Kleidungsstück gewöhnt

---

[2] übersetzt nach: ebd., S. 60.

wäre. Ruk führte uns über einen Seitenpfad aus dem Dschungel heraus, wodurch wir dem schlimmsten Teil des Kieswegs auswichen. Als wir die Bäume hinter uns ließen, erblickten wir einen doppelten Regenbogen, der sich über den in der Dämmerung dunkelblauen Himmel wölbte. Dunstige Wolken hingen durchscheinend über uns. Aus ihnen fiel ein feiner Nieselregen, der letzte Rest der Gewitter aus der vergangenen Nacht. Wir drei betrachteten den vielfarbigen Bogen, während wir barfuß im Schlamm standen. Die zarten Farben hingen vor uns am Himmel, während wir durch die Reisfelder wanderten. Ruks Route begann mit einer Abkürzung durch die überfluteten Felder. Schon bald wateten wir bis zu den Knien durch braunes Wasser. Das Ende des Regenbogens hing spielerisch über einem Baumwipfel keine hundert Meter vor uns.

»Sollten wir gehen und unsere Schüsseln mit Gold füllen?« fragte ich Richard, der in der Reihe vor mir ging.

»Aus dem Topf? Das kannst du machen, aber ich darf das nicht. Ich darf ja Gold nicht berühren, stimmt's?«

»Wir lassen es besser«, rief uns Ruk leichten Herzens rückwärts zu. »Was man da sieht, ist besser als Gold.«

Wir kletterten mühsam den Abhang zu einem Damm hinauf, dem Ruk bis zu einem trockenen Feldweg folgte. Er sprang über einen Drainagegraben, um zur Straße zu kommen. Richard folgte ihm. Ich landete knöcheltief im wäßrigen Schlamm. Rote Spritzer trafen die Seite meines *sabongs*. Es sah aus, als hätte ich eine Ziege geschlachtet. Der Regen setzte wieder ein. Richard ging auf unserem weiteren Weg neben mir und begann, mir die Geschichte seines Lebens zu erzählen.

»Seit ich Austin verlassen habe, bin ich sechs Monate lang durch Indien und Sri Lanka gereist. In einem Kloster in Lanka bin ich eine Weile geblieben und zum *pahkow* ordiniert worden. Aber es war nicht so wie hier. Wo ich war, wurde alles ziemlich locker gehandhabt. Die Mönche sind meistens nicht einmal zum *bindabhat* gegangen. Ich finde es gut, daß wir das hier machen. Wir haben dort auch kaum je Rezitationen gehabt. Eine Menge Mönche saßen einfach nur herum und wurden faul. Darum habe ich mich entschlossen fortzugehen. Thailand ist anders. Hier machen sich die Mönche wirklich Gedanken über Meditation, wenn auch nicht alle.«

»Glaubst du denn, daß es für einen Ausländer besser ist, in Thailand Mönch zu sein?«

»Bestimmt. Sicher. Aber es gibt trotzdem Probleme.«

»Was für Probleme?«

»Ich bin erst seit ein paar Wochen in diesem Land. Ich war in Sri Lanka gerade erst zum Novizen ordiniert worden, als ich herkam. Und schon habe ich Probleme mit einem Thai-Mönch, der hinter mir her ist.«

»Hinter dir her?«

»Weißt du, er ist schwul. Eigentlich bin ich nicht ganz sicher, daß er schwul ist. Aber ich weiß, wie ich mich fühle, wenn ein Typ sich mir nähert. Das ist mir früher oft passiert. Ich habe ein Jungengesicht. Und das macht mir Schwierigkeiten. Versteh' mich nicht falsch, ich finde das schrecklich. Ich bin nicht schwul. Aber dieser Mönch hat mir schon ein paar Angebote gemacht. Deswegen habe ich das Kloster oben im Norden verlassen und bin hierhergekommen. Genaugenommen habe ich in seiner Höhle gelebt. Ich mußte einfach weg von ihm. Ich konnte ihn doch nicht denunzieren. Er hat solche Sachen gemacht wie vor mir masturbiert. Es war ekelhaft. Er wußte, daß ich nicht geschlafen habe. Ich habe nur so getan als ob. Später, als ich wieder herauskonnte, habe ich ihm gesagt, daß ich ihn gesehen hatte. Er könnte dafür aus dem Kloster geworfen werden. Aber man braucht dafür zwei Zeugen. Er stritt es einfach ab. Er sagte, er hätte meditiert. Schließlich ging ich zum Abt. Ich sagte ihm, ich wolle nach

124

Pah Nanachat gehen. Ich sagte, ich hätte gehört, daß dort viele Männer aus dem Westen sind und daß ich es für den besten Platz für mich hielte. Also ließ mich der Abt hierherkommen.«

»Ich nehme an, du fühlst dich viel besser, seit du dort rausgekommen bist«, sagte ich.

»Eigentlich nicht. Ein Novize darf ja nicht allein reisen. Hast du den Thai gesehen, mit dem ich hierhergekommen bin? Das ist der schwule Mönch! Ich mußte auf dem ganzen Weg nach Ubon Rajathani neben ihm sitzen. Ich konnte im Zug nicht einmal schlafen, weil ich dachte, er würde dann vielleicht versuchen, meine Hand zu streicheln. Gott sei Dank wird er nur noch ein paar Tage hierbleiben und dann nach Bangkok weiterfahren. Wenn ich nicht Novize wäre, könnte ich ihm wenigstens einen kleinen Denkzettel verpassen. Aber es ist gegen das *Vinaya*.«

Wir waren weit hinter Ruk zurückgeblieben, der an den Toren des Dorfes auf uns wartete. Wir wanderten schweigend in einer Reihe weiter, die Köpfe gebeugt, unsere Schüsseln über die rechte Schulter gehängt. Demütig liefen wir in das Dorf hinein. Diese Gegend machte einen viel ärmeren Eindruck als Sun Tins Route. Die meisten der Gläubigen schenkten nur eine Handvoll Reis. Es gab keine Süßigkeiten, kein getrocknetes Fleisch, nur ein paar Bananen. Obwohl unser Weg glatt und schlammig war, fühlte er sich an den Füßen kühl und weich an. Jim sagte, er nähme an, wir würden uns wahrscheinlich Pilze und andere exotische Krankheiten holen, weil wir immer so durch die Gossen in den Dörfern gingen. Man kann nicht dem ganzen Büffelmist aus dem Weg gehen. Unsere Gruppe holte bald darauf eine Reihe von sechs Thai-Mädchen aus dem Dorf-*wat* ein, die ebenfalls auf *bindabhat* waren. Sie wirkten lächerlich klein im Vergleich zu Ruk. Der deutsche Mönch blieb an einer Ecke stehen, um ihnen etwas Vorsprung vor uns zu lassen.

Am anderen Ende des Dorfes sahen wir sie zu ihrem Kloster links abbiegen. Richard und ich waren erstaunt über die farbige Pracht des *wat bhote*. Die Ordinationshalle des Dorfklosters erhob sich wie eine Kathedrale, schmal und hoch. Sie war in Burgunderrot, Weiß und Gold gestrichen. Das Dach war in mehreren Stufen errichtet. Stilisierte Drachen erhoben sich von den Ecken. Die Dorfbewohner lebten so einfach – in Armut, wenn man westliche Maßstäbe anlegte – und ihr Kloster glitzerte wie eine Burg der Götter.

Kapitel 6

Das Entzücken
aus dem Ventilator

Eine wunderschöne schwarze Kobra lag auf dem Weg,
als ich mit einem Armvoll Wäsche entlanggehastet
kam. Sie war zweieinhalb Meter lang. Ich erschreckte sie,
und sie erhob sich ganz plötzlich, als ich noch drei Schritte
von ihr entfernt war, zog den Kopf nach hinten und breitete den Kragen aus. Ich erstarrte und klammerte mich an
meine schlammige Kleidung. Weglaufen war sinnlos. Das
Tier prüfte die Luft mit der Zunge. Der Kragen entspannte
sich. Dann richtete sie sich wieder hoch und schwankte
noch einmal hin und her. Ich staunte über die Kraft in ihren Windungen. Geräuschlos glitt sie wie ein Rinnsal zurück in den Dschungel. Ich beobachtete sie fasziniert, bis
das schwarze Ende ihres Schwanzes verschwand.

Ich verbrachte zwei Stunden an der Wasserpumpe mit
dem Versuch, die roten Flecken aus meiner Kleidung zu
waschen und zu scheuern. Richard kam mit seiner Wäsche hinzu, und bald begannen wir, unsere Vorstellungen
von indischen Religionen zu vergleichen. Richard redete
viel, und das war ungewöhnlich für einen Novizen. Er
sprach mit einem gedehnten Texas-Akzent. Seine Kommentare und Fragen schienen oft wahllos, als sei er eher
daran interessiert, Schallwellen zu produzieren, als einem
Gespräch zu folgen. Das hatte schon bald einige der Mönche unangenehm berührt. Ich konnte ihre mißbilligenden
Blicke sehen, wenn sie uns beide reden hörten. Richard

schien das gar nicht zu bemerken. Er hatte ein Talent dafür, die Stille zu stören, wo immer er hinkam. An diesem Morgen hatte ich ihn nach der Reinigung der Schüsseln über den Platz vor der *sala* hinweg laut rufen hören, um Tan Casipos Aufmerksamkeit zu erregen. Niemand schrie in Wat Pah Nanachat. Das war ein unausgesprochenes Gesetz. Es wurde erwartet, daß man zu der Person hinging, mit der man sprechen wollte. Richard rief lieber. Er hatte große, unschuldige Augen, schmale, rote Lippen und ein jungenhaftes Gesicht, durch das er fünf Jahre jünger aussah als seine vierundzwanzig. Mit seinem rasierten Kopf erinnerte er mich an den Vampir Nosferatu, besonders im Zwielicht der Morgendämmerung, wenn seine Roben um ihn herflatterten. Über seinen Schädel lief in der Mitte ein ausgeprägter Grat. Seine weißen, klar geformten Ohren lagen ganz flach an seinem Schädel an. Man konnte sich gut vorstellen, daß ihm exotische hinduistische Kulte vertraut waren.

»In Varasani hatte ich Amöben«, erklärte mir Richard, während wir nebeneinander die Wäsche schrubbten. »Es war so schlimm, daß ich wochenlang im Bett gelegen habe. Ich bin nur aufgestanden, um auf die Toilette zu gehen. Und das habe ich dauernd getan. Ich war völlig erschöpft. Das war auch noch während der heißen Jahreszeit, fast ständig über fünfunddreißig Grad. Mein Bett war immer schweißgetränkt und roch furchtbar. Das Hotel lag direkt an der Hauptstraße. Da war stets irgendein Fest, und Leute trugen Leichen zum Fluß hinunter, um sie zu verbrennen. Ich war zu müde, um umzuziehen. Ich hatte sogar Angst, sie würden mich hinauswerfen. Ich kannte niemanden und dachte, wenn ich sterben würde, würde mich keiner finden. Als es mir schließlich etwas besser ging, traf ich ein paar Leute von der Ananda-Marga-Sekte. Du mußt sie gesehen haben, als du in Indien warst, sie tragen rote Kleidung und rote Turbane.«

»Ich habe sie in Delhi gesehen. Ich dachte, sie wären so eine Art Sikh.«

»Der Gründer ist ein Sikh. Und auch viele seiner älteren Schüler, aber man muß kein Sikh sein, um beizutreten. Es ist eine mystische, spirituelle Gruppe, die allen Religionen gegenüber aufgeschlossen ist. Sie luden mich ein, abends zu einem ihrer Treffen zu kommen. Ich fühlte mich sehr einsam und schwach, und sie waren ausgesprochen freundlich zu mir. Bei diesem Treffen fingen alle an, einen wilden, verrückten Tanz aufzuführen. Und sie sangen dazu eine Rezitation. Ihre Gesichter waren voller Glück und Frieden, aber gleichzeitig auch erregt. Die Musik war irre, Trommeln und kleine Glöckchen, alle klatschten und tanzten mit in die Luft gestreckten Händen, wirbelten in einem Kreis immer wieder herum, als wären sie in einer anderen Welt. Es war wirklich viel Energie da. Ich konnte sie spüren. Als sie mich fragten, ob ich nicht mitmachen wollte, dachte ich mir, klar, warum nicht? Sobald ich aufstand und sie ihre Arme um mich legten, überrollte mich plötzlich eine unglaubliche und überwältigende Empfindung. Auf einmal war das Gefühl, das ich im Zimmer gespürt hatte, auch in mir. Ich empfand eine unglaubliche Liebe, Glück und Frieden. Ich tanzte immer herum mit ihnen, klatschte in die Hände und weinte manchmal. Ich wußte, daß alle anderen im Raum dasselbe empfanden wie ich. Niemand nahm irgendwelche Drogen. Wir tanzten stundenlang. Ich wollte am liebsten nie mehr aufhören. Ich wollte mich nicht davon lösen. Selbst, als wir dann schließlich doch aufhörten, blieb dieses Gefühl in mir, ein warmes, glückliches Glühen. Ich weiß nicht, ob ich dir das erklären kann. Es war so, als wenn ein unsichtbares Wesen im Raum mit uns getanzt hätte.«

»Was war das?«

»Ich weiß es nicht. Irgendein höheres Wesen.«

»Haben sie dir gesagt, was es war?«

129

»Sie brauchen es nicht zu benennen. Sie sind Shiviten. Ich nehme an, es war vielleicht Shiva.«

»Shiva? Sei vorsichtig mit ihm. Natürlich, der ekstatische Tanz des Shiva. Weißt du, daß wenn er diesen Tanz beginnt, das der Tanz der Zerstörung ist, der das augenblickliche Zeitalter der Existenz beendet?«

»Irgend so etwas. Sie haben nicht sehr viel darüber geredet.«

»Wenn du je mit Shiva getanzt hast, paß auf, daß du nie auf seine falsche Seite gerätst. Es ist schwierig, ihm zu begegnen. Wie kam es, daß du jetzt Ocker trägst und nicht rot und dir den Kopf rasierst, anstatt einen Turban zu tragen?«

Richard zuckte mit den Schultern. »Ich weiß nicht. Vielleicht war es zu viel für mich, und ich konnte damit nicht umgehen. Als es mir wirklich besser ging, wollte ich nur noch aus Varasani herauskommen. Ich konnte nicht bleiben, nicht einmal ihretwegen. Sie sagten, ich könne jederzeit wieder zurückkehren. Es gab keine Schwierigkeiten. Sie gaben mir sogar noch ein paar Adressen von anderen Ananda-Marga-Zentren in der ganzen Welt mit. Sie haben ein Hilfszentrum in Neuseeland. Ich denke immer noch daran, daß ich vielleicht hingehen könnte. Was ich an ihnen ganz gern mag, ist, daß es sich bei ihnen nicht nur ums Tanzen dreht. Soziale Handlungen sind ganz wichtig in ihrem Glauben. Eigentlich sind sie Revolutionäre. In ihrer Lehre heißt es, daß die ganze internationale, politische und ökonomische Ordnung sich ändern muß. Sie betreiben Gesundheitszentren und Zentren für internationale Hilfe. Sie schicken Lebensmittel von Afrika nach Indien. Sie arbeiten hart, aber sie sind politische Realisten. Ananda Marga sagt, daß eine Zeit kommen wird, in der sie Waffen einsetzen müssen, weil die alte Ordnung nicht einfach ihre Macht aufgeben wird, um der neuen Platz zu machen.«

»Hört sich wirklich an wie Shivas Jungs, mit der Verbindung von Ekstase, Wohltätigkeit und Waffen.«

Inzwischen waren mehrere Mitglieder der Gemeinschaft an die Waschpumpe gekommen. Tan Casipo und Meow hatten angefangen, sich schweigend zu waschen, wobei sie Kellen mit kühlem Wasser aus der Zisterne schöpften und sich über die Körper schütteten. Percy rasierte sich vor dem kleinen Spiegel, der an den Färbeschuppen gleich neben der Pumpe genagelt war.

»Aber was glaubst du, Tim, sind sie eine gute Sekte?«

»Für mich klingt das alles nicht neu, Richard. Ich mag Waffen nicht. Und ich bezweifle, ob irgendeine Religion wirklich so pragmatisch sein sollte.«

»Sie betreiben auch Meditation. Man konzentriert sich auf diese verschiedenen spirituellen Zentren im Körper.«

»Meinst du *chakras*?«

»Ja, so hießen sie. Zentren der spirituellen Kraft im Körper.«

»Hört sich so an, als könnten sie auch tantrisch sein. Ihr habt keine Menschenopfer dargebracht, oder? Nein? Das ist heutzutage ziemlich aus der Mode gekommen, selbst unter den Shiviten. Ich schätze, Shiva ändert wohl seinen Geschmack.«

»Rajneesh ist doch der, der ganz groß in Sex macht, oder?« sagte Percy und mischte sich eifrig in das Gespräch.

»Was?« sagte ich.

»Er ist Hindu. Er hat einen *ashram* in Poona, aber jetzt ist er gerade nicht dort, versteht ihr?«

Diese Aussage hing in der Luft wie ein unangenehmer Geruch. Richard und ich starrten den Engländer an, der unser Gespräch völlig auf Abwege gebracht hatte. Ich konnte kein Wort sagen.

»Ich habe einen Freund in Brighton, der Rajneesh unheimlich gut findet.«

»Das ist ja schön«, sagte meine Stimme. Ich schrak zurück angesichts des Sarkasmus, der dahintersteckte.

»Könntest du mich jetzt rasieren?« fragte mich Percy, ohne irgend etwas zu bemerken.

»Was?«

»Den Kopf. Ich bin bereit, mir heute den Kopf rasieren zu lassen.«

»Und ich soll das machen?«

»Du scheinst dich damit auszukennen.«

»Ich habe es aber noch nie gemacht. Du solltest besser Tan Casipo fragen.«

Der hilfsbereite Mönch erklärte sich einverstanden, ohne zu lächeln. Wir versammelten uns alle und sahen zu, wie Percy seine Locken verlor. Das Endergebnis war gar nicht so schlecht. Der Mönch erfüllte seine Aufgabe, ohne abzusetzen. Percy wusch sich den Kopf und ging zum Spiegel. Er sah erstaunt die glänzende weiße Wölbung an, auf der sein Haar gewesen war. Ich stellte fest, daß er einen guten Kopf für Kahlheit hatte, keine Dellen oder Kanten.

»Damit siehst du zehn Jahre jünger aus«, sagte ich lächelnd zu ihm. »Willkommen in unserer Mitte.«

Ich wanderte mit Percy über den Pfad zurück, auf dem ich vorher der Kobra begegnet war. Er war jetzt Laienbruder geworden. Er hatte damit seine Zugehörigkeit zu uns erklärt. Plötzlich empfand ich für ihn Verantwortlichkeit.

»Und, wie fühlt es sich jetzt da oben an?«

»Ganz gut, vielleicht ein bißchen kühl. Und der Anblick im Spiegel war auch ein leichter Schock, weißt du.«

»Aber es ist gut, daß du jetzt ganz normal aussiehst. Du hast einen schönen Schädel.«

»Glaubst du, daß es dadurch leichter gehen wird?«

»Daß was leichter gehen wird?«

»Die Meditation.«

»Also bei der Suche nach Mädchen wird es dir bestimmt

nicht helfen. Wieso glaubst du denn, daß das Rasieren des Kopfes bei der Meditation helfen soll?«

»Haare stellen doch eine Bindung dar, hat der Ajahn das nicht gesagt? Wenn man sie sich abrasiert, wird man sich weniger gebunden fühlen.«

»Da hast du wahrscheinlich recht. Und fühlst du dich jetzt weniger gebunden?«

Er runzelte die Stirn. »Nein, noch nicht.« Er sah sorgfältig hinter uns in den Dschungel und sagte dann zu mir in vertraulichem Ton: »Weißt du, der Ajahn hat mich noch nichts gelehrt.«

»Hat er nicht mit dir gesprochen, als du herkamst? Hat er dir kein Buch gegeben? Was für eine Lehre willst du sonst noch? Ich glaube nicht, daß irgend jemand hier eine andere Art von Lehre bekommen wird.«

»Ich weiß, daß wir auf die Regeln achten sollen und das alles, aber da ist die Sache mit der Atmung. Ich weiß nicht, ob ich es richtig mache. Weißt du, es ist so. Ich bin wirklich froh, daß du bei der Pumpe die Sache mit den *chakras* erwähnt hast. Vielleicht kann ich mit dir darüber reden. Weißt du, eines meiner *chakras* ist blockiert. Deswegen habe ich Schwierigkeiten mit meiner Atemmeditation.«

»Blockiert? Welches *chakra* ist es denn?«

»Das Stirn-*chakra*, hier.« Er berührte einen Punkt genau über seiner Nase. »Ich glaube, ich brauche eine spezielle Meditation, um es zu lösen.«

»Glaubst du nicht, mit einem Antihistaminikum wäre das Problem auch zu lösen?«

»Nein, das hat mit so etwas gar nichts zu tun. Ich habe ja nichts an der Stirnhöhle, sondern an dem *chakra*. Das ist eine spirituelle Angelegenheit. Ich habe den Test gemacht.«

»Welchen Test?«

»Den Test, mit dem man feststellen kann, ob die *chakras* blockiert sind. Weißt du, wenn die *chakras* blockiert sind, dann hat das eine Auswirkung auf dein *karma*. Ein blokkiertes *chakra* bringt einem Unglück. Vielleicht so, daß man nicht im Lotto gewinnt, wenn man eigentlich an der Reihe wäre, oder daß man seine Frau verliert. Man kann dadurch auch seine Stellung verlieren oder sich das Bein brechen. Es ist beängstigend.«

»Wie lange ist denn dein *chakra* schon auf diese Art blokkiert?«

»Ich weiß es nicht. Es scheint schlimmer zu werden. Ich fände es wirklich unheimlich wichtig, das in Ordnung zu bringen.«

»Wer hat denn den Test mit dir gemacht?«

»Die Maha-Devi-Leute in Indien. Ich war zehn Tage lang in ihrem *ashram*. Glücklicherweise war ich gerade zu Vollmond dort. Es ist am besten, wenn man den Test bei Vollmond macht.«

»Wie machen sie denn den Test?«

»Ich dachte, du kennst ihn. Man muß warten, bis es dunkel ist, dann zündet man eine Kerze an und bringt der göttlichen Mutter ein Opfer dar. Dann stellt man sich in einen Eimer mit Salzwasser, streckt die Finger vor sich aus und sagt das *mantra*. In der Sache steckt unheimlich viel Energie, weißt du, weil alle vier Elemente gleichzeitig anwesend sind. Feuer bei der Kerze, Wasser im Eimer, Luft in den Lungen, während man das *mantra* spricht...«

»Und Erde im Wachs der Kerze?«

»Nein, Erde in dem Salz, das mit im Eimer ist. Deswegen tut man es hinein.«

»Und wenn man die Erde in Form des Kerzenwachses nehmen würde, könnte man dann auch in nicht gesalzenem Wasser stehen?«

»Vielleicht«, nickte er und dachte kurz darüber nach. »Dann schließt man die Augen und konzentriert Lebensenergie auf die Finger, bis sie anfangen zu kribbeln. Jedem Finger wird ein *chakra* zugeordnet. Wenn dann also alle vier Elemente bei Vollmond zusammentreffen, du das *mantra* sagst und dich konzentrierst, dann kribbeln die Finger entsprechend dem zugehörigen *chakra*.«

»Das hört sich wirklich logisch an.«

»Und dieser eine Finger hat einfach nicht gekribbelt. Ich habe im Wasser gestanden, bis meine Zehen ganz schrumpelig waren. Das *chakra* war blockiert. Sie haben mir gesagt, daß das offensichtlich sei.«

»Vielleicht hast du nicht genug Salz genommen?«

»Der Test steht völlig außer Zweifel«, sagte Percy bekümmert, so als hätte man einen tödlichen Krebs bei ihm diagnostiziert.

»Also bleibt die Frage, wie man es lösen kann, oder? Konnten die Maha-Devi-Leute dir denn dabei nicht helfen? Was für einen Sinn hat denn eine Diagnose, wenn es keine Therapie gibt?«

»Das ist nicht so einfach, weißt du. Bevor sie dich heilen können, mußt du wollen, daß man dich heilt. Ich dachte, ich würde gern geheilt werden. Aber sie haben mir gesagt, daß ich das nicht wollte. Nicht ganz tief in meinem Innern.«

»Willst du denn ganz tief in deinem Innern wirklich geheilt werden?«

»Ich will kein Unglück.« Wir hatten die Gabelung des Pfades erreicht, wo ich zu meinem *kuti* abbiegen mußte. Percy blieb stehen und strich sich mit der Hand über den Schädel, wo seine Haare hätten sein sollen. »Weißt du, was ein blockiertes *chakra* hervorruft? Sündigkeit.«

»Sündigkeit?«

»Sündigkeit.«

»Also hat die Sündigkeit dein *chakra* blockiert? Das leuchtet mir ein. Dadurch kann man sich bestimmt das *kamma* ruinieren. Also haben sie dir gesagt, daß du, um dein *chakra* zu lösen, von deiner Sündigkeit Abstand nehmen solltest?«

»Ich kann dir sagen, wovon es kam, was es endgültig besiegelt hat.« Er sprach jetzt ganz ungehemmt, so als müsse die ganze schlimme Wahrheit offen ausgesprochen werden. Seine Augen waren auf einen Zweig am Weg geheftet. »Es ist gut zu bekennen. Ich weiß, daß es so ist. Ich fühle mich schon besser, nur weil ich weiß, daß ich es dir sagen werde. Ich war in Bangkok in einem von diesen Hotels, wo man ein Mädchen für die Nacht bekommt. Dann erschien am Morgen das Zimmermädchen, um das Zimmer sauberzumachen. Sie hat mich erschreckt, und ich bin, immer noch in Unterhosen, aus dem Bett gesprungen. Und ich hatte eine halbe Erektion. Ich glaube, sie hat das auch gesehen. So, jetzt habe ich dir alles gesagt.« Er seufzte tief und rieb sich mit der Hand über den Nacken. »Meine Sündigkeit hat es blockiert. Und nur Bekennen macht es besser. Warst du katholisch, bevor du Buddhist geworden bist?«

»Nein.«

»Ich hoffe, daß diese *vipassana*-Atmung alles reinigen wird. Ich wünschte nur, jemand könnte mir helfen zu kontrollieren, ob ich es auch richtig mache.«

»Denk daran, dich zu entspannen, das ist alles. Atme ganz natürlich und konzentriere dich auf das Gefühl von Ein- und Ausatmung in deiner Nase. Sage ›Buddho‹, damit deine Gedanken nicht abschweifen. Folge den Regeln und dann sündigst du nicht mehr. Vergiß die *chakras*, und dann lösen sie sich von allein.«

»Vielen Dank für den Rat«, strahlte mich der Engländer an. »Ich geh jetzt und kümmere mich mal um die Küche.« Er lächelte tapfer und hüpfte hinkend den Pfad hinunter.

Beim Reinigen der Schüsseln waren Jim und ich nebeneinander, vornübergebeugt, um die Abfallgefäße auszuwaschen. Jedes Mitglied der Gemeinschaft hat während des Essens ein solches Gefäß neben sich stehen und wirft dort die Schalen, Knochen, Blätter und Mangokerne hinein. Ein Teil unserer Aufgabe war es, diese Gefäße nach der Mahlzeit zu leeren und zu spülen.

»Irgendwas hat sich heute nacht auf mein *kuti* gestürzt«, erzählte mir Jim.

»Ein *pee bah*?«

»Nein, ich meine es wirklich ernst. Es ist aufs Dach gesprungen. Ich schwöre, daß es ein großes Tier war. Ich habe seine Krallen auf dem Blech scharren hören.«

»Bist du sicher, daß es nicht nur eine kleine Eidechse war?«

»Ich kann doch das Geräusch, das eine Eidechse macht, von dem eines größeren Tiers unterscheiden. Und das Tier war groß.«

»Vielleicht war es ein Tiger«, meinte Richard, der in unserer Hörweite seine Schüssel spülte.

»In dieser Gegend gibt es keine Tiger«, sagte Jim. »Dies hier ist eher ein Park als ein Dschungel.« Er richtete sich auf, und ich folgte ihm zu der Stelle, wo auch Richard hockte. Wir nahmen unsere Schüsseln, spülten sie mit Wasser aus einem der großen Tanks, schütteten etwas Seifenpulver hinein und hockten uns dann jeder auf eine Seite des Novizen aus Texas. Während wir die Curryspuren aus unseren Schüsseln rieben, kam Percy aus der *sala* und um die Ecke, um die Abfallschüsseln einzusammeln. Er trug jetzt die weiße Kleidung der Laienbrüder.

»Wie geht's, Percy?« rief Richard laut zu ihm hinüber. Mehrere der Mönche machten ein finsteres Gesicht, während sie mit dem Rücken an die Tempelwand gelehnt saßen und ihre Schüsseln mit ihren ockerfarbenen Trockentüchern abtrockneten.

»Ganz gut, danke. Ich habe heute morgen Achtsamkeit geübt, indem ich um die *sala* gefegt habe.«

Alle betrachteten den Sand. Er war immer noch bestreut mit Beeren und Blättern.

»Und wie hat es geklappt?« fragte Richard wohlmeinend weiter.

»Ich glaube, ich habe es geschafft, mich etwas zu konzentrieren. Ja, es hat sich wirklich so angefühlt.«

»Konzentration ist gut«, sagte ich zu ihm, während er die Schüsseln aufeinander stapelte. »Aber sind dabei die Blätter weggefegt worden?«

Die Mönche und Novizen brachen plötzlich in Gelächter aus. Da hat einer einen Witz gemacht, dachte ich und war überrascht wegen ihrer spontanen, unmönchischen Reaktionsweise. Percy trug die Schüsseln zurück in die *sala*.

»Ich finde es nicht gut, wie sie über ihn lachen«, flüsterte Richard mir zu.

»Wer?«

»Die Mönche, jetzt gerade. Sie haben über Percy gelacht, wegen dieser Bemerkung von dir über die Blätter. Sie reden über ihn. Ich bin Novize. Ich höre es.«

Nachdem Percy sich den Kopf hatte rasieren lassen, war er den anderen Mitgliedern der Gemeinschaft gegenüber redselig geworden, besonders denen gegenüber, die in der Hierarchie etwas über ihm standen. Er sagte bei jedem Gespräch ungehemmt die trivialsten und banalsten Dinge dazwischen, die oft auch nur durch ein falsch verstandenes Wort mit dem Thema des Gesprächs zu tun hatten. Er berichtete mir regelmäßig von seinen Fortschritten in der Meditation, auch wenn sich seine Art zu fegen nicht änderte. Offensichtlich war den Mönchen seine Unfähigkeit, einen Pfad zu reinigen, auch schon aufgefallen. Seine ungeschickte Haltung während der Morgen- und Abendrezitationen waren ein Verstoß gegen die Ästhetik der Gemeinschaft. Und doch benahm sich Percy mit dem selbstsicheren Auftreten eines Mannes, der dazugehört, ohne das Gelächter zu bemerken. Er unterbrach besonders gern meine Gespräche mit Richard über Indien.

»Wißt ihr eigentlich, wie die Hare-Krishna-Leute neue Anhänger gewinnen?« fragte er und unterbrach damit ein Gespräch über Krishnamurtis Philosophie.

»Nein, Percy, das ist auch gar nicht unser Thema«, sagte ich und versuchte bei unserem Gedankengang zu bleiben.

»Sie machen es mit Essen«, redete er weiter. »Bei ihnen gibt es mindestens einmal in der Woche ein Fest mit vegetarischem Essen. Man kommt zum Essen, und dann will man gar nicht wieder gehen. Nach einer Woche verlangen sie von einem, daß man sich die Haare schneiden läßt, wie es bei ihnen üblich ist, und ihre rosa Kleidung trägt. Wenn man dann versucht wegzugehen, werden sie ärgerlich und versuchen, einem Schuldgefühle zu machen, weil man umsonst bei ihnen gegessen hat.«

»Aber in der Krishna-Bewegung gibt es viel spirituellen Gesang, oder?« fragte Richard und stellte sich damit schon auf die neue Richtung ein, die Percy dem Gespräch gegeben hatte. Ihm schien es nicht viel auszumachen, über welches Thema er redete, Hauptsache es hatte einen mystischen Hintergrund. Verwirrung störte ihn nicht. Solange es um Drogen, Träume, *devas* oder Dämonen ging, fand der Texaner alles faszinierend.

»Percy, das ist ja alles sehr interessant, aber wir waren gerade dabei, Krishnamurtis Philosophie mit der Theravada-Meditation zu vergleichen.«

»Aber das meine ich ja gerade, weißt du. Deswegen gefällt mir dieser Buddhismus so viel besser als die ganzen anderen.«

»Und warum?«

»Wenn man hier wieder gehen möchte, ärgert sich niemand darüber. Sie erlauben einem sogar wiederzukommen.«

»Suche nicht nach der Wahrheit«, sagte der Mönch Sankara. »Höre nur auf, Wert auf Meinungen zu legen.«

Buddha hat gelehrt, daß jede Meinung aus der Unwissenheit stammt. Ich zog meine Einstellung der von Percy vor. Und für die Mönche war das alles überflüssiges Geschwätz, der Bruch einer Regel, Gespräch zum Zwecke der intellektuellen Erregung, Öl auf das Feuer des Ego, die Quelle allen Leidens. Es war Gerede, um einen Schutzwall aus Selbst zu errichten, der die Illusion aufrechterhält, daß das Selbst etwas Beständiges ist, während das Leben unspürbar verstreicht. »Wahrhaftig glücklich sind die Vollendeten!« lehrte Buddha. »Der Gedanke ›Ich bin‹ ist bei ihnen ausgelöscht.«

Eine Natter vor dem Frühstück. Herbie wäre beinah daraufgetreten, machte gerade noch einen Satz zurück, bevor das Schlimmste passierte. Ich borgte mir Percys dürren Besen und schob sie vorsichtig wieder zurück in die Blätter. Sie bewegte sich mit kleinen Sätzen wie eine Sprungfeder, rollte sich zusammen und sprang dann wieder vor. Es tat mir leid, daß ich sie gestört hatte, aber der Pfad war einfach kein guter Ruheplatz für sie. An diesem Nachmittag fand jemand einen Skorpion unter der Ecke des Wassertanks, in dem wir immer unser Regenwasser sammelten, gleich neben der *sala*. Er war geschlagene fünfzehn Zentimeter lang. Er glänzte wie geölt, bezaubernd und tödlich. Bei der Wasserpumpe hatten die roten Ameisen mindestens zwei Nester in die Mangobäume gebaut. Sie zogen die Blätter zusammen und verklebten sie zu hohlen kugelförmigen Gebilden. Es waren faszinierende Leistungen, was Kraft und Baukunst betraf. Ich hielt einen Finger hoch in die Nähe des Nestes. Die Arbeit wurde vorübergehend eingestellt. Hunderte von Fühlern wurden prüfend in die Luft gestreckt. Richard versuchte, eine der Arbeiterinnen auf dem Baum anzufassen. Ohne zu zögern, biß sie ihn. Richard schüttelte kräftig seine Hand. Sie haben keine Angst. Ruk sagt, durch die kommende Monsunregenzeit sei das Leben so aktiv. In der feuchten Wärme werden dann die Tiere aus den Eiern schlüpfen. Durch die Überflutung des Bodens und durch den Regen kriechen viele Tiere aus ihren Erdlöchern. Eines Morgens fanden wir auf unserer Almosenrunde unterwegs drei Schlangen. Ruk wäre beinahe auf die eine getreten, was mich überraschte. Normalerweise bemerkt er alles, was sich bewegt. »Das ist nur eine Wasserschlange«, sagte er und gewann sein Gleichgewicht zurück. Das Tier hatte ihn erschreckt. Es glitt unter seinem Fuß hervor wie ein fußlanges, graublaues Band und verschwand in dem überfluteten Feld.

Der Boden auf unserer *bindabhat*-Route wurde vom Regen immer weicher. Roter Schlamm quetschte sich zwischen unsere Zehen. Winzige Flußkrebse hasteten seitwärts über den Weg und ließen sich auf der Suche nach Schutz in Pfützen fallen. Sie waren eine einheimische Delikatesse. Die Dorfbewohner begannen um diese Zeit, den Boden zu pflügen und für die nächste Ernte vorzubereiten. Die leuchtendgrünen Triebe der jungen Reispflanzen, die jetzt schon von allein wuchsen, würden dann auf größere Flächen wieder ausgepflanzt und weitere Pflänzchen dazugesät werden. Die Wasserbüffel schnaubten und brüllten klagend an den Straßenrändern und auf den Feldern. Ihre großen braunen Augen wölbten sich immer furchtsam vor, wenn wir an ihnen vorbeikamen. Arme, sanfte Wesen, sie schienen sich vor ockerfarbenen Roben zu fürchten. Die anderen Dorfbewohner beachteten sie nicht, aber manchmal bäumten sie sich auf und liefen erschreckt durch das Feld davon, wenn auch nur der kleinste Mönch in ihre Nähe kam.

Ich schloß mich jeden Morgen Ruk für die Almosenrunde an. Richard ging zwischen uns und unterhielt sich oft mit mir. Ich liebte die Stille der Welt bei diesen morgendlichen Wanderungen außerhalb der Enge und der feuchten Luft des Dschungels. Aber Richard fühlte sich verpflichtet, mit mir zu reden. Wir besaßen beide die gleiche Tendenz, mehr zu erklären, als wir eigentlich wußten. Das hatte eine zersetzende Wirkung auf mich. Reden war ein Laster geworden, dem ich nicht widerstehen konnte. An manchen Tagen lief ich schnell und versuchte mit Ruk gleichzuhalten, der uns mit seinen langen Schritten immer wieder hinter sich ließ. Richard ging stets vor mir her, weil er Novize war. Der mir zugewiesene Platz lag zwei Schritte weiter hinten. Er pflegte dann zurückzubleiben und darauf zu warten, daß ich an ihm vorübergehe. Dann versuchte er gewöhnlich, mich mit einer schwierigen Frage zu ködern.

»Glaubst du an die Hölle?«

Es gelang ihm regelmäßig, mich abzulenken.

»Ja, aber nicht als Inferno aus Feuer und Bimsstein. Ich glaube, das ist nur eine Metapher für die unglaubliche Art, in der Menschen fähig sind, auch schon im hiesigen Leben zu leiden. Die Todesqualen der Hölle sind wahrscheinlich die endlos selbstauferlegten Leiden, die wir schon auf der Erde erdulden müssen. Das einzige, was mich an der Hölle fasziniert, ist, daß es sie überall auf der Welt gibt. Jede große Religion glaubt daran.«

»Ich glaube an die Hölle«, sagte Richard. »Ich bin in Texas mal auf einem Pilztrip gewesen, wo ich in einen Höllenstaat gekommen bin.« Sein Blickwinkel auf das Mystische und Metaphysische war immer sehr persönlich. »Es war tausendmal schlimmer als jeder körperliche Schmerz. Ich hatte keinerlei Zeitgefühl. Es schien mir, als würde das alles niemals enden. Ich dachte, es gäbe für mich keinen Weg, dort wieder herauszukommen, und glaubte, ich wäre gefangen. Eine Freundin von mir, Cheri, war auch mit mir auf der Party. Sie hat mein Gesicht gesehen und mich gefragt, ob es mir gutginge. Ich sagte ihr, mir ginge es gut, damit sie wieder weggehen würde. Dann rannte ich nach draußen und versteckte mich hinter ein paar Büschen.«

»Du hast nicht geglaubt, daß sie dir würde helfen können?«

»Helfen? Nein, in der Hölle gibt es keine Hilfe für einen. Weißt du, was Hölle ist, warum sie so unglaubliches Leiden bedeutet? Man ist dort völlig isoliert von allem und jedem, für ewig allein. Ich wußte, daß ich auf einer Party war. Ich konnte mich sogar mit Cheri unterhalten. Aber das war alles außerhalb von mir, so als sähe ich durch kugelsicheres Glas. Ich war darin eingeschlossen. Niemand konnte mich berühren. Als es langsam wieder besser wurde, war ich einfach unwahrscheinlich froh, noch am Leben zu sein. Ich rannte wieder zurück ins Haus. Die Party war immer noch im Gange. Diese Leute waren meine Freunde, wurde mir klar. Ich liebte sie alle, obwohl ich dort fast niemanden wirklich kannte. Ich fing an, mein ganzes Geld zu verschenken und ein paar Schallplatten, die ich mitgebracht hatte. Ich wollte auch meine Kleider verschenken, aber Cheri hinderte mich daran. Ich schätze, sie hielt mich für verrückt. ›Ich bin nicht in der Hölle! Ich bin nicht in der Hölle‹, erklärte ich ihr, was auch nicht viel half. Ich fing an zu lachen und zu tanzen. Ich war so unheimlich glücklich, daß ich nicht in der Hölle war. Das Gefühl dauerte über eine Woche. Ich habe fast alles verschenkt, was ich besaß. Ja, ich kenne jetzt die Hölle. Hölle ist Trennung, Vereinzelung. Es gibt kein schlimmeres Leid.«

»Weißt du, Richard, manche Theologen definieren Hölle als Abwesenheit von Gott. Ich bin froh, daß du wieder herausgekommen bist. Wahrscheinlich hast du danach für ziemlich lange die Finger von Pilzen gelassen.«

»Allerdings. Mindestens eine Woche.«

Ein Theravada-Mönch aus Bangladesh hat mir einmal ein Rätsel über das Problem des Gewinns erzählt, jenes

Gewinns, den man in späteren Leben für gute Taten erhält, die man in diesem Leben verrichtet. Es war einmal ein armes Bauernpaar, das den ganzen Tag auf seinem kargen kleinen Landstück arbeiten mußte, um genug Nahrung zusammenzubekommen, um damit zu überleben. Als die Frau schwanger wurde, konnte sie nicht mehr so hart arbeiten, brauchte aber doch mehr zu essen. Sie begannen, Hunger zu leiden. Sie erklärte ihrem Mann, daß sie und das Kind ohne richtige Nahrung bald sterben würden. Dann erläuterte sie ihm ihren Plan, durch den sie Speisen vom Tisch des Königs bekommen wollte.

»Rasiere deinen Kopf und färbe eines unserer Leinentücher ocker. Trage es wie eine Robe. Dann nimm unseren Kochtopf und geh und stell dich mit der Verkleidung ans Palasttor. Der König wird dich sehen und dir Almosen geben. Du bist dünn genug, daß du aussiehst wie ein Mönch. Bring mir dann die Speisen, und ich werde weiterleben.«

Der Mann war entsetzt über das Sakrileg und den Betrug im Plan seiner Frau, aber um ihr Leben zu retten, tat er, was sie ihm gesagt hatte, und ging zu den Toren des Palastes. Der König setzte sich gerade zu seinem Festmahl. Als er aus dem Fenster sah, entdeckte er den falschen Mönch.

»Das ist bestimmt ein heiliger *arahant* an meinem Tor. Welch Glück für mich! Heute werde ich einen großen Verdienst bekommen für eine großzügige Tat.«

Er rief zwei seiner Diener und wies sie an, das Festmahl abzuservieren und damit die Schüssel des Mönchs zu füllen. Er beobachtete mit Vergnügen durch das Fenster, wie sein Befehl ausgeführt wurde. Der Mönch verließ sein Tor mit bis zum Rand gefüllter Schüssel. Dann kamen dem König Zweifel. »Woher soll ich wissen, daß er wirklich ein *arahant* ist und nicht irgendein Betrüger?« dachte er. Er schickte noch einmal nach den Dienern und befahl ihnen, dem Mönch zu folgen und ihm dann zu berichten, was sie herausgefunden hätten. Die Diener folgten dem Mann bis zu der Hütte am Rand des elenden kleinen Feldes. Sie kletterten ans Fenster und hörten, wie der Mann seiner Frau erklärte, daß ihr Betrug funktioniert hatte und daß sie jetzt alle überleben würden. Die Diener waren entsetzt.

»Wenn wir dem König erzählen, daß er sein Festmahl einem verhungernden Bauern gegeben hat, wird er sie beide töten lassen«, sagte der eine. »Und uns wird man dazu noch Schläge geben«, stöhnte der andere.

Als sie zum Palast zurückkehrten, fragte der König sie, was sie gesehen hätten.

»Mein Herr«, sagten sie, »wir folgten dem Mönch bis zum Stadtrand. Dann löste er sich in Luft auf, direkt vor unseren Augen.«

Der König war ganz aufgeregt. »Dann muß er übernatürliche Kräfte haben. Er ist bestimmt ein heiliger Mönch, vielleicht ein *arahant*. Wie groß wird der Verdienst sein, den ich für diese großzügige Tat bekomme. Bestimmt werde ich bei meiner nächsten Wiedergeburt das Reich einer *deva* gewinnen.«

Erwarb nun der König den Verdienst, weil er einem *arahant*, einem heiligen Mönch, Speisen gegeben hatte, oder bekam er den Verdienst, den man für die Speisung eines Bauern erhält?

Ein paar Gesichter begannen mir unter den Dorfbewohnern aufzufallen, die jeden Morgen ins *wat* kamen, um unser Essen zuzubereiten. Ein Mann im mittleren Alter reichte uns in der *sala* regelmäßig eine große Schüssel mit Mangos, bot sie uns mit breitem Grinsen dar. Ein anderer Mann, der schon ganz grau und schrumpelig vor Alter war, setzte sich immer an meine rechte Seite. Es war seine Aufgabe, die Schüsseln mit dem Essen weiterzugeben von Richards Platz am Ende der Reihe auf der Tribüne hinunter zu mir, dem ersten Mitglied der unteren Reihe, die auf dem Boden der *sala* saß. Er schien weit über sechzig Jahre alt zu sein. Sein ganzer Körper zitterte, als hätte seine Kontrolle über die Muskeln schon nachgelassen. Sein Kopf wackelte auf einem mageren Hals. Seine Augen wirkten matt und wäßrig, aber seine Lippen schienen immer fast zu lächeln. Er grunzte, wenn er die Schüsseln weiterreichte. Er sprach kein Englisch, und was immer er mitzuteilen hatte, erklärte er mit zittrigen Gesten.

Eines Morgens sahen wir zwei ihm zu, wie er zum ersten Mal entdeckte, wie die Ventilatoren funktionierten, die an den Säulen in der *sala* befestigt waren. Sie hingen etwa zweieinhalb Meter über dem Boden, und von jedem hing ein Stück Schnur herunter. Neugierig ergriff der Alte eines der Schnurenden. Er zog daran und machte einen überraschten Eindruck, als der Ventilator klick machte. Dieser drehte sich von einer Seite zur anderen und verbreitete in seiner Umgebung eine kühlende Brise. Die Brise berührte das Gesicht des Mannes. Er bekam einen Ausdruck von Glückseligkeit. Eine Minute lang stand er bewegungslos da. Er hielt die Hand hoch und spürte, wie die kühle Luft vorüberstrich. Er zog noch einmal mit einem Klick an der Schnur. Der Lufthauch wurde stärker. Er zog wieder mit Klicken daran, bis alle drei Geschwindigkeiten gelaufen waren, dann schaltete er ihn wieder aus, wobei er völlig von seiner Entdeckung in Anspruch genommen war. Er ließ den Ventilator noch zweimal durch alle Geschwindigkeiten laufen, dann schaltete er ihn wieder aus. Schließlich wandte er den Kopf wieder hinab zur Erde und nahm seinen Platz neben mir ein, um das Essen weiterzugeben. Seine Augen waren klar geworden. Sie leuchteten vor Entzücken. Am nächsten Tag wiederholte sich das Wunder des Ventilators und am dritten Tag wieder. Es wurde zum regelmäßigen Bestandteil des Morgenrituals. An manchen Tagen schaltete der Mann mit den

Ventilatoren systematisch alle Geräte auf unserer Seite der *sala* ein; an anderen Tagen bediente er bei nur einem Gerät fünfmal alle Stufen. Danach kehrte er zu seiner Pflicht auf seinen Platz neben mir zurück wie ein Mann, der eine Erscheinung gesehen hat. Das war die mystischste Begegnung, die ich während meiner ganzen Zeit in Wat Pah Nanachat erlebt habe.

Kapitel 7

Bhikkhu Bob und Boomer Bunte
gürten ihre Lenden

E s war die Brutzeit der Nits. Bevor sie sich paarten, wuchsen den drei Zentimeter langen Insekten, die wir Nits nannten, schmale, weiche Flügel. Wenn die Nächte warm und trocken waren, flogen sie zur Zeit der Dämmerung in Schwärmen aus ihren Nestern. Die langen Flügel hielten sie kaum in der Luft. Bevor sie sich paaren konnten, brachen die papierdünnen neuen Flügel wieder ab und machten es ihnen möglich, einander auf dem Boden zu folgen. Es gab in der Gegend die Redensart: »Er ist schlau wie ein Nit. Er kann sich Flügel wachsen lassen, aber sie fallen bald wieder ab.«

Bei der Abendmeditation bleibt ein schwaches Licht in der *sala* an, so daß die *pahkows* und Laienbrüder den Rezitationen der Mönche in den Pali-Texten folgen können. Tausende von Nits fliegen zum Licht. Ihre Körper bedecken den Boden darunter. Sie fliegen in unsere Gesichter. Sie treffen auf das schimmernde Weiß unserer Kleidung. Sie flattern wie wild, versuchen verzweifelt, ihre zerbrechlichen Flügel wieder abzustreifen. Sie winden sich und werkeln um uns herum, befreien sich von den papierenen Gebilden, die ihnen die Fähigkeit zu fliegen verliehen haben. Wenn sie erst einmal die Flügel abgeworfen haben, jagen die Nits einander, krabbeln in alle Richtungen durch die *sala*. Sie kriechen uns über den Hals, in unsere *sabongs*, über die stoppelige Glätte unserer Schädel.

Lange Flügel wirbeln durch die dunkle Luft herunter. Sie verfolgen einander wild zwischen den Reihen unserer Matten hindurch, um die ernsten Gestalten der Mönche herum und an ihnen entlang. Sie klettern aufeinander und versuchen, sich zu paaren. Sie fallen wie ein lebender Regen, krabbeln über unsere geschlossenen Augenlider und geben sich einer Orgie der Vermehrung hin, während unsere Rezitationen durch den Tempel hallen. Es ist, als würde der Tempel plötzlich vom Lebensfluß des Universums bombardiert, der zwischen unseren bewegungslosen Gestalten hindurchwirbelt wie ein Sturm formloser Teilchen. Das Summen der Flügel verbindet sich mit dem Rhythmus unserer Rezitation. Die Worte unserer Pali-Litanei verleugnen diesen Fluß nicht. Sie bestätigen ihn:

Geburt ist Leiden.
Vergehen ist Leiden.
Krankheit ist Leiden.
Tod ist Leiden.
Trennung von den Lieben ist Leiden.
Nähe zu den Ungeliebten ist Leiden.
Und Verlangen nach Dingen, die wir gern hätten, ist Leiden.

Ich bin vom Wesen des Zerfalls.
Ich habe den Zerfall nicht überwunden.
Ich bin vom Wesen der Krankheit.
Ich habe die Krankheit nicht überwunden.
Ich bin vom Wesen des Sterbens.
Ich habe den Tod nicht überwunden.
Alles was mir gehört, geliebt und angenehm, wird von mir losgelöst werden.

Buddha hat uns keine bequemen Worte angeboten. Seine Lehre begann mit dem Problem des Leidens. Lösche dein

Verlangen aus, und das Leiden wird aufhören, lehrte er. Es ist das Ziel, dem Rad des *samsara* zu entkommen, sich aus dem Zyklus der Wiedergeburt zu befreien. Ewiger Tod.

Buddha meditierte sechs Jahre lang, bevor er die Illusionen des Daseins durchdrang. Obwohl seine Lösung für das Problem des Leidens pessimistisch wirkt, brachte sie ihn nicht zum *samadhi*-Selbstmord. Er lebte und lehrte noch fünfundvierzig Jahre nach seiner Erleuchtung als Bestätigung des Lebens, trotz der menschlichen Gegebenheiten von Verfall, Krankheit und Tod. Leid wird hervorgerufen durch unsere Weigerung, diese Gegebenheiten hinzunehmen, lehrte er. Einmal brachte eine junge Mutter ihren kleinen toten Sohn zu Buddha, weinte und jammerte. Sie flehte ihn an, das Kind wieder ins Leben zurückzuholen. Buddha versprach ihr, das Kind wieder aufzuerwecken, aber sie müsse ihm vorher als Gabe einen Sack Reismehl aus einem Haushalt bringen, der den Tod nicht kannte. Die Frau rannte von Haus zu Haus durch ihre Stadt, aber die Antwort lautete überall gleich. Eines der Familienmitglieder, sei es Mutter, Vater, Onkel, Tante oder Kind, war in jedem Heim gestorben. Die Frau kehrte zu dem Erhabenen zurück und erklärte ihm, daß der Tod in jeder Familie bekannt sei und sie ihm so die Gabe nicht bringen könne. »Also werde ich auch deinen Sohn nicht wieder auferwecken«, sagte Buddha. Wenn man den Tod annimmt, braucht man nichts mehr zu fürchten. Jene, die dem Weg Buddhas folgen, beschreiben ihn als einen Zustand der Leichtigkeit und der Harmonie mit dem Universum. Er manifestiert sich in der befreiten Person als Mitgefühl mit allen Wesen.

»Kennst du den besten Grund für einen Mann aus dem Westen, sich in Thailand ordinieren zu lassen?« fragte mich Richard auf der Almosenrunde. »Hier ist es am leichtesten, sich das Visum verlängern zu lassen.«

Richard hatte einen schlechten Tag. Er sagte, er litte jetzt schon seit dem Tag seiner Ankunft in Pah Nanachat an Verstopfung. Das war keine besondere Überraschung. Es war ein übliches Problem. Wenn man nur eine Mahlzeit am Tag aß, schien das schon Grund genug, einem die Därme zuzukleben. Danach quillt Klebreis auch noch auf, wenn man Wasser trinkt, und dichtet endgültig alles ab. Richard sah bleich und strapaziert aus. Er hatte Ruk gefragt, ob er an diesem Morgen nicht die morgendliche Almosenrunde ausfallen lassen könne.

»Natürlich kannst du das«, sagte der Mönch. »Die Regel lautet, daß wenn man nicht auf *bindabhat* geht, man auch nichts ißt. Du kannst immer frei entscheiden, daß du fasten willst.«

Richard war dann doch schnell in seine äußere Robe gestiegen, als wir losgegangen waren. Er hatte immer noch nicht den Bogen heraus, wie man sie richtig trug. Man braucht Übung. Er holte uns auf halbem Weg zum Dorf wieder ein, seine Robe war lose und flatterte um seine Knie. Auf einem einsamen Stück zwischen den Häusern rutschte der Deckel von Richards Schüssel herunter und fiel scheppernd auf den schlammigen Boden. Als er sich bückte, um ihn wieder aufzuheben, klaffte seine Robe ganz auf. Ruk sagte ihm kurz angebunden, er solle das wieder in Ordnung bringen. Glücklicherweise sah uns niemand.

»Ich tue das doch nicht absichtlich«, erklärte Richard. »Ich brauche irgendwas, um den Deckel festzuhalten, das ist alles. Er fällt einfach immer herunter, wenn ich versuche, die Robe am Rutschen zu hindern.«

Ein paar Minuten später, am Rand des nächsten Weilers, wurde Ruks Rücken plötzlich starr, als er das blecherne Scheppern wieder hinter sich hörte. Ich bückte mich, um Richards schlammigen Deckel wieder aufzuheben. Die Robe des Novizen rutschte von seinen Schultern.

»Wir bleiben jetzt hier stehen, und du ziehst deine Robe richtig an«, sagte Ruk. »Es wirft ein schlechtes Licht auf uns alle, wenn du in den Dörfern so schlampig aussiehst. Warum übst du es nicht einfach?«

Ich hatte noch nie gesehen, daß mein sanfter Mönch sich derart über etwas ärgerte. Ruk hatte eine Erkältung. Seine Augen waren blutunterlaufen, und er schniefte auf dem ganzen Weg. Trotz der Frische der Morgendämmerung und der gerade gepflanzten, hellgrünen Schößlinge in den umliegenden Reisfeldern war es ein elender Morgen.

»Das kommt von diesem blöden Deckel«, sagte Richard finster.

»Dann werden wir dir vielleicht morgen eine neue Schüssel besorgen«, sagte Ruk.

»Vielleicht gehe ich doch bald wieder nach Sri Lanka zurück«, sagte Richard leise zu mir, als wir auf dem Rückweg ins Kloster waren. »Ich brauche eine Pause.«

Irgendwie hatten sie ein Urteil über Richard verhängt. Er hatte gute Absichten und ein gutes Herz, aber es war ganz offensichtlich, daß er nicht den Geist eines religiösen Eiferers besaß. Diejenigen, die in der Hierarchie über ihm standen, betrachteten ihn als schlampig und fanden sein Benehmen schlecht. Ich war überrascht, daß das ausgerechnet bei Ruk zum Vorschein kam. Vielleicht war Richards Problem, daß er in Roben gekleidet hierhergekommen war, sonst aber nicht den Eindruck erweckte, als habe er die Absicht, das Leben eines *bhikkhu* führen zu wollen. Wenn er hier als Laienbruder angefangen hätte wie Jim und ich, wäre er von der *sangha* angenommen worden. Die eigentliche Ursache seiner Schwierigkeiten war, daß sein Verhalten völlige Mißachtung für die Feinheiten der Regeln zum Ausdruck brachte. Er hatte nichts Mönchisches an sich. Für Jim und mich war das erfrischend. Manchmal wirkte seine Nonchalance, als würden sich die anderen hinter ihren Kostümen verstecken. Richard litt darunter. Er wurde aus der Hackordnung verbannt. Darüber ärgerte sich Jim.

»Heute morgen beim Essen habe ich mich umgesehen, und mir sind alle diese Gesichter aufgefallen, die in ihre Schüssel starren und völlig darin aufgehen, sich das Essen ins Gesicht zu stopfen. Soll das etwa achtsame Konzentration sein? Sie sehen aus wie Schweine am Futtertrog. Ich sehe da wirklich nicht viel Bewußtsein«, erklärte er mir eines Morgens beim Schüsselspülen.

Ich seifte neben ihm meine Schüssel ein und hörte zu, dabei blickte ich nach den Mönchen, die sich in der Sonne an die Wand der *sala* lehnten und ihren Schüsseln beim Trocknen zusahen.

»Richard verhält sich ein wenig anders«, fuhr Jim fort, »redet ein bißchen zu laut, vergißt ein paar Regeln, und schon stürzen sie sich auf ihn. Das wirkt bestimmt nicht besonders mitfühlend. Sie sind verärgert, weil er kein braver kleiner Novize sein und schweigend die Füße des Ajahn waschen will. Niemand kümmert sich um ihn. Vor ein paar Tagen hat Tan Casipo zu mir gesagt: ›Manche Leute kommen mit so viel Staub in den Augen hierher, daß es unmöglich ist, mit ihnen zu reden.‹ Was sagt das über das Mönchtum aus? Es kann Leute mit ›Staub in den Augen‹ nicht ertragen. Alles was diese Mönche hier entwickelt haben, ist eine sichere, kleine, um ihr Selbst gruppierte Welt, die sie heilig nennen, weil die Dorfbewohner sich vor ihnen verbeugen. Im Wald zu leben und eine Robe zu tragen, macht einen doch nicht besser als alle anderen.«

»Komm rüber zu meinem *kuti*, dann können wir darüber reden, ich glaube, wir brauchen beide etwas überflüssiges Geschwätz«, sagte ich. »Bring deine Tasse mit, dann köpfen wir meinen besten Wasserkessel. Tut mir leid, daß der Kühlschrank leer ist und ich dir sonst nichts anbieten kann.«

Jim kam mit seiner Blechtasse und einer Rolle Zahnseide. Wir saßen auf meiner Matte unter dem Schutz des Moskitonetzes und reinigten unser Zahnfleisch. Mein Zwilling griff das Gespräch wieder auf, wo wir es unterbrochen hatten.

»Ich bin einmal einem amerikanischen *bhikkhu* in Chiang Mai begegnet, der mir erklärte, er fände es ein Zeichen für einen edlen Charakter, wenn man den zweihundertsiebenundzwanzig Regeln folge. Blödsinn! Ich könnte das kaum ertragen. Wenn man hier lebt, ist es nicht sehr schwierig, sich edelmütig zu verhalten. Wie sollen wir schon eine Regel brechen, wenn es eigentlich nichts Aufregendes gibt, was uns in Versuchung führen könnte? Kein Streß, kein Druck. Es ist ein bequemes Leben. Wir töten, lügen oder stehlen nicht, aber niemand anderes hat irgendwas davon. Also wozu das alles? Zum Beispiel Nimalo. Ich gehe mit ihm auf *bindabhat*. Ich denke, er ist wahrscheinlich der beste Mensch im ganzen *wat*. Er ist schon seit drei Jahren Novize. Weißt du, daß er nur das ißt, was bei der Almosenrunde in seine Schüssel gefegt wird? Er nimmt beim Essen nie etwas aus den Schüsseln, die wir herumgeben. Er ist geduldig, hilfsbereit, ruhig. Ich spüre in ihm eine große Menge an Wohltätigkeit. Aber ich glaube, er wäre außerhalb eines Klosters wohl genauso. Draußen in der Welt könnte er eine ganze Menge mehr Gutes tun als hier, indem er die Füße des Ajahn wäscht. Tim, das alles hat sich im Laufe der letzten Woche in mir zusammengebraut. Dieser Ort riecht nach der einen einzigen Sache auf der Welt, die ich nicht ausstehen kann. Selbstgefälligkeit.«

»Denke daran, daß Ajahn Chah gesagt hat, man solle keinen anderen Mönch ansehen, sonst würde man nur Zweifel und Verwirrung erleiden. Achte auf deine eigene Verhaltensweise. Was wissen wir schon über die Meditation der anderen, wie sie sie empfinden?«

»Siehst du Mönche auf dem Weg zur Befreiung?«

»Ein christlicher Mönch hat mir einmal erzählt, ein Kloster sei kein Platz für Heilige, sondern für Sünder. Mönche haben das Gefühl, daß sie allein schwach wären, also leben sie zusammen wegen der Unterstützung durch die Bruderschaft. Das ist ein legitimer Grund, hier zu sein.«

»Warum verbeugen wir uns dann vor ihnen? Warum stellen sie sich dar, als wenn sie heilig wären, als Beispiele der Tugend für die Gesellschaft? Du wirst nie sehen, daß der Ajahn Richards Füße wäscht. Die Mönche glauben an ihre Heiligkeit. Und außerdem, wenn dies hier ein Ort ist, an dem die moralisch Unsicheren einen Platz finden, was tun du und ich dann hier?«

»Schwache Menschen, die den Regeln folgen, können ein Beispiel für Starke sein, die in *samsara* gefangen sind. Wir wären nicht hier, wenn wir nicht das Gefühl hätten, daß es einen bestimmten Wert besitzt, hier zu sein. Ich gebe zu, hier herrscht eine gewisse Selbstgefälligkeit. Das Leben ist einfach. Aber weil wir keinen Streß haben, können wir uns wirklich auf die Meditation konzentrieren.«

»Wozu soll das gut sein, wenn der Rest der Welt im Streß lebt?«

»Das hier ist wie ein Übungslager. Der Streß, von dem du gerade redest, macht es in der Welt draußen unmöglich, mit Meditationsübungen zu beginnen. Hier, wo es die Ruhe gibt, können wir etwas entwickeln, um es in die Welt mit zurückzunehmen – und das kann es mit dem Streß aufnehmen, zu dem wir dort wieder zurückkehren. Wenn manche Leute sich entscheiden, hierzubleiben und den ganzen Weg bis zum *nibbana* weiterzuüben, erfreulich für sie. Die sollten Mönch werden.«

»Siehst du hier so etwas?«

»Es macht nichts, wenn die Mönche, die wir hier sehen, selbstgefällig sind. Wir können trotzdem üben.«

»Da bin ich anderer Meinung. Ich kann mich nicht dauernd vor Leuten verneigen, die ich nicht respektiere. Diese *farang-bhikkhus* ziehen hier eine große Schau ab. Ich habe nichts gegen den Thai-Buddhismus. Wenn die Dorfbewohner ihre eigenen Söhne in ausgefallenen Tempeln unterstützen wollen, ist mir das egal. Aber wenn ich diese Robe anziehe, tue ich so, als wäre ich wie die anderen, als wären wir ganz heilige Wesen, und daß die Thai, wenn sie uns etwas geben, in ihrem zukünftigen Leben in *deva*-Bereiche gelangen. Indem ich hierbleibe, nehme ich teil an einer Lüge.« Er knüllte seine Zahnseide zusammen, streckte die Hand unter dem Netz hervor und warf sein Stückchen aus dem Fenster.

»Aber Jim, die Dorfbewohner sollen ja gar nicht irgendwelche Verwandten ernähren. Sie sollen die Robe ernähren. In vielen Beziehungen sind die Mönche hier eher würdig, erhalten zu werden als in anderen Klöstern. In den meisten anderen Gegenden sind die Mönche doch völlig achtlos. Das hast du mir schließlich selbst gesagt. Man begegnet einer ganzen Menge schlimmerer Orte als es Pah Nanachat ist. Schließlich gibt einem das ganze Sitzen und Gehen ja etwas, dir doch auch, oder?«

»Vielleicht«, gab Jim zu. »Aber was nehme ich mir davon?«

Nach dem Frühstück erklärte der Ajahn, heute sei ein Arbeitstag.

»Alle Blätter zwischen den Pfaden auf dem Platz vor der *sala* sollen zusammengefegt und von den Hauptgebäuden entfernt in den Dschungel geworfen werden. Diese Blätter sind die idealen Brutstätten für Mücken, besonders wenn die Regenzeit anfängt. Es ist am besten, wenn wir jetzt alles saubermachen. Die Insekten werden in der Umgebung meines *kuti* bereits ziemlich schlimm.«

Das war eine große Aufgabe. Glücklicherweise waren in den vergangenen paar Tagen fünf oder sechs neue Gesichter aufgetaucht. Von den sieben Gästen hatten vier vor, sich die Köpfe rasieren zu lassen und Laienbrüder zu werden. Da war zum Beispiel Julian aus Australien, ein Freund von Nimalo aus seinem früheren Leben. Lorenzo kam aus Italien, Hal aus Amerika und Herman aus Holland. Ich fragte mich, ob dem Ajahn die zusätzlichen Esser aufgefallen waren und er die günstige Gelegenheit nutzen wollte, die großen Mengen an Arbeitskräften einzusetzen, die ihm plötzlich zur Verfügung standen.

Auch ein älterer Mönch mit dem Namen Tan Bodhipalo war in das *wat* zurückgekehrt. Er wirkte, als wäre er ungefähr vierzig, und war der finsterste Mönch, den ich je gesehen hatte. Tan Casipo erzählte mir, er habe in den vergangenen zwei Jahren im fernen Nordosten in einem Höhlenkloster gelebt. Die Gemeinschaft dort übte sehr strenge Selbstdisziplin. Sie folgten sogar der traditionellen asketischen Einstellung, nicht öfter als einmal im Monat zu baden. Nach Aussage des hilfsbereiten Mönchs wollte er gar nicht nach Pah Nanachat zurück. Sie mußten dreimal nach ihm schicken, bevor es ihnen gelang, ihn aus seiner Höhle zu locken. Tan Bodhipalo saß direkt neben dem Ajahn in der Speisenreihe und nahm so Tan Casipos Platz an der zweiten Stelle der herrschenden Ordnung ein. An jenem Morgen, als unsere Schüsseln gespült waren, nahm er Jim zur Seite und bat den großen *pahkow*, ihm bei der Reinigung der Dachrinnen und Durchlaufrohre an den Ecken der *sala* zu helfen.

»Wir anderen harkten mit großer Achtsamkeit bis zur Mittagszeit. Unsere Arbeit störte viele der Einwohner der feuchten, dicht beieinanderliegenden Blätterdecke, die wir entfernten. Wir verwirrten Millionen von roten und schwarzen Ameisen, verärgerten Vipern, Skorpione, riesige Hundertfüßler und ein paar Taranteln.

»Tan Casipo!« rief ich. »Hier ist eine riesige, haarige Spinne!«

»Keine Sorge. Das ist nur eine Tarantel«, sagte er mit einem Lächeln. »Die können dich nicht umbringen. Achte lieber auf die schwarzen Hundertfüßler mit den roten Beinen.«

»Sind sie lebensgefährlich?«

»Die größeren vom Format einer kleinen Schlange könnten dich umbringen. Allerdings ist hier noch nie jemand am Biß eines Hundertfüßlers gestorben.«

»Also ist schon einmal jemand gebissen worden?«

Tan Casipo grinste kurz. »Wir hatten hier vor einer Weile einen französischen Mönch, der immer nach Hundertfüßlern suchte und sie dann dazu brachte, daß sie ihn bissen. Er sagte, es sei eine Meditation, um den Schmerz zu betrachten. Er blieb nicht sehr lange ein *bhikkhu*. Wir haben ihm ziemlich schnell die Robe wieder abgenommen.«

Die Sonne glitzerte durch das grüne Blätterdach der Bäume und der Riesenfarne. Gegen Mittag glänzten wir alle von Schmutz und Schweiß. Moskitos nahmen ihr Mittagessen auf uns ein. Der Ajahn legte seinen Besen weg und sagte, wir sollten eine Pause machen. Wir gehorchten glücklich. Ich eilte eifrig zurück in mein *kuti*. Jim stellte gerade eine lange Aluminiumleiter an die *sala*, um die Dachrinnen an der Ecke freizuräumen.

»Soll ich sie für dich halten?« bot ich ihm an.

»Ja, danke«, sagte mein Zwilling. »Ich werde nur eine Minute dort oben bleiben. Tan Bodhipalo hat mir aufgetragen, dieses Regenrohr hier sauberzumachen, wo es in den Haupttank mündet.«

»Das ist ja ekelhaft«, sagte er, als er oben ankam. »Es ist voll mit dickem Schlamm und schwarzen Blättern. Es stinkt – und ist voller Ameisen. Dieses Zeug landet direkt in unserem Trinkwasser!«

Ein Blechrohr lief von der Ecke, an der Jim arbeitete, bis zum oberen Ende des Hauptwassertanks. Der Tank war ein großer Betonzylinder von etwa sieben Metern Höhe und drei Metern Durchmesser. Jim begann, ganze Hände voll von dem Schlamm herauszuschöpfen. Dann ließ er ihn neben der Leiter fallen. Das meiste landete auf mir.

»Ich glaube, daß das gesamte Rohr bis nach unten verstopft ist. Wir werden das untere Ende vom Deckel des Tanks aus reinigen müssen und dann das Rohr durchspülen.«

»Wir?«

»Hast du andere Termine in den nächsten zwanzig Minuten, Bhikkhu Bob?«

»Bhikkhu Bob? Wie kommst du denn dazu?«

»Es kam mir einfach vor wie ein guter Name für einen kanadischen Mönch. Klingt irgendwie nett. Du hast doch nichts dagegen, wenn ich dich Bob nenne, oder?«

»Bisher hat mich noch nie jemand Bob genannt. Also gut, du kannst mich Bob nennen. Aber wenn dieses Reinigungsprojekt mir zu ehrgeizig wird, nenne ich dich Boomer.[1] Ich habe in zwanzig Minuten einen Termin mit *samadhi* in meiner Hütte.«

Ich füllte drei Plastikeimer mit Wasser, während Jim die Leiter an die Seite des Wassertanks zog. Als er den Dreck aus der Öffnung des Regenrohrs holte, richtete er sich plötzlich auf und begann zuckend zu tanzen und sich zu schütteln.

»Ameisen! Tausende!« schrie er. »Und dieses Zeug ist wie Dünger. Eigentlich müßten wir schon längst alle Typhus haben, weil wir Wasser trinken, das durch so etwas durchläuft.« Er kletterte wieder herunter und rieb seine Hände an der Seite des Tanks ab. Als ich hochschaute,

---

[1] Boomer ist in der amerikanischen Umgangssprache ein Spekulant, im Slang ein wandernder Arbeiter. Auch der kanadische Biber wird so genannt. Da es hier auch wegen des B-Stabreims steht, wird es nicht übersetzt. Anm. d. Übs.

sah ich Tausende von kleinen schwarzen Pünktchen wild über den Rand des Tanks wuseln.

»Schwarze Ameisen?« fragte ich.

»Ja, die kleinen. Ein Glück, daß es nicht diese roten Monster sind. Ich würde nicht einen Gedanken daran verschwenden, diesen Tank zu reinigen, wenn wir es mit denen zu tun hätten.«

»Den Tank reinigen? Du bist ein Boomer, stimmt's, Bunte? Und was ist mit meinem Termin mit der Meditation?«

Jim streckte mir als Antwort seine schwarzen Finger entgegen. »Willst du so was trinken, Bob?«

Wir beiden legten unsere Roben ab und gürteten unsere Lenden mit der Badekleidung, die wir gewöhnlich ähnlich wie Unterröcke unter unseren *sabongs* trugen.

»Ich wollte immer schon einmal nur mit Lendenschurz arbeiten«, sagte ich und reichte die Eimer mit Wasser die Leiter hinauf. Wir hatten das untere Ende des Rohres von der Öffnung im Tank weggeschoben und dann die Leiter wieder an die Dachrinne der *sala* gestellt. Jim begann das Rohr durchzuspülen.

»Was für Arbeit? Schließlich bin *ich* hier oben auf der Leiter mit den Ameisen, Bob.«

»Du bist der Boomer, Bunte.«

Als das Wasser schließlich durch das Rohr lief, rann es über die Außenseite des Tanks, schwarz und voller Schlamm. Jim kippte sechs Eimer in die Rinne, bis das Wasser klar wieder unten herauskam.

Sun Tin, der Thai-Mönch mit der Löwentätowierung und dem schrägen Lächeln näherte sich. Er blieb stehen, um uns bei der Arbeit zuzusehen. Er sprach kein Englisch, verstand aber Jims Thai ganz gut. Er zeigte uns, wie man den Tank leerlaufen ließ, und brachte mich zu der Hütte mit dem Werkzeug, wo ich zwei Bürsten mit langem Stiel zum Schrubben, eine Drahthandbürste und ein dickes Seil

160

fand. Jim fegte gerade die Ameisen vom Deckel des Tanks, als ich wiederkam. Er hatte das Filternetz vom Einlauf am Deckel gelöst.

»Innendrin sind auch überall Ameisen«, erklärte er mir. »Die oberen Wände sind schwarz davon.«

Wir banden das Seil an einen Baum in der Nähe. Jim ließ sich durch den Deckel in das knietiefe Wasser hinunter, das noch unten im Tank stand. Ich folgte ihm in den Schlamm. Sun Tin kletterte hinter uns oben auf den Tank. Er sah durch das kleine Lichtviereck des Deckels herunter und lachte. Auf der Innenseite waren die Wände glatt von einem grauen, schleimigen Belag. Der Boden war schlüpfrig unter unseren nackten Füßen. Aber der Hall im Tank war hervorragend zum Rezitieren geeignet.

»YO SO...«, intonierte Jim laut und deutlich, so daß es durch den zylindrischen Tank dröhnte.

»BHAGAVAN ARAHANT SAMASAMBUDDHA-SAJT«, rezitierten wir gemeinsam.

Über uns zog Sun Tin das Seil hoch und drohte, den Deckel zuzumachen und uns in der Dunkelheit einzuschließen. Er grinste wie ein Wahnsinniger. Wir protestierten lauthals.

»Das wäre eine tolle spirituelle Übung, drei Jahre in einem Wassertank«, sagte Jim.

»Das würde bestimmt einen *arahant* aus dir machen, Boomer.«

»Nicht, wenn ich mir dir zusammen eingesperrt wäre, Bob.«

»Boomer, bist du schon einmal einem *arahant* begegnet? Oder einem *bodhisattva*? Vielleicht sogar einem Heiligen? Ich habe über unser Gespräch in bezug auf die Mönche nachgedacht. Du bist zu zynisch, was das Thema Religion betrifft. Es gibt auch gute Beispiele.«

»Du meinst, so wie Ajahn Chah?«

»Ich meine nicht unbedingt einen Mönch. Kennst du irgendeinen persönlich? Ich kenne einen Mann, der vielleicht kein *arahant* ist, aber ich denke, er ist vielleicht ein *bodhisattva*, auch wenn er gar kein Buddhist ist. Er hat einen Fleischexportbetrieb von Kanada nach Thailand und den Philippinen. Er verbringt immer das halbe Jahr in Asien. Zuerst überprüft er, ob seine Kunden zufrieden mit seinen Lieferungen sind, dann geht er aufs Land. Er hilft ländlichen Gemeinden, Kooperativen zum Fischen aufzubauen, Brunnen zu graben und kleine Betriebe zu gründen. Er hat ein Talent, Leute miteinander reden zu lassen, sie dazu zu bringen, daß sie in Gesprächen selbst Lösungen für ihre Probleme finden. Er stellt das Kapital zur Verfügung, das nötig ist, um die Lösungen in die Realität umzusetzen, und zieht sich dann zurück. Er war Baptistenprediger, als ich ihm zum erstenmal begegnet bin. Aber mir scheint, er hat einen direkteren Weg gefunden, Gott zu dienen, indem er sein Fleischexportunternehmen betreibt.«

»Wenn du so etwas meinst, habe ich, glaube ich, auch einen *bodhisattva* in meinem Leben aufzuweisen. Wenn ich schon zynisch bin in bezug auf Religionen, so hält mich dieser Mann immerhin davon ab, völlig gemein zu werden. Er ist ganz wesentlich mitverantwortlich dafür, daß ich jetzt hier bin. Er ist mein Professor für religiöse Studien in Swarthmore. Dieser Mann hat ganz sicher etwas gefunden, was mehr ist als das, wonach die meisten Leute suchen. Er ist verheiratet, hat zwei Kinder und wohnt in einem unauffälligen Vorort, hat einen typisch überladenen Stundenplan an der Universität und ärgert sich über Verkehrsstaus. Aber selbst wenn er sich ärgert, spüre ich diesen tiefen See von Ruhe in ihm. Er ist auf dem Campus so eine Art Guru, kennt aber durchaus die damit verbundenen Gefahren. Meine Eltern sind ihm einmal begegnet. Wir sind eine hingebungsvoll unreligiöse Familie. Meine Eltern sind einfach nicht die Typen, um Spiritualität zu bemerken. Und selbst sie waren wirklich beeindruckt von ihm. Er selbst geht in eine presbyterianische Kirche, aber sein Spezialgebiet ist Thai-Buddhismus. Bei ihm hatte ich den Kurs in asiatischen Religionen belegt. Ich schätze, auf die Art bin ich hierher gekommen.«

»Wie kamst du darauf, einen Kurs in asiatischen Religionen zu belegen? Das ist doch eigentlich keine typische Voraussetzung zum Abschluß eines Jurastudiums.«

»Das habe ich auf den Rat meiner Schwester getan. Sie kann mir immer unheimlich gut Dinge empfehlen, von denen sie bedauert, daß sie sie nie gemacht hat. Schon bevor ich anfing, sagte sie mir, ich solle an der Universität auch unbedingt etwas Wildes, Exotisches belegen, an das ich vorher noch nie gedacht hätte. Und jetzt stehe ich hier rezitierend unten in einem Wassertank.«

Wir schrubbten und redeten zwei Stunden lang. Es war kühl in dem Tank, und deswegen konnten wir mit unserer gesamten Energie arbeiten. Schließlich kletterte ich das Seil wieder hinauf, das Sun Tin nach etwas Überredung wieder heruntergelassen hatte. Ich goß ein paar Eimer Wasser an den oberen inneren Rand, um die Ameisen abzuspülen. Die armen Wesen waren zu durcheinander, um uns zu beißen. Sie liefen aufgeregt im Kreis herum und trugen ihre kleinen weißen Eier. Jim und ich brachen unser erstes Gelübde mehr als tausendmal. Sun Tin füllte die Eimer für mich aus dem Hahn unten am Tank, der mit einem anderen Tank im Dschungel verbunden war.

»Okeeee«, rief mir der Thai von unten mit einem teuflischen Enthusiasmus zu, und ich zog die Kübel mit einem Seil hinauf. Als die Ameisen schließlich alle geflohen oder abgespült waren, ließ ich mich noch einmal in den Tank hinunter, um zu guter Letzt noch den Boden mit Jim zusammen zu schrubben.

»Vorsichtig! Tritt nicht auf die Kröte«, sagte er, als ich unten ankam.

»Eine Kröte? Wie kann denn eine Kröte hier hereinkommen? Wie konnte die durch das Sieb oben auf dem Tank gelangen?«

»Wie ist sie überhaupt erst einmal oben auf den Tank gekommen, Bob?«

»Vielleicht ist sie hier geboren worden. Vielleicht ist das hier ihr Heim.«

»Wir müssen sie trotzdem hinauswerfen«, sagte Jim. Er rief zu Sun Tin hinauf, er solle uns einen Eimer herunterlassen. Wir versuchten, das Tier zu finden.

»Noch mehr Gewalt gegenüber Lebewesen. Das gefällt mir nicht, Boomer. Vielleicht war die Kröte gerade bei der Meditation? Auf dem besten Wege, ein *arahant* zu werden?«

»Sie wird draußen in der Welt glücklicher sein.«

Wir fanden die Kröte, ein schwarzer Klumpen im Schlamm. Jim schöpfte sie in den Eimer. Sie ließ sich bewegungslos darin treiben.

»Sun Tin, am Seil kommt eine Kröte hoch«, rief Jim singend.

»Und was ist mit den Ameisen?« fragte ich, als wir den letzten Rest des Tanks geleert hatten und wieder ans Licht zu klettern begannen.

»Was wird aus denen?«

Der Tank war jetzt frei von Schlick, frei von Kröten, frei von Ameisen, sauber und leblos. Sun Tin drehte die Hähne am unteren Rand auf und begann den Tank mit Wasser aus dem Lagertank wieder zu füllen.

»Das Wasser aus dem anderen ist wahrscheinlich genauso fies wie dieses hier«, sagte Jim grimmig. »Aber wenigstens ist dieser Tank jetzt gereinigt.«

»Wir haben doch das Wasser die ganze Zeit ohne weitere Schwierigkeiten getrunken.«

»Das bedeutet noch nicht, daß es sicher ist.«

An diesem Abend fiel die Rezitation aus – vielleicht als Belohnung für die Arbeit des Tages. Statt dessen erklärte man uns allen, wir sollten zum *kuti* des Ajahn gehen, um uns eine auf Tonband aufgenommene *dasana* von dem bekannten amerikanischen Mönch und ersten Ajahn von Wat Pah Nanachat, Ajahn Sumedo, anzuhören. Er war einer der ersten Schüler Ajahn Chahs aus dem Westen. Die Lehre, die wir uns anhören sollten, war in seinem neuen *wat* in Chithurst in England aufgenommen worden. Sumedos Name wurde verehrt. Sein Bild hing an der Wand der *sala*. In dem englischen *wat* hielten die Mönche nicht nur das *Vinaya* ein, sondern auch alle anderen Thai-Traditionen. *Bindabhat* war anfangs ein Problem, wie Tan Casipo erzählte. Oft wanderten die britischen *bhikkhus* in der Morgendämmerung durch die Landschaft von Chithurst und bekamen nichts. Glücklicherweise kaufte sich der Vater eines der Mönche ein Haus in der Nähe des Klosters. Er war glücklich, den Mönchen jeden Morgen Speisen als Almosen geben zu können. Auf diese Art wurde die Tradition gewahrt, ohne daß jemand zu verhungern brauchte.

Selbst die Laienbrüder wurden zu der *dasana* eingeladen. Es war aufregend, endlich einmal eine Lehre von einem berühmten Mönch zu erhalten, und sei es auch nur auf Tonband. Wir saßen im Dunkeln auf dem Balkon des Ajahn. Sumedos Stimme klang lethargisch, aber nachdenklich, er hatte die Gewohnheit, die Silben einsilbiger Worte in die Länge zu ziehen, als gähne er, während er sie sprach – »jaaaa«. Es war eine Versuchung, sein Beispiel nachzuahmen. Das *dhamma*-Gespräch war eine unverbundene Reihe von Gedanken über die fünf Hindernisse bei der Meditation: Verlangen, Abneigung, Unruhe, Trägheit und Zweifel. Das Thema war, daß diese Hindernisse nicht unsere Feinde sind. Indem wir geduldig ausharren, können wir aus ihnen lernen. Der größte Teil der Rede handelte von dem Problem lustvollen Verlangens, das während der Meditation entsteht. Das bekannteste Gegenmittel gegen Fleischesgelüste ist, daß der Mönch sich auf die Abneigung konzentriert, die entsteht, wenn man die widerwärtigen Aspekte des menschlichen Körpers bedenkt. Lust wird von Ekel aufgehoben. Sumedo sagte, es gebe keinen Grund, den Körper sich künstlich widerwärtig vorzustellen. Eine genaue Betrachtung der Zustände sei immer schon genug.

»Zum Beispiel die fünf äußeren Elemente des Körpers, die Behaarung des Kopfes, die Haut, die Zähne und die Nägel. Das ist alles, was wir sehen. Oft finden wir diese Elemente recht attraktiv, jaaa. Langes, schwarzes, über den Rücken nach hinten gebürstetes Haar, zarte goldene Härchen auf den Armen, glatte, warme Haut, kleine, weiße Zähne und schmale, rosafarbene Zehennägel. All das ist recht attraktiv. Aber jetzt stellt euch alle diese attraktiven Dinge vor, wenn sie auf fünf Haufen vor euch liegen. Dieser Haufen für das Kopfhaar, der nächste für die Körperbehaarung, der dritte für die Haut, dieser kleine für die Zähne, und hier all die kleinen rosafarbenen Finger- und Zehennägel. Das ist nicht mehr besonders attraktiv, stimmt's? Also müssen wir uns fragen, wo ist das Verlangen, wenn nicht auf einem dieser fünf Häufchen.«

Der Lehrer sprach weiter und beschrieb noch eine andere bekannte Technik, um die Lust zu überwinden, nämlich die Meditation über Leichen. Sumedo erzählte von seinem Besuch im städtischen Leichenhaus von Bangkok. Man erlaubte ihm, den Raum zu betreten, in dem die nicht identifizierten Leichen aufbewahrt wurden.

»Drinnen zeigten sie mir den Körper eines jungen Mannes. Man hatte ihn im Fluß gefunden. Die Leiche war aufgebläht. Die Haut war schwarz geworden. Es war scheußlich. Der Gestank war so schlimm, daß es selbst mir schwerfiel, in dem Zimmer zu bleiben. Schließlich berührte ich den Körper und stellte fest, daß er nicht wesentlich anders als meiner war. Ich bin nur noch nicht über das Stadium des Todes hinausgekommen. Auch ich werde aber eines Tages so aussehen.«

Während er die Vorzüge des Widerwillens darstellte, sprach der Ajahn mit Eifer. Und am eloquentesten war er in bezug auf die inneren Elemente des Körpers.

»Zum Beispiel die Exkremente. Im Westen tun wir gern so, als gäbe es sie überhaupt nicht. Wenn man nicht ein Bauer ist, hat man höchstwahrscheinlich kaum längere Zeit damit verbracht, Exkremente zu betrachten oder damit umzugehen. Wir fühlen uns dabei unbehaglich, jaaa. Wir wollen uns nicht gern vorstellen, daß sie ebenfalls ein Teil von uns sind. Und doch hat jeder Mensch in diesem Zimmer seine Gedärme voller Kot.«

Eine besonders passende Lehre für diejenigen von uns, die hauptsächlich von Klebreis lebten.

»Es ist Blut in meinem Stuhl«, sagte Richard am nächsten Tag vor der Almosenrunde zu mir. Er sah immer noch schlecht aus, aß aber bei der Mahlzeit eine ganze Schüssel mit Speisen. Man konnte ihm dafür kaum einen Vorwurf machen. An jenem Wai-Phra-Tag wurden uns über vierzig Teller serviert. Es war ein großes Fest. Manche kamen sogar den ganzen Weg von Bangkok hierher und brachten Delikatessen der Thai mit. Ich hatte wenig gegen die üppigen Fleischgerichte einzuwenden, nichts gegen die Süßigkeiten, den Klebreis und die in Bananenblätter eingewickelten Kokosnußmilch-Bonbons, die getrockneten Mangostücke oder die süßen Bananen in purpurfarbener Soße. Selbst *durian* wurde langsam unwiderstehlich. Es hätte eine Regel gegen Zucker geben sollen.

Nach einer solchen Mahlzeit war Meditation fast unmöglich. Ich setzte mich in meinen *kuti* mit der schweren Last in meinem Bauch, ließ mich zur Seite kippen und begann einzunicken. Ich versuchte aufzustehen und mit Gehen darüber hinwegzukommen. Meine Beine schleppten durch den Sand. Schließlich entschloß ich mich, mich für zwanzig Minuten hinzulegen. Stunden später ertönte Jims Stimme unter meiner Hütte.

»Erde an Bhikkhu Bob. Verstehst du mich?«

»Bob an Boomer, roger, ich verstehe dich. Befinde mich augenblicklich in Umlaufbahn des dritten *jhana*. Wiedereintritt wird in neunzig Sekunden erwartet. Bitte warten.«

Ich ordnete meine Robe und stolperte erschöpft auf den Balkon. »Also, was gibt's, Boomer?«

»Bob, da ist ein Dutzend junger Thai-Mädchen aus der Oberschule, die mich in der *sala* in eine Ecke gedrängt haben...«

»Boomer, hast du die dritte Regel übertreten? Und ich habe meine Lage für schwierig gehalten, weil ich dem Zucker nicht widerstehen konnte.«

»Nie im Leben. Diese Art von *samsara* brauche ich nicht. Sie sagten, sie wollten mich interviewen, als Hausaufgabe in Englisch. Sie sollen *farang* fragen, warum sie Mönche geworden sind. Das ist doch so etwas, was du gern magst. Also dachte ich, ich lade dich ein mitzukommen.«

Das halbe Dutzend Mädchen war schüchtern. Sie saßen in respektvoller Haltung und warteten in der *sala* auf uns. Wie üblich sahen sie aus, als wenn sie dreizehn wären, obwohl sie die obersten Klassen der Oberschule besuchten. Ein junger Mann, der sie begleitete, ebenfalls ein Schüler, bediente den Kassettenrekorder, während sie uns abwechselnd Fragen aus ihren Notizbüchern vorlasen. Da Jim Thai sprach, unterhielten sie sich zuerst mit ihm in ihrer Sprache. Instinktiv nannten sie ihn Ajahn. Er wurde rot. Als sie sich vor uns in die *sala* setzten, verbeugten sie sich vorher dreimal. Ich lachte, Jim war es peinlich.

»Tut das nicht«, sagte er betroffen zu den Mädchen. »Wir sind noch gar keine Mönche. Nur *pahkows*. Verdammt, Tim, lach doch nicht.«

Junge Leute in Thailand haben beunruhigend viel Respekt vor denen, die sie als würdige ältere Personen betrachten, wobei sie es immer vorziehen, höflicher zu sein als unbedingt nötig. Hochstehende Fremde in religiösen Roben müssen für sie besonders einschüchternd gewesen sein. Sie fragten anfangs so leise, daß ihre Stimmen nicht zu hören waren, als wir das Tonband noch einmal abspielten. Nach einigem Durcheinander begannen wir noch einmal. Sie schienen zu fürchten, sie könnten uns zu nahe treten. Indem er Thai sprach, half Jim ihnen, sich langsam zu entspannen. Trotzdem waren sie noch leicht zu verwirren und brachten die Reihenfolge ihrer Fragen durcheinander. Alle sechs Mädchen saßen ganz dicht beieinander, legten einander schützend die Arme auf die Knie, halb versteckten und halb beschützten sie einander, während sie den Zettel mit den Fragen weitergaben. Wie viele Thai-Frauen hatten sie schon jetzt einen leichten Ansatz zum Fettwerden. Ihre Teenager-Kosmetik verbarg eine Hautfarbe der Menschen aus dem Nordosten. Die anderen beiden waren hellhäutig, ihre Familien stammten vermutlich aus den Ebenen in Zentral-Thailand. Die Fragen waren nicht sehr einfallsreich. Es waren die üblichen Touristenfragen. Wie viele Brüder? Wie viele Schwestern? Was gefiel uns an Thailand? Was dachten wir über den König. Jim war gut informiert und beantwortete die Fragen sehr detailliert. Sie schienen sich nicht besonders für unsere Antworten zu interessieren. Wir konnten ihnen nur selten ein Kichern entlocken.

»Was ist deine Lieblingsfarbe?«

»Rot«, sagte ich.

»Lila«, sagte Jim.

»Lila?« sagte ich. »Du magst Lila? Ist das wirklich deine Lieblingsfarbe?«

»Warum nicht Lila? Mein Studierzimmer ist lila. Das ist doch viel origineller als Rot, Bob.«

»Nein, schon in Ordnung, Boomer. Wenn du Lila magst, dann magst du eben Lila. Magst du wirklich Lila?«

Die Schülerinnen spielten diesen Teil des Gesprächs noch dreimal ab. Sie hatten mehr Spaß daran, daß Jim und ich über uns selbst lachten als an irgend etwas anderem, was wir wirklich gesagt hatten.

Bevor sie fortgingen, verbeugten sie sich noch einmal vor uns. Jim stand die Sache durch, als sitze er auf dem Stuhl eines Zahnarztes. Für sie waren wir ihres Respekts würdig, weil wir Roben trugen und weil wir *farang* waren. Aber sie schienen eigentlich nicht zu wissen, warum uns eines dieser Dinge so würdig machte. Es wahrte eine gewisse Distanz und half ihnen, uns einzuordnen, so daß es nicht undenkbar war, mit uns zu sprechen. Ich fragte mich, was wohl geschehen würde, wenn diese Generation das Land übernommen hatte, nachdem sie in einem Zeitalter des Plastikspielzeugs und der Rambo-Filme aufgewachsen war. Wie lange würde der gedankenlose Gehorsam gegenüber der Tradition andauern neben den Forderungen einer wachsenden, immer westlicher werdenden Gesellschaft?

Kapitel 8

Was Fledermauskot ist
und was nicht

E in ganzes Jahr lang hatten sie versucht, Tan Bodhipalo aus seiner Höhle und zurück nach Pah Nanachat zu holen, aber er hatte es immer wieder hinausgeschoben. Manche Leute leben wie Einsiedler, weil ein innerer Drang sie dazu treibt, in die Einsamkeit zu gehen. Tan Bodhipalo mochte einfach Menschen nicht leiden. Er schien sich in unserer Gemeinschaft nicht besonders wohl zu fühlen. Er war früher ein Gospelsänger gewesen, erzählte Tan Casipo. Er war mit einer religiösen Gruppe von Stadt zu Stadt gereist und hatte in ganz Nordengland versucht, Seelen für Jesus zu gewinnen. Eines Tages wurde ihm klar, daß er nichts davon glaubte. Wie so viele andere entkam er der Lage, indem er nach Asien fuhr, wo er schließlich unter Ajahn Chahs Fittichen landete. Er sprach nur selten. Wenn er etwas sagen mußte, kostete ihn das scheinbar jedesmal sehr viel Energie, und er sah dabei angespannt und unbehaglich aus. Er sprach immer so kurz wie möglich.

Eines Tages, bald nachdem der Einsiedler nach Pah Nanachat zurückgekehrt war, entdeckte der Ajahn kleine klebrige, schwarze Flecken auf dem Boden, während morgens die *sala* gefegt wurde. Er und Tan Bodhipalo bückten sich, um sie genauer zu betrachten. Der Höhlenmönch berührte einen der Flecken mit dem Finger und hielt ihn sich unter die Nase.

»Das ist Fledermauskot«, sagte der Ajahn.

Tan Bodhipalo drückte noch einmal seinen Finger auf den kleinen schwarzen Fleck und schüttelte den Kopf. Wir drängten uns alle um den Fleck. »Nein, Fledermauskot ist trocken«, sagte er.

»Wahrscheinlich ist es Fledermauskot«, meinte der Ajahn.

»Ich habe zwei Jahre in einer Höhle gelebt«, sagte der Mönch. »Ich weiß, was Fledermauskot ist und was nicht.«

Am Wai-Phra-Abend erlaubte der Ajahn, daß auch *pahkows* und Laienbrüder zum *dhamma*-Gespräch zu seinem *kuti* kamen, während die Dorfbewohner in der *sala* ihre Rezitationen hielten.

»Zur Zeit habe ich das Gefühl, daß es nötig ist, einmal etwas über das Meditieren zu sagen«, begann er, als wir uns alle niedergelassen hatten. Eine einzelne Kerze erhellte sein Gesicht, während er zu dem schweigenden Kreis von haarlosen Gestalten sprach, der auf seinem Balkon versammelt war. »Aber da wir gerade so viele neue Gesichter haben, und da die Verantwortung auf mich als den ältesten Mönch fällt, an Wai Phra etwas zu sagen, glaube ich, sollte ich doch ein paar Worte sprechen. Vielleicht findet ihr Neuankömmlinge es etwas schwierig, euch an die Disziplin hier zu gewöhnen. Manche Leute kommen hierher und erwarten, einen Kurs über Meditation zu erleben. Wir geben hier keine Kurse. Das alles ist nicht nötig. Viele Menschen kommen zu uns auf der Suche nach einer schnellen Lösung für ihre Probleme, so etwas wie einen Rückzug für zehn Tage ins *vipassana*. In anderen *wats* gibt es solche Kurse. Menschen gehen dorthin und sagen dann, die Erfahrung sei wirklich stark gewesen. Dann seht sie euch später einmal an. In ihrem täglichen Leben praktizieren sie keine Meditation. ›Was ist denn passiert mit dieser großen Erfahrung der Meditation?‹ fragt man sie. ›Dafür habe ich jetzt keine Zeit‹, sagen sie dann. Sie werden wieder hinuntergezogen zu Sex,

Drogen und Erfolg. Ihre Meditationspraxis zerfällt, sobald der Kurs vorüber ist. Für sie ist es einfach nur eine Erfahrung mehr.Sie sind immer noch in ihrer eigenen Unwissenheit gefangen. Hier in Wat Pah Nanachat ist alles anders. Unsere Praxis liegt in der täglichen Routine. Die Praxis dauert vierundzwanzig Stunden am Tag. Meditation ist nicht etwas, was von anderen Dingen losgelöst steht. Hier ist sie unsere Art zu leben. Früher haben sich manchmal Fremde bei Ajahn Chah beschwert, daß im Laufe des Tages nicht genug Zeit zum Meditieren für sie sei. ›Habt ihr Zeit zum Atmen?‹ fragte er sie dann. ›Wie könnt ihr den ganzen Tag Zeit zum Atmen finden, wenn ihr so sehr beschäftigt seid mit anderen Dingen? Wenn ihr Zeit zum Atmen habt, habt ihr auch Zeit zum Meditieren.‹ Also wenn ihr im Laufe eines Arbeitstages meint, es bliebe nicht genug Zeit zum Meditieren, dann denkt daran, daß das genau der Moment ist, wo eure Meditation beginnen kann. Seid achtsam bei eurer Arbeit. Das ist Meditation. Folgt den Regeln und Geboten der Gemeinschaft. Die Regeln sind die Lehre, die wir euch vermitteln. Wir lehren nicht mit Worten, sondern mit unserem Verhalten. Für alles, was wir tun, gibt es eine Regel. Aus diesem Grunde ist ein Mönch durch die Einzelheiten im Leben nicht abzulenken oder zu verwirren. Er folgt den Regeln, um zu Ruhe und Frieden zu finden. Stellt euch vor, er ist sich nicht sicher, wie er es nach den Regeln richtig tun soll. Dann fragt er den nächstälteren Mönch. Dadurch üben wir mehr Demut und auch unsere Bewußtheit. Es hilft uns, daran zu denken, daß wir keine Individuen sind, sondern eine Gemeinschaft.

Die Regeln sind unsere Quelle der Harmonie. Zum Beispiel bringen sie Harmonie in die Art, wie wir essen: Ihr neuen Laienbrüder wißt das wahrscheinlich noch nicht, aber es ist verboten, in der Schüssel zu kratzen oder Geräusche beim Kauen zu machen. In letzter Zeit ist es am unteren Ende der Essensreihe doch ziemlich laut gewesen. Ich stelle auch fest, daß von euren Matten ziemlich viele Speisereste wegzufegen sind. Es gibt nichts Angenehmeres als Stille und gutes Benehmen beim Essen. Achtet auch einmal darauf, wie ihr euch verbeugt. Laßt euch nicht einfach auf das Gesicht fallen. Es gibt eine korrekte Art. Wenn ein Mönch euch bittet, ihm etwas zu geben, dann tut das ernsthaft. Steht nicht turmhoch über ihm. Kniet hin und bietet es ihm mit beiden Händen dar oder zumindest, indem die rechte Hand die linke unterstützt. Seid immer gehorsam. Seid achtsam, wenn in euch Abneigung und Widerwillen entstehen. Das ist nur das Ego, nur persönliches Verlangen. Die Regeln werden euch eure Unwissenheit verdeutlichen. Als ich anfänglich hier aufgenommen war, ist es mir wirklich schwergefallen, nicht mehr auf meiner Gitarre spielen zu dürfen. Ich war früher Jazzmusiker. Ich klopfte immer Rhythmen mit den Fingern. Ich konnte es nicht leiden, daß ich im *wat* keine Musik machen durfte. Das zeigte meine Bindung. Die Regeln zeigen euch, was ihr hinter euch lassen sollt. Gehorsam ist ein Teil der Therapie. Man lernt, sich nicht an persönliche Vorlieben zu klammern. Dann kann man die Dinge sehen, wie sie wirklich sind.

Buddha hat die Regeln vor über zweitausendfünfhundert Jahren festgelegt. Das ist wahrscheinlich die längste durchgehende Überlieferung der Welt. Denkt daran, daß die Überlieferung viel größer ist als ihr. Unterwerft euch den Regeln und den Mönchen, und schließlich werdet ihr lernen, daß der Pfad der Disziplin nicht nur der Weg zur Erleuchtung ist, sondern die Erleuchtung selbst. Sie sind ein und dasselbe. Die Meditation ist Erleuchtung. Manche Menschen mögen diesen Gedanken nicht besonders. Sie wollen Erleuchtung erfahren wie ein Blitz, der sie trifft. Auf diese Art klammern sie sich an etwas, das es nicht gibt. Erleuchtung ist kein Ding, das man bekommt. Also gebt euer Verlangen danach auf. Ich bin schon seit zehn Jahren Mönch, und das habe ich erst in letzter Zeit klar verstanden. Einzig die Meditation ist der wahre Führer.

Nun, jetzt habe ich euch vieles gesagt. Aber es ist nur wichtig, daran zu denken, achtsam zu sein und den Regeln zu folgen.«

Wir verbeugten uns dreimal im Dunkeln vor unserem Lehrer, dann stiegen wir raschelnd die hölzernen Stufen wieder hinunter und wanderten zurück durch den Dschungel zur *sala*, wo die Dorfbewohner immer noch ihre Lobpreisungen der Drei Kostbarkeiten rezitierten. Als wir ankamen, kletterte der Ajahn in seinen Zeremonialsitz. Zu dem großen Fest war eine große Menge an Menschen gekommen. Der Ajahn gab ihnen eine angemessen lange *dasana*, während wir unsere eingelegten Oliven kauten.

Jim zupfte am Saum meiner Robe, bevor die *dasana* vorüber war. Er bedeutete mir, ich solle ihm aus der Hintertür der *sala* folgen. Wir setzten uns draußen gleich um die Ecke auf den Boden. Wegen der Wolken konnte man in dieser Nacht den Mond nicht sehen. Wir erkannten kaum das Gesicht des anderen.

»Na, was denkst du jetzt von unserem Ajahn?« Jims Stimme knisterte vor Zorn. »Warum nennen wir diesen Mann eigentlich unseren Lehrer? Das eben war das einzige, das er uns je erzählt hat, was man als Lehre bezeichnen könnte. ›Gehorcht den Regeln und seid achtsam‹, sagt er uns. ›Und wenn ihr den Regeln dreizehn Jahre lang gehorcht habt, werdet ihr sehen, daß die Regeln die Erleuchtung sind!‹ Hält der sich denn für erleuchtet?«

»Ich glaube nicht, daß er versucht hat, uns davon zu überzeugen, daß er erleuchtet ist. Er ist nicht eingebildet.«

»Er empfindet kaum das Bedürfnis, irgend etwas über die Meditationspraxis zu sagen. In wessen Sinne ist dieses geringe Bedürfnis? Er hat gemeint, daß er es nicht mehr nötig hat zu reden, daß er das alles schon hinter sich gelassen hat. Er gibt die *dasana* nur wegen der Tradition, nicht in unserem Sinne. Und du findest es nicht eingebildet, wenn er behauptet, andere Klöster seien nicht gut und nur hier in Pah Nanachat werde die wahre Überlieferung weitergegeben, wie sie von Buddha vor zweitausendfünfhundert Jahren gemeint war?«

»Das glaubt er wirklich.«

»Glaubt er an die Regeln? Warum gibt es dann all diese kleinen faulen Auswege wie Kautabak und Kaffeeweißen? Er kümmert sich überhaupt nicht um den Sinn der Regeln. Er ist achtsam, wenn er sie zu umgehen versucht. Er ist eher ein Jurist als ein Mönch. Es heißt, wir sollen nach der Mittagszeit keine Milch mehr trinken, also verwenden wir eben ›Milch‹, die nicht von Kühen stammt. Es heißt, Mönche dürfen keine Wassertanks reinigen, aber sie geben uns ganz klar zu verstehen, daß wir es tun müssen. Von den Regeln her hat er recht. Aber ich spüre da nicht das leiseste Mitgefühl mit den Mückenlarven. Mönche dürfen keine Pflanzen abschneiden, aber sieh dir an, wie an diesem Ort andere schneiden und räumen, die er beauftragt. Als er sich entschloß, die Blätter vom Platz vor der *sala* wegräumen zu lassen, wußte er, daß dadurch viele Wesen leiden würden. Aber solange er nicht persönlich etwas tötet, hat er das Gefühl, er befolge die Regeln.«

»Wir haben in diesem Wassertank selbst auch eine Menge Ameisen umgebracht.«

»Aber wir predigen nicht anderen die Regeln.«

»Wir haben ein Gelübde abgelegt, daß wir nicht töten werden.«

»Glaubst du, daß es irgend jemanden gestört hat, daß wir das Wasser von Dreck befreit haben?«

»Die Ameisen.«

»Ich finde nicht Töten schlimm, sondern Heuchelei. Ich

finde es schlimm, wenn man zu persönlichen Zwecken die Regeln manipuliert. Er behauptet, die Regeln hätten den Sinn, uns zu lehren, wie wir persönliche Bedürfnisse überwinden können, aber er gebraucht die Regeln selbst, um seine eigenen Bedürfnisse zu befriedigen. Ich schätze, zehn Monate Thai-Buddhismus und -Kultur sind zu viel für mich. Diese ganze Hierarchie und Struktur ist mir zu bedrückend. Die Mönche gebrauchen sie nicht im Sinne der Achtsamkeit, sondern um auf dem Statushaufen ganz oben zu bleiben. Sie sagen uns, es gäbe keinen Unterschied zwischen den Menschen, aber dann müssen wir beim Essen in einer streng festgelegten Reihe sitzen. Sie behaupten, das habe den Zweck, jedes Durcheinander zu vermeiden. Aber warum sitzen sie auf einem Sockel und wir auf dem Fußboden? Alles was wir bei *bindabhat* bekommen, landet vor dem Essen in den gemeinschaftlichen Schüsseln, aber dann bekommen die Mönche sie zuerst.«

»Das ist doch ziemlich unbedeutend, Jim. Die Mönche sind alle übersättigt von den Leckereien, die sie bei der Almosenrunde bekommen.«

»Glaubst du?« Seine Augen funkelten im Dunkeln, als er sich zu mir herüberlehnte. »Weißt du, was ich gestern in der Abfallschüssel von einem der Mönche gefunden habe? Die Verpackung von einem Riegel Mars.«

»Ich habe schon seit einem Jahr kein Mars mehr gesehen«, flüsterte ich.

»Und das war nicht das erste Mal. Glaubst du, so etwas kommt je bis zu unserem Ende der Reihe? Aber wenn wir einmal bei *bindabhat* so etwas bekommen, erwartet man ganz selbstverständlich von uns, daß wir es in die gemeinschaftliche Schüssel abliefern.«

»Vielleicht ist dies ja wirklich eine ernste Sache. Wenn sich das herumspricht, gibt es möglicherweise einen Aufstand der Laienbrüder gegen die Unterdrücker in der *sangha*.«

»Also, vielleicht bin ich schon zu lange in diesem Land. Aber du solltest zugeben, Tim, daß die *farang* in diesem *wat*, die sich Mönche nennen, nichts weiter sind als ein Haufen von Randfiguren der westlichen Gesellschaft, die eine Stelle entdeckt haben, wo sie umsonst Essen, Unterkunft und Respekt finden. Sie sind selbstgefällig, und ihre einzige Sorge ist ihre überlegene Position am oberen Ende der Hierarchie. Sie gebrauchen die Regeln, um den Thai, uns und sich selbst etwas vorzumachen. Keiner hier meditiert wirklich ausgeprägt. Keiner empfindet wirkliches Mitgefühl. Sie sagen, es mache sie zu etwas Edlem, wenn sie den Regeln folgen. Sieh sie dir an. Was haben die schon Edles an sich. Das ist alles Schau. Sie haben es draußen nicht geschafft und sind hierhergekommen, um sich zu verstecken. Wenn sie wirklich Meditation praktizieren würden, würden sie nicht mehr von den Regeln reden.«

»Wie ist es mit Ruk? Wie kannst du das beurteilen? Du bist zu zynisch.«

»Ich kenne Ruk nicht. Aber ich glaube, der ganze Ort hier fördert die Praxis der Mittelmäßigkeit, nicht der Meditation.«

»Ich spüre das auch, Jim. Aber ich gebe es ungern zu. Weißt du, wen wir als wirkliche Prüfung, sozusagen als Test betrachten sollten?«

»Wen? Was meinst du damit?«

»Percy. Wenn er sich hier gut einfügt, sich entschließt zu bleiben und sich ordinieren zu lassen, dann gestehe ich dir den Punkt zu und werde der erste sein, der hier so schnell wie möglich verschwindet.«

Er lachte. »Du nennst mich zynisch?«

»Wir könnten noch etwas tun, um herauszufinden, ob die Mönche wirklich nach einem buddhistischen Ideal streben oder nur Theater spielen, um festzustellen, ob sie Heilige sind oder moralische Flaschen. Eine Freundin von mir hat einmal gesagt, daß man oft schwer unterscheiden

178

kann, ob jemand spirituell fortgeschritten ist und in glücklicher Harmonie mit seiner Umgebung oder einfach gedankenlos, zu dumm oder zu faul ist, um sich die Mühe zu machen, viel von seinem Ego zu zeigen. Sie sagte, wenn man fest genug daran kratzt, würde das Ego eines gedankenlosen Menschen sich irgendwann erheben und spukken. Es sei gewöhnlich ziemlich fies, wenn man es entdeckt. Also sollten wir vielleicht jemanden ordentlich kratzen. Irgend etwas richtig Gemeines tun, um zu sehen, welche Reaktion wir dann auslösen, irgend etwas wirklich Peinliches. Wenn die Mönche sich aufregen, werden wir wissen, daß ihre Ruhe, ihre Flaute einfach nur ein Mangel an Wind ist.«

»Bob, heute lerne ich ganz neue Züge an dir kennen.«

»Ich versuche nur, klinisch korrekt vorzugehen.«

»Sei du klinisch, und ich bin zynisch. Ich gebe zu, daß der Gedanke, dem Ajahn einen Eimer kaltes Wasser über den Kopf zu gießen, wenn er aus dem Klo kommt, wirklich sehr ansprechend für meine niederen Instinkte ist. Aber ich glaube, ich habe nicht genug Mut, das zu tun.«

»Das wäre eine gute Übung, Boomer. Eine gute Gelegenheit zu beobachten, wie sie sich ärgern. Dann könnten sie ihre persönlichen Bedürfnisse überwinden.«

»Wie zum Beispiel das Bedürfnis, uns bei lebendigem Leibe das Fell abzuziehen.«

»Das wäre wirklich eine ganz besondere Lehre.«

Wir lehnten uns schweigend nach hinten, zwei weiße Roben vor der dunklen Wand der *sala*, und stellten uns Möglichkeiten für unseren Test vor. Das war Aufstand. Obwohl wir seit dem Augenblick, als wir in Pah Nanachat angekommen waren, von der Gemeinschaft zu Zwillingen gemacht worden waren, schuf erst unsere Einschätzung der *sangha* ein Gefühl von einem »wir gegen sie«. Das wußten wir beide. Unsere Übereinstimmung in gemeinen Phantasien verband uns miteinander – gegen den Rest.

»Es ist leicht zu vergessen, daß wir auch zu dieser Hierarchie gehören«, sagte ich.

»Das ist nicht dasselbe. Wir sind erst seit ein paar Wochen hier.«

»Wir sind *pahkows*. Wir haben die Gelübde abgelegt, ohne wirklich daran zu glauben. Die Thai ernähren uns beim *bindabhat* und verbeugen sich vor uns. Die Laienbrüder betrachten uns als ihre Vorbilder und gehorchen uns. Wir brauchen morgens nicht mehr zu fegen. Wir haben unsere eigene Nische und haben auch die Position akzeptiert, die dazugehört. Könnte nicht alles, was wir gerade gegen die *farang*-Mönche gesagt haben, auch gegen uns selbst gesagt werden?«

»Wir sind keine typischen Verlierer.«

»Wenn wir hierbleiben, würde man dich irgendwann als abgebrochenen Studenten bezeichnen und mich als ziellosen Streuner. Ich habe viel über das nachgedacht, was du gesagt hast über die Mönche, die sich beim Essen vollstopfen. Aber ich mache das auch nicht anders.«

»Das passiert mir auch, Bob. Darum beklage ich mich ja so darüber. Ich tue es selbst auch. Essen war für mich früher immer eben Essen. Jetzt ist es die einzige Gelegenheit, etwas zu mir zu nehmen, also stopfe ich mich wie eine Weihnachtsgans. Ich kann den ganzen Vormittag über kaum zum Meditieren wach bleiben. Die Getränkezeit am Nachmittag ist noch schlimmer. Kaffee bringt meinen Kreislauf wirklich in Schwung. Zucker macht mich wild. Normalerweise trinke ich nie Kaffee, aber hier habe ich das Gefühl, als wenn es mein Recht wäre. Ich kann ihn zu keiner anderen Zeit bekommen, und ich habe Hunger, also her mit zwei großen Bechern von dieser köstlichen schwarzen Droge, damit ich es bis zum Frühstück schaffe.«

»Vielleicht läuft der Sinn dieses *wat* bei uns genau in gegensätzliche Richtung. Es schützt uns nicht vor Versu-

180

chung. Es gibt nur weniger Gelegenheiten. Und dadurch wird die Versuchung nur stärker. Wir fühlen uns berechtigt, ihr nachzugeben, weil wir den Rest des Tages eingeschränkt sind. Das belegt nur die Gier, die im Innern verborgen ist. Der Ajahn hat recht. Wenn wir alles, worauf wir Lust haben, dann essen, wann immer wir wollen, können wir nie innehalten und dieses Verlangen und die Gier wahrnehmen. Hier ist alles auf eine Mahlzeit konzentriert, und wir spüren es wirklich. Pah Nanachat ist keine Zuflucht vor dem *samsara*, es ist voll davon.«

»*Samsara* ist in unseren Köpfen.«

»Stimmt. Und wenn man in einem Kloster ist, ändert das nichts daran. Es wird immer Versuchungen geben, solange noch innere Bedürfnisse da sind.«

»Also warum sind wir dann hier?«

»Um unseren Atem zu beobachten.«

»Um den Regeln zu folgen.«

»Vielleicht sind die Regeln nur der Anfang. Vergessen wir die ganze Sache mit der Achtsamkeit und folgen wir einfach den acht Regeln, die wir einzuhalten gelobt haben, in dem Sinne, in dem sie gemeint waren. Der einzige Sinn des Gelübdes, nicht nach der Mittagszeit zu essen, ist, daß wir nur um zu leben essen. Wenn wir uns vor dem Mittag gierig vollstopfen, brechen wir den Geist der Regel. Bei mir ist das Essen außer Kontrolle geraten. Ich werde wieder streng vegetarisch essen und nur einmal pro Mahlzeit etwas Süßes. Vielleicht sollten wir zusammen fasten. Jede Woche einmal eine Mahlzeit auslassen.«

»Soll das heißen, achtundvierzig Stunden ohne Nahrung?«

»Das können wir schaffen. An einem durchschnittlichen Tag belasten wir unseren Körper überhaupt nicht. Ich habe sonst regelmäßig gefastet.«

»Ich habe das noch nie gemacht. Also gut. Ich weiß, es wird mir guttun. Wann? Morgen?«

»Morgen nach Wai Phra und ohne Schlaf ist zu viel für den Anfang. Machen wir es am Tag danach. Wir wollen das ja nicht als Show veranstalten. Wir sagen es keinem. Wir gehen ganz normal zur Almosenrunde.«

»Du willst es uns ein bißchen schwermachen, oder?«

»In mir steckt ein natürlicher Asket. Warum nicht? Wir gehen doch zum Zwecke der Achtsamkeit auf *bindabhat*, nicht weil wir sonst nichts zum Essen bekommen. Also werden wir in der Reihe sitzen und die Schüsseln einfach weitergeben, während des Essens unsere leeren Schüsseln betrachten und danach wie gewöhnlich die Abfallschüsseln leeren.«

»Spülen wir auch unsere sauberen Schüsseln? Wie ist es mit den anderen Regeln?«

»Nicht töten – auch keine Ameisen mehr. Der Sinn der Regel ist es, keine zerstörerischen Gedanken zu haben und keinen Zorn. Vielleicht werden wir das Experiment mit dem Kratzen noch einmal überdenken. Es ist schon eine Art zu töten, wenn man daran nur denkt. Nicht stehlen, das bedeutet, sei nicht gierig oder neidisch. Auch nicht auf Marsriegel. Kein erotisches Verhalten, keine Lust. Keine unrechte Rede – Jim, das bedeutet, daß wir uns nichts mehr vorlügen und so tun, als wären wir etwas Besseres als alle anderen. Kein Stolz. Kein hohes oder bequemes Bett. Das bedeutet keine Faulheit, keine Trägheit, keine Nickerchen am Vormittag, auch nicht auf dem Fußboden. Jim, ist dir klar, daß diese Regeln ziemlich genau den sieben Todsünden entsprechen? Gier, Zorn, Neid, Lust, Stolz, Trägheit...«

»Wie ist es mit ›NAGAGITA VADITA VISUKADA-SANA‹?«

»Kein Singen und Tanzen, kein Parfüm, kein Schmuck, keine Schaustellungen? Das bedeutet keine Eitelkeit.«

»Einer Schaustellung zuzusehen, ist Eitelkeit? Singen ist Eitelkeit?«

»Ablenkung. Keine Schaustellungen und keine Musik, weil sie einen über die Eitelkeit des Lebens hinwegtäuschen. Sie füllen den Geist, und man kann nicht meditieren. Denke daran, was wir zu Hause mit dem Fernsehen machen. Der Geist, hat nie eine Gelegenheit, leer zu sein. Da haben wir unsere sieben Todsünden.«

»Aber Ajahn Bob, es gibt acht Regeln und nur sieben Todsünden. Wie ist es mit der Abstinenz von Drogen und Rauschmitteln? Können wir darauf verzichten, oder bedeutet das keinen Kaffee für mich?«

»Er macht dich unruhig? Dann machen Drogen deinen Geist unstet, und du brichst die anderen sieben.«

»Ich glaube, wir haben jetzt schon lange geredet.«

»Und wie fühlst du dich?«

»Nicht müde.«

»Ich auch nicht. Es muß schon nach zwei Uhr sein. Vielleicht sollten wir hineingehen und noch eine Weile meditieren, bevor die Morgenrezitationen anfangen. Das ist das erste Wai Phra, an dem ich nicht eingenickt bin.«

»Das ist besser als drei Tassen Kaffee.«

Wir grinsten einander zu und standen mit etwas steifen Beinen auf. Drinnen war der Saal fast leer. Percy lehnte mit leisem Schnarchen an einer Säule. Tan Bodhipalos ernste Gestalt schritt langsam an der Rückseite des Saals auf und ab. Es begann zu regnen.

Ich konnte auf dem Weg zur Kaffeepause meine rote Tasse nicht finden. Ich nahm statt dessen die angenagte weiße. Das kam von Zeit zu Zeit vor. Ein neuer Laienbruder oder Gast benutzte sie gelegentlich, ohne zu wissen, daß es meine war. Ich mußte, immer wenn das wieder vorkam, dem Eindringling erklären, daß es meine persönliche Tasse war. Dann bat ich ihn gewöhnlich, eine andere zu verwenden. Wenn der Kaffee schon ausgeschenkt worden war, betrachtete ich das als gute Gelegenheit, nicht zu sehr an meiner roten Tasse zu hängen, indem ich einen anderen daraus trinken ließ. Ich liebte diese Tasse sehr. Neuankömmlinge haben sich bestimmt öfters über ein solches Besitzstreben bei einem *pahkow* gewundert.

Dieses Mal hatte Herman sie. Ich holte ihn ein, bevor er das *kuti* des Ajahn erreichte, wo der Kaffee wartete. Der Holländer, ein großer, hagerer Mann in den Vierzigern, entschuldigte sich. Percy ging hinter ihm. Er hörte Hermans Entschuldigung. Als er an uns vorbeikam, hob er eine Hand vor den Mund und sagte so laut, daß klar war, daß seine Bemerkung nicht für Herman allein gedacht war: »Ja, was auch immer du tust, nimm nur nicht Tims rote Tasse. Es ist der einzige materielle Besitz, den er hat.«

Ich lachte. Ich konnte es kaum glauben. Percy hatte einen Witz gemacht, einen echten Witz, der mich gerechterweise an die Wand drückte. Offensichtlich hatte ich seine Fähigkeiten unterschätzt. Es gab natürlich die ganz geringe Möglichkeit, daß er es ernst gemeint hatte, aber aus dem frechen Blick, den er mir zuwarf, bevor er es sagte, schloß ich, daß doch noch Hoffnung für ihn bestand. Der Blick war nicht boshaft, aber frech genug, um mich auf den Arm zu nehmen.

Die Hitze des Tages verklingt am Spätnachmittag, und das Blechdach meines *kuti* kühlt ab. Diese Tageszeit mag ich am liebsten. Ich bin fertig mit dem Waschen der Roben, und meine nassen *sabongs* trocknen auf der Leine über meinem Balkon. Ich ruhe mich aus und warte auf die Glocke, die zur Abendrezitation ruft. Aus irgendwelchem Grund macht sich um diese Tageszeit nie eine Mücke die Mühe, bis zu meinem Balkon heraufzufliegen, obwohl ich ihren hungrigen Schwarm unter mir sirren höre. Sie machen eine Meditation im Gehen unmöglich. Ich sitze auf meiner Strohmatte und starre in den Dschungel, während die Dämmerung sich langsam darüberlegt. Ich versuche nicht zu meditieren. Während ich hinausschaue, werden meine Augen zu Bäumen, Zweigen, verstreuten Blättern und Eichhörnchen, die einander jagen. Meine Ohren werden das Fallen der Zweige, das Keckern der Tiere, das Prasseln des Regens. Gelegentlich kommt ein Vogel mit einer leuchtendroten Brust und blitzblauen Flügeln und setzt sich auf den kleinen, breitblättrigen jungen Baum neben dem *kuti*. Er hat eine lange, dunkle Schwanzfeder, die auf und abschwingt, wenn er auf dem Zweig balanciert. Manchmal pfeift er, als wenn er nach einem Gefährten rufen würde, aber er singt nie sehr lange. Es scheint ihm auch zu gefallen, einfach auf die Nacht zu warten. Einmal beobachtete ich eine Schlange, die eine Kröte über meinen Meditationspfad jagte. Ich dachte daran, mit einem Stock hinunterzugehen, um das Opfer zu beschützen. Aber würde ich danach das Raubtier auch füttern? Auf dem Pfad war die Schlange schneller, aber die Kröte gewann einen Vorsprung, als sie durch eine Schlammpfütze hopste. Die Schlange rutschte und verlor die Spur. Ich ermunterte die Kröte mit Rufen weiterzuhüpfen. Das dumme Tier machte drei Sprünge jenseits des Wassers, vollführte einen Hopser zur Seite und erstarrte. Die Schlange kam bald aus dem Schlamm und folgte der Spur der Kröte in die Blätter. Sie hielt plötzlich genau an der Stelle inne, wo die Kröte die Richtung geändert hatte und prüfte die Luft mit der Zunge, überall Krötengeruch. Die Kröte sah aus wie ein Stück Fels, völlig unbeweglich. Das Reptil hob suchend den Kopf, senkte ihn dann wieder und glitt vorüber, weniger als zehn Zentimeter von seiner Beute entfernt. Als es im Gestrüpp verschwunden war, drehte sich die Kröte um und hopste schnell in die entgegengesetzte Richtung, um sich auf der anderen Seite des Pfades in Sicherheit zu bringen.

Ich sitze auf meinem Balkon und schaue. Eine Kröte, eine Schlange, ein Vogel, ein Zweig, der Dschungel, der uns alle umgibt und durchdringt. Das Licht verläßt den

Dschungel nicht langsam, sondern es dunkelt plötzlich und dramatisch. Auf einmal werden die Bäume düster. Dann senkt sich das Zwielicht herab. Der Dschungel verliert seine komplizierten Konturen, während Ranken, Farne und Blätter in der Dunkelheit verschwimmen. Über dem Sirren der Mücken beginnen die Elefantenkäfer ihr betäubendes Brummen. Es klingt, als wären die Streicher eines Symphonieorchesters im Gebüsch versteckt. Die Musik schwillt an zu einem tiefen, harmonischen Summen, erfüllt die schwindenden Umrisse des Dschungels mit ihrem vibrierenden Klang. Sie unterstützt die undeutlichen Schatten, verbindet sie miteinander. Langsam wird der Ton leiser und wird zu einem einzigen Violinklang, schwebend, kaum hörbar. Eine Pause, eine Spur von Stille nach jeder Bewegung. Dann beginnt die Symphonie noch einmal laut und pulsierend, erfüllt die Abendluft. Leuchtkäfer kommen hervor und flitzen zwischen den schwarzen Ästen daher. Sie treiben durch die Luft wie Sterne, die sich vom Himmel losgerissen haben, tanzen frei unter mir, als wäre mein Blick vom Balkon herunter ein Guckloch zum Weltraum. Es ist Entzücken, nur dazusitzen, ohne bewußt zu meditieren, ohne das Schwatzen meines Affen-Geistes. Ich lasse mich aufsaugen von den Grün-, Braun- und Schwarztönen, der Windung eines Schlangenrückens, dem Glitzern blauer Federn, einem Flecken Kröte. Langsam verbinden sich die Farben miteinander, verlieren Gestalt und Form, verblassen zu Schwarz bis auf ein paar leuchtende Punkte wabernden Lebens, die alle verbunden und verwoben sind durch das Summen des unsichtbaren Elefantenkäfers.

Eine Glocke erklingt weit draußen in der Dunkelheit. Zuerst erscheint sie so entfernt, ein klarer Klang, so als stamme er von einer angeschlagenen Silberschüssel, nicht von einer eisernen Glocke. Der Klang ist süß und macht mich doch traurig. Er ruft mich zur *sala*, zur Rezitation der

Menschen, fort von dem Dschungel, mit dem ich Nacht geworden bin. Ich stehe in der schwarzen Luft, wickele meine weiße Robe wieder neu um mich herum, sammele Taschenlampe und Tasche zusammen, den Schirm gegen den Regen und beginne, auf den Tempel zuzugehen. Auf diesem Gang fühlen sich meine Füße, wenn es trocken ist, leicht und sicher an. Ich möchte barfuß gehen und meine Taschenlampe zu Hause lassen. Aber rote Ameisen und Skorpione verwenden den Weg ebenfalls. Das Licht ist nötig, damit wir einander ausweichen können. Ich gehe langsam und sehr vorsichtig. Kröten hüpfen im Strahl der Taschenlampe in alle Richtungen davon. Verwirrt hopsen sie manchmal gegen meine Beine und machen mir angst. Manchmal entdecke ich Jims geisterhafte weiße Gestalt, die aus der Richtung seines *kuti* herüberkommt. Ich warte auf ihn und lasse ihn vorausgleiten, wenn wir uns treffen. In der *sala* begegnen wir anderen dunklen Gestalten. Der Ajahn läßt seinen kleinen Gong erschallen, und wir lassen unseren Sprechgesang in die Nacht hinausdröhnen. Kein Ruf nach einer Gefährtin ist der unterbrochene Rhythmus unserer Pali-Rezitationen. Die Bhaddekarat-tagatha (Verse an einem wohl verbrachten Tag):

> Kein Mann soll die Vergangenheit zurückverfolgen
> Oder sich fragen, was die Zukunft bringen wird.
> Die Vergangenheit ist nur ein Überbleibsel,
> Die Zukunft das noch nicht Erreichte.
> In der Gegenwart soll er sehen
> Jedweden Augenblick mit Erkenntnis,
> Unbeirrbar, unabänderlich,
> Der durch Übung in der Meditation durchdrungen
> werden kann.

An dem Morgen, als ich mit Jim fastete, kam Richard nicht mit zum *bindabhat*. Ruk und ich gingen allein. Ich war froh, eine Verschnaufpause von dem metaphysischen Geschwätz des Texaners zu haben. Es fütterte mein Ego und zerstörte meine Ruhe. Das Gespräch mit Ruk jedoch entwickelte sich so sanft wie die Morgendämmerung. Sein Lächeln war immer voller Freude, die ausreichte, Jims ganzen Pessimismus in mir zu verdrängen. Ich wollte ihm einige der harten Fragen von Jim stellen.

»Ruk, alle sagen, die Mönche von Pah Nanachat seien sehr streng und traditionsbewußt im Vergleich zu anderen *wats* in Thailand. Die Leute kommen sogar aus Bangkok, um für uns Essen zu bereiten.«

»Ja, es ist viel strenger.«

»Sind die Mönche dadurch besser?«

»Für die Thai schon.«

»Aber wird dadurch wirklich etwas anders?«

»Ich glaube schon.«

Wir erreichten den Lotusteich, einen kleinen See neben der Straße, der mit grünen Lotusblättern bedeckt war. Die Blüten erhoben sich über die Wasseroberfläche und entfalteten sich, so daß man die leuchtend rosafarbenen, lila oder weißen Innenblätter erkennen konnte. Ruk blieb stehen und betrachtete den See. Als er noch Laienbruder war, kam er immer hierher und spielte Flöte. Jetzt war ihm das durch seine Gelübde verboten. Er spürte, daß ich mit seinen Antworten nicht zufrieden war.

»Als Ajahn Chah noch hier gelehrt hat, war dieses *wat* ein Ort der Kraft. Er war uns wirklich ein Vorbild. Er besaß eine bewundernswerte Fähigkeit, die *farang*-Mönche zu belehren. Er war auch hart mit uns, wenn es nötig war. Ich erinnere mich, daß ich einmal sechs Stunden regungslos sitzen mußte, während er eine *dasana* in Thai gab. Manchmal unterhielt er sich vor den Mahlzeiten mit den Dorfleuten, während wir sitzen und warten mußten, bis unser Essen kalt war. Er kannte unsere Verfehlungen und wußte, wie er damit umgehen mußte. Manchmal schrie er uns an.

uns an. Einmal zum Beispiel hat er die Schüssel eines Mönchs aus dem Fenster der *sala* geworfen. Es sah aus, als wäre er wirklich zornig geworden. Aber wenn man genau hinsah, bemerkte man, daß er innerlich ganz ruhig war. Er war keineswegs aus seinem Gleichgewicht geraten. Es war zu unserem Besten. Innen war nichts.

Seit er nicht mehr lehrt, hat niemand seinen Platz eingenommen. Viele von den älteren Schülern haben nach seinem Schlaganfall die Roben abgelegt. Die persönliche Meister-Schüler-Beziehung war für sie verschwunden. Er hat jetzt vierundsechzig Klöster, aber die Mönche, die dort lehren, haben nicht seine Erfahrung oder seine Weisheit. Sie geben die Lehre weiter, wie man sie unterrichtet hat. Ajahn Chah hat gelehrt, was er wußte. Manche von ihnen sind immer noch bedrückt wegen des Zustandes des Meisters. Wir versuchen, seinem Beispiel nachzueifern, aber wir schaffen es nicht. Selbst Pah Nanachat ist viel weniger streng, als es vor drei Jahren gewesen ist. Unser Ruf ist vielleicht besser als wir.

Der letzte Ajahn flog einmal im Monat nach Bangkok, um dort vor der Weltvereinigung der Buddhisten eine Rede zu halten. Er ist in Bangkok sehr beliebt. Vielleicht hast du sein Bild schon einmal in einer Zeitschrift gesehen. Sie behandeln ihn gut da unten, weil er der Ajahn in Ajahn Chahs berühmtem *farang-wat* war. Sie glauben, daß wir hier oben alle *arahants* sind. Nach ein paar Tagen in der Stadt kam unser Ajahn immer zurück und wunderte sich, daß die Mönche faulenzten, anstatt Meditation zu üben. Wenn er sich ärgerte, war da keine Spur von Ruhe mehr. Er konnte uns nicht ändern. Manchmal versuchte er dazusitzen und mit den Dorfbewohnern über seine Flugbuchungen zu reden, während unser Essen kalt wurde. Aber dann sagten die Mönche, er würde nur Ajahn Chah kopieren. Dieser Ajahn erhielt eine ganze Menge Geld für Bauprojekte aus Bangkok, was einige Konflikte mit den älteren Mönchen nach sich zog, die dagegen waren, im Wald zu bauen. Es wird achthunderttausend *bhat* kosten, den neuen *bhote* zu bauen, wenn wir weiter bei dem Plan bleiben. Es wird im neuen Thai-Stil gebaut, lauter leuchtende Farben, Verzierungen und buntes Glas. Dies gefällt mir nicht besonders. Wir hatten vorher auch schon einen Ordinationssaal, ein einfaches Blechdach ohne Wände. Es schützte uns vor dem Regen. Es gefiel mir. Es war eine gute Lösung, in das Leben der Heimatlosen einzutreten.«

»Das Leben der Heimatlosen«, unterbrach ich ihn, »ich habe, seit ich auf Reisen bin, nicht so viel Besitz gehabt wie hier.«

»Es war auch seine Idee, mehr Land für das Kloster zu erwerben.«

»Um Himmels willen, wir kaufen doch wohl kein Land, oder?«

»Nein. Aber er hat öfters angedeutet, daß Landspenden eine sehr passende Gabe sein würden. Er wird wieder hierher zurückkommen, weißt du. Der augenblickliche Ajahn hat diese Position nur vorübergehend.«

»Aber Ruk, das ist ja nicht einmal eine ehrliche Geschäftsmethode, wenn man andere um Landspenden bittet. Und dieses *wat* soll einen besonders guten Namen für Ungewöhnlichkeiten haben? Sag' mir, ist es in ganz Thailand so schlimm?«

»Genaugenommen hält man den Nordosten für die einzige Gegend in Thailand, wo noch reiner Buddhismus betrieben wird. Alle großen Lehrer dieses Jahrhunderts kamen aus dieser Gegend. Vielleicht liegt das daran, daß es auch die ärmste und wirtschaftlich am wenigsten entwickelte Region ist.«

»Der *dhamma*-Gürtel?«

»Aber was du auch sonst immer sagen kannst, hier halten sich die Mönche wenigstens an die Regeln.«

Ruk hängte sich seine Schüssel über die rechte Schulter.

Wir waren an den Toren des Dorfes angekommen. Unser Gespräch verstummte, während wir mit demütig geneigten Köpfen um unseren Reis bettelten. Als wir das schillernde Dorfkloster am anderen Ende der Route hinter uns gelassen hatten und wieder durch die fruchtbaren Reisfelder wanderten, erzählte mir Ruk von der uralten Trennung in Thailand zwischen den Wald-*wats* und den Dorf-*wats*. *Wats* wie Pah Nanachat und Pah Pong werden gewöhnlich von Mönchen gegründet, die meditieren wollen. Dorf-*wats* sind für die eher an Gesellschaft interessierten *bhikkhus*. Sie haben ein leichteres Leben und werden gewöhnlich bequem. Die Leute wissen, daß Mönche, die im Wald leben wollen, es ernst meinen mit der Meditation. Also ziehen sie diese Mönche vor, um ihnen Dienste zu erweisen. Sie bauen ihnen *kuties*, bringen ihnen zu essen, geben ihnen sogar Land, weil sie glauben, daß ihr Verdienst größer ist, wenn die Mönche heilig sind. Auf diese Art bringen die Anhänger der Waldmönche sämtliche Versuchungen mit in den Dschungel.

»Das ist heimtückisch«, sagte ich.

»Es ist großzügig. Aber es macht die Dorfmönche eifersüchtig, und es wirkt sich schlecht aus auf die, die asketisch leben wollen. Aber es muß eine Menge Thai geben, die deswegen in den Gefilden der *devas* leben.«

»Was?«

»Weil die Thai sich so gut darauf verstehen, ihren spirituellen Verdienst zu vergrößern.«

»Ruk, glaubst du wirklich, daß die Thai in die *deva*-Bereiche kommen, weil sie uns Süßigkeiten aus Reismehl geben? Ich will dir ein Rätsel aufgeben.« Ich erzählte ihm das Rätsel von dem König und dem falschen *arahant* und betrachtete ihn, während er über die Antwort nachdachte.

»Mit einer so selbstsüchtigen Einstellung glaube ich kaum, daß der König seinen spirituellen Verdienst vergrößert.«

»Nein, er wollte ganz ernsthaft einem *arahant* etwas geben.«

»Da es aber um keinen wahren *arahant* geht, nehme ich an, daß er auch nicht den Verdienst dafür bekommt, daß er einem *arahant* etwas gegeben hat, aber – Moment, natürlich ist der Verdienst gleich. Bettler oder *arahant*, es gibt keinen Unterschied zwischen den Menschen.«

»Richtig!« Ich freute mich, daß mein Lieblingsmönch die richtige Antwort gegeben hatte. »Aber wenn der Verdienst derselbe ist, warum spenden dann die Thai heiligen Mönchen lieber etwas als den Armen, von denen sie umgeben sind? Wenn die *sangha* daran schuld ist, daß sie sich in diesem Irrtum befinden, ist das dann nicht einfach unmoralisch?«

»Vielleicht würden sie den Armen nichts schenken.«

»Wir sollten sie dazu auffordern.«

»Das ist nicht so einfach. Die Thai haben ihre eigenen Sitten. Wir können von Glück sagen, daß die Ernährung der Mönche auch dazugehört. Wir müssen in Harmonie mit ihnen leben. Sie kümmern sich um uns.« Ruk schien in Verteidigungsposition zu sein.

»Manchmal habe ich das Gefühl, als wären wir ein Zoo, in den die Dorfbewohner kommen, um uns zu betrachten, während sie uns füttern«, sagte ich. »Ich nehme an, die *farang*-Mönche sind ihre einzige Unterhaltung, aber die *sangha* sollte sie mehr lehren als den zu erwartenden Verdienst und Gehorsam. Es sieht so aus, als würden uns die Dorfbewohner ihre Regeln geben, damit wir sie einhalten!«

»Erinnerst du dich an Edgar, den Engländer? Ich glaube, er war hier, als du angekommen bist.« Ruk sprach abwesend, so als wäre er nicht sicher, was er mir sagen sollte. »Die Dorfbewohner hatten Schwierigkeiten mit ihm, weil er die seltsame Angewohnheit hatte, Dinge lange anzusehen. Er kam gewöhnlich mit mir zum *bindabhat*.«

192

»Sie haben behauptet, er sei ein *pee bah*«, sagte ich und dachte daran, wie Michael an meinem ersten Tag den Kaffee bereitet hatte.

»Es tat mir leid, daß er in ein anderes *wat* geschickt wurde. Bei den Thai ist die Angst vor Geistern sehr stark. Als ich zurückkam, sagten sie mir, daß weniger Leute Gaben zur morgendlichen Mahlzeit brachten. Seit er wieder fort ist, hat sich die Lage wieder normalisiert.«

»Ruk – willst du mir damit sagen, daß die *sangha* ihn hat versetzen lassen, weil er den Dorfbewohnern unheimlich war? Wenn die Mönche nicht dem Aberglauben entgegentreten, um einen aus ihrer Mitte zu beschützen...«

»Wir respektieren ihre Traditionen.«

»Du meinst, wir kompromittieren das *Dhamma*.«

»Ich bin nicht sicher, daß er deswegen versetzt worden ist. Vielleicht ist er auch freiwillig gegangen.«

»Oder er war wirklich ein *pee bah* und ist einfach verschwunden.«

Vor uns ertönte auf dem Pfad ein lautes, bellendes Brüllen. Zwei Thai-Frauen hatten ihren Karren und ihren Büffel angehalten und sich auf den nassen Boden gekniet, als wie vorüberkamen. Das Tier geriet bei Ruks Anblick in Panik. Es bäumte sich auf und brach zur Seite aus. Die Frauen sprangen wieder auf die Beine und bemühten sich, den Büffel zu halten und den Karren am Umkippen zu hindern, während das buckelnde Tier in das Reisfeld auszubrechen versuchte, die Augen weiß vor Angst.

Kapitel 9

Kopf über Topf

Hunger?«
»Heute nicht, Bob. Ich werde nur Luft essen.«

Ich nahm meinen Platz neben Jim in der morgendlichen Essensreihe ein. Unsere Schüsseln wurden vor uns gestellt. An der Spitze der Reihe bot ein Dorfbewohner dem Ajahn die erste Schüssel mit Reis dar. Er nahm sie schweigend entgegen, füllte seine emaillierte Almosenschüssel und reichte den Reis dann an Tan Bodhipalo weiter, der rechts neben ihm saß. Bodhipalo gab sie an die ockerfarbene Reihe der Mönche und Novizen abwärts weiter, die auf dem Podium saßen. Da Richard die Almosenrunde versäumt hatte, war Mark der letzte in der oberen Reihe. Der Mann mit den Ventilatoren nahm ihm die Reisschüssel ab und bot sie mir, dem obersten *pahkow* in der unteren Reihe, dar. Er sah etwas überrascht aus, als ich die Schüssel sofort an Jim weitergab, ohne etwas zu nehmen. Schnell wandte er sich den Schüsseln mit dem Curryragout zu, die die Reihe entlangkamen, die jedoch auch von den beiden *pahkows* unberührt weitergegeben wurden.

»Ananas-Tomaten-Tofu, Boomer?«

»Nein, danke Bob.«

»Fisch in süßer Currysauce? Sojasprossen mit Ei? Maiskölbchen mit Erbsen? Kürbiswürfel? Gebratene Nudeln mit Huhn? Wurstbrötchen? Suppe mit Pilzen und Bambussprossen? Boomer, du nimmst ja gar nichts. Mangos?

Sonst ißt du doch immer zwei oder drei. Nein? Rambutan? Ananasscheiben? Süßspeise aus Klebreis? Kokosnuß-cremespeise? Passierte Mango – heiliger *pahkow*, Jim, Bananenbrot. Dukita hat heute morgen Bananenbrot gebakken. Ich habe seit mehr als einem Jahr kein Bananenbrot mehr gesehen oder gegessen.«

»Es duftet herrlich, Bob. Wir können jeden Tag fasten.«

Er bot mir das Tablett mit dem warmen gelben Brot noch einmal an. »Warum nimmst du nicht einfach ein Stück?«

»Laß das, Bunte! Kein Bananenbrot für diesen Möchtegern-*bhikkhu*. Lust des Magens, weiche von mir!«

Wir saßen schweigend beim Essen, sahen den anderen zu, die über ihre Schüsseln gebeugt aßen und ganz ins Kauen versunken waren. Ich spürte ein gewisses Bedauern wegen des Bananenbrots.

Nach dem Essen erklärte der Ajahn, zur Mittagszeit würde eine weitere Arbeitsrunde mit den Blättern beginnen. Er bat auch darum, daß um elf Uhr ein paar Freiwillige zur Ausführung einer speziellen Aufgabe zu seinem *kuti* kommen sollten. Ich entschloß mich, diese zu übernehmen, damit ich dann während der zweiten Tageshälfte in Ruhe meditieren konnte. Auf dem Weg zu meiner Arbeit hielt ich bei Jims Hütte an und sah ihn auf einer Bank auf seinem Balkon sitzen, den Kopf in eine Hand gestützt. Er bemerkte nicht, daß ich kam.

»Wie geht's deinem Magen?« fragte ich.

»Leer. Ich fühle mich auch irgendwie ziemlich leicht im Kopf. Ich weiß nicht, ob das eine gute Idee war mit dem Fasten.«

»Wie geht die Meditation?«

»Miserabel. Die letzten fünf Tage waren die reine Hölle. Sobald ich mich hinsetze, überfallen mich intensive Gedanken an zu Hause und das Verlangen heimzufahren. Mengen von alten Erinnerungen steigen in mir auf. Vielleicht war ich einfach schon zu lange fort. Ich wäre sofort bereit, zurückzugehen. Ich frage mich immer wieder, warum ich eigentlich hierbleibe. Und je länger ich das tue, um so schlechter fühle ich mich.«

»Also hast du einfach Heimweh oder glaubst du, daß das eine Auswirkung dieses Klosters ist?«

»Beides. Du weißt, wie ich der Hierarchie gegenüber empfinde, die hier herrscht. Ich kann sie natürlich schon ertragen. Wenn ich allein in meinem *kuti* bin, ist es nicht so schlimm. Aber die Pali-Rezitationen machen mich wahnsinnig. Weißt du, was wir da jeden Tag rezitieren? Ich lese nebenher die englische Übersetzung. »Ehre den Schülern des Gepriesenen, die treu, rein, standhaft, würdig meditiert haben...« Ich kann das einfach nicht mehr sagen. Meine Knie sind auch ziemlich fertig. Sie tun so weh, daß ich nicht einmal mehr mit überkreuzten Beinen in meinem *kuti* sitzen kann. Ich mußte mir diese Bank besorgen. Ich glaube, den nächsten Wai Phra stehe ich nicht durch.«

»Du hörst dich wirklich ziemlich fertig an. Seit fünf Tagen? Bist du sicher, daß es nicht einfach Nahrungsmangel ist?«

»Es ist Lebensmangel. Ich frage mich, was ich hier eigentlich mache mit diesen Verlierern – nur dasitzen und den ganzen Tag auf meinen Atem achten. Ich spüre nicht, daß mir das irgendwie guttut. Ich habe ein Gefühl, als würde ich in einem Vakuum ersticken. Seltsamerweise gab es Zeiten an der Uni, als ich so unter Druck stand, daß ich mich nach einem solchen Ort wie hier gesehnt habe. Es ist die perfekte Null-Streß-Umgebung. Alle wesentlichen Bedürfnisse werden befriedigt, man hat eine hübsche kleine Hütte im Dschungel für sich allein. Und doch fühle ich mich hier genauso deprimiert und elend wie an der Uni. Sehr seltsam. Ich glaube, das lehrt mich etwas über mich selbst. An der Uni habe ich den Druck verantwortlich gemacht – die Verpflichtungen, Termine, Professoren, Kommilitonen. Aber wenn ich mich hier ohne Druck genauso elend fühle, kann ich doch die Umstände an der Uni eigentlich nicht mehr dafür verantwortlich machen, oder?«

»Hört sich so an, als würde deine Depression durchaus der Erkenntnis dienen.«

»Es ist so wunderbar, daß ich heulen könnte. Und da ist noch etwas. Dieses ganze Heimweh, das ich empfinde – ich weiß, daß das gar nicht wahr ist. Es ist nur einfach eine Reaktion auf das *wat*. Es ist nicht wirklich Lust auf zu Hause, was mich da überkommt, sondern eher seltsame Einzelheiten, nach denen ich mich sehne, wie zum Beispiel eine schöne Pizza von McDermitt's oder ein Einkaufsbummel, bei dem ich mir ein Paar neue Skistiefel kaufe. Und diese Sehnsüchte drängen sich jedesmal in den Vordergrund, wenn ich mich zur Meditation hinsetze. Wenn ich sie mir ansehe, wird mir klar, daß das gar keine wirklichen Sehnsüchte sind. Sie sind für mich hier und jetzt völlig nutzlos. Wenn ich mir darüber klar geworden bin, verschwinden sie wieder. Und wenn dieselben Bedürfnisse wieder auftreten, brauche ich nur noch zu denken ›ah, da seid ihr ja wieder‹, und sie verschwinden. Sie verlieren ihre Macht über mich.«

»Vielleicht solltest du öfter fasten. Das hörte sich doch nach produktiver innerer Arbeit an.«

»Es fühlt sich an wie seelischer Durchfall. Es kommt immer mehr heraus, so als gäbe es gar kein Ende. Es ist erschöpfend. Danke fürs Zuhören.«

»Du kannst jederzeit auf mich zählen, Boomer.«

Ich verließ Jim, damit er in Frieden sein Gehirn entleeren konnte.

Der Ajahn hatte eine Stelle im Dschungel direkt hinter seinem *kuti* markiert, von dem er alle Pflanzen und Blätter bis auf ein paar junge Baumtriebe entfernt haben wollte. Er hatte die Absicht, den Bereich zu ebnen und daraus eine

Erweiterung der Marmorterrasse unter seiner Hütte anzulegen, damit er Platz für größere Gruppen von Besuchern hatte. Nimalo und Tan Casipo waren schon damit beschäftigt, die Blätter von dem Platz zu harken. Herbie hackte mit einer kleinen Machete Pflanzen ab. Die Mönche durften das natürlich nach den Vorschriften des *Vinaya* nicht tun. Der Ajahn gab mir eine Sense und zeigte mir, was ich tun sollte. Es widersprach seinen Gelübden, mir direkt zu sagen, ich solle dies oder das abschneiden, also verbarg er seine Anweisungen in deutlichen Hinweisen. »In dem ganzen Bereich hier braucht nichts stehenzubleiben. Laß nur diesen Busch dort drüben. Und gehe mit der Sense noch einmal hier drüber.« Es schien ein ziemlich enges Schlupfloch durch die Regeln zu sein. Der Ajahn verwendete viel Schmierfett. Ich begann frustriert, das Gebüsch abzumähen. Nimalo und Tan Casipo luden das Abgemähte auf einen Handkarren. Dann rollten sie ihn den Pfad hinunter, um ihn auszukippen. Herbies Gesicht war finster, als er eine dicke Wurzel abhackte. »Diesen Stumpf dort brauchen wir nicht«, hatte der Ajahn ihm erklärt. Ein paar gut gekleidete Thai-Besucher kamen, und der Lehrer wurde weggerufen, um sie zu begrüßen. Ich arbeitete mich auf den jungen Laienbruder zu und sprach mit ihm.

»Du kannst das also auch nicht leiden?« fragte ich ihn mit einem Flüstern wie unter Gefangenen.

»Ich habe in den vergangenen vier Monaten zu viel für die Mönche getötet«, sagte er grollend. »Der Ajahn vor diesem war noch schlimmer. Er war immer damit beschäftigt, Flächen zu reinigen und den Dschungel abzuhacken. Das hier soll doch ein Wald-*wat* sein. Bald wird kein Wald mehr übrigbleiben. Mönche sollen in Harmonie mit ihrer Umgebung leben, nicht sie umbringen, um Hofflächen daraus zu machen. Ich habe mehr Pflanzen *gekoppied*, seit ich hier bin, als ich während meines ganzen restlichen Lebens töten mußte. Wenn mich das nächste Mal jemand auffordert, einen Baum oder einen Busch zu zerstören oder auch nur eine Blume, dann werde ich ihm sagen, er soll sich einen anderen Killer suchen.« Herbie warf seine Machete auf den Boden und ging mit entschlossenen Schritten und geradem, angespanntem Rücken in Richtung *sala*. Das war das erste Mal, daß er mir gesagt hatte, was er dachte. Es war das erste Mal, daß ich diesen Verdacht hatte.

»Wo ist Herbie?« fragte Tan Casipo, als er und der australische Novize mit dem leeren Handwagen wieder zurückkamen.

»Weggegangen«, sagte ich und hob die Machete vom Boden auf.

»Ich verstehe«, sagte der Mönch. Er begann, den Wagen erneut mit gerade geschlachteten Pflanzen zu beladen, hielt dann aber inne, um mir zuzusehen, wie ich die Schneide durch die Luft sausen ließ.

»Du hast heute gefastet, stimmt's?«

»Ja. Und Jim auch«, erklärte ich ihm.

»Du hast es niemandem gesagt.«

»Nein.«

»Ich dachte, ihr wäret auf Almosenrunde gegangen.«

»Sind wir auch.«

»Und ihr seid trotzdem beim Essen dagewesen.«

»Ja.«

»Warum?«

»Jim und ich haben darüber gesprochen. Wir haben festgestellt, daß wir beide eine Menge schlechte Essensgewohnheiten entwickelt haben, seit wir im *wat* leben. Wir wollten das ändern. Wenn wir das Essen einfach weglassen hätten, hätte das nichts geändert.«

»Ich kann nicht fasten«, sagte der Mönch zu mir. »Ich werde schwach und falle bis zum Nachmittag auseinander.«

Der Ajahn kehrte von seinem Gespräch mit den Thai zurück. Tan Casipo sprach ihn an.

»Tim und Jim haben heute gefastet«, sagte er.

»Ich dachte, ich hätte sie in der *sala* gesehen.«

»Sie waren auch da, haben aber nichts gegessen. Tim sagt, sie machen das, um mehr Disziplin bei ihren Essensgewohnheiten zu bekommen.«

»Ich hatte heute auch Disziplin in meinen Essensgewohnheiten geübt«, sagte der Lehrer. »Ich habe mich gezwungen, zwei große Stücke von Dukitas Bananenbrot zu essen. Ich leide immer noch darunter. Wir hatten hier einmal einen Thai-Mönch zu Besuch, der ein spezieller Schüler von Ajahn Chah gewesen war. Wißt ihr, was er als Disziplinübung beim Essen gemacht hat, wenn er fastete? Er saß in der Reihe und füllte seine Schüssel mit Essen. Dann hob er den ersten Löffel an seine Lippen, öffnete den Mund und legte erst dann die auf dem Löffel befindlichen Speisen beiseite. Das machte er mit jedem Löffel der ganzen Mahlzeit, bis seine Schüssel leer war. Dann schickte er das Essen, das er nicht genommen hatte, zurück in die Küche. Das war natürlich schon sehr diszipliniert. Ich denke, in dem Teil da hinten könntest du noch etwas arbeiten, Tim. Wo ist Herbie?«

»Weggegangen.«

»Wohin weggegangen?«

»Hat er nicht gesagt. Ich glaube, er versucht, sich den Saft von den Händen zu waschen.«

Später, während ich das andere Ende der gemähten Fläche harkte, entdeckte ich eine winzige Schlange, kaum größer als ein Wurm. Sie wand sich und zuckte wie im Todeskampf. Ich nahm an, daß ich sie vielleicht verletzt hätte. Ich rief den Ajahn. Er kam und hockte sich zu dem sich windenden kleinen Wesen. Ein paar Minuten lang betrachteten wir sie zusammen.

»Sie ist zu klein, um zu beißen«, sagte er. Dann nahm er

sie vorsichtig mit einer Hand vom Boden auf und legte sie tiefer ins Gebüsch des Dschungels hinein, außerhalb des Bereichs, in dem wir arbeiteten. Er bückte sich, um zu sehen, was die Schlange an ihrem neuen Platz machen würde. Ich kehrte zu meiner Harke zurück und brachte damit kurz darauf eine Kolonie von großen, schwarzen Ameisen durcheinander. Sie liefen in alle Richtungen auseinander und trugen ihre weißen, halb durchsichtigen Eier davon.

»Jetzt geht es ihr wieder gut«, sagte der Ajahn. »Sie brauchte nur Blätter um sich herum. Ich vermute, sie wußte einfach nicht, was los war, als plötzlich die schützende Blattschicht verschwunden war. Ich habe sie auf den Boden gelegt, und sie schlängelte gleich vergnügt davon in den Dschungel.« Der Lehrer lächelte mich an.

Einmal in der Woche gingen wir in die Sauna. Das war ein kleiner Ziegelraum gleich neben der Waschpumpe, mit einem Holzfeuer, das von außen angeheizt wurde. Im Innern konnten ein Dutzend Leute im Dunkeln auf Holzbänken sitzen und schwitzen. Die Mönche hatten es gern besonders heiß. Sie gossen Wasser aus einem Eimer auf die heißen Steine, die über der Feuerhitze aufgestapelt waren. Es dampfte und zischte, und Schweiß lief über unsere feuchten, mageren Körper hinunter. Unsere Schädel glänzten. Salziger Schweiß lief uns in die Augen. Halb gegart und halb blind ertasteten wir uns den Weg durch den schweren Vorhang an der Tür zurück ins Sonnenlicht und übergossen uns mit kühlem Wasser aus den großen Waschzisternen. An Saunatagen gab es keine Abendrezitationen. Nach der Hitze waren wir ausgelaugt, aber entspannt, wenn der Tag plötzlich der Dämmerung wich.

»Jims Dachtier hat sich letzte Nacht auf mein *kuti* gestürzt«, erzählte mir Richard einmal in der Dunkelheit der Sauna.

»Aha«, sagte Jims Stimme in der Finsternis.

»Ich habe sogar etwas davon gesehen, sozusagen«, sagte der Texaner. »Ich habe es mit der Taschenlampe erwischt. Es hatte grüne Augen.«

»Hört sich nach einem *pee bah* an. Oder nach einem hungrigen Geist. Sprach es mit britischem Tonfall?« fragte ich immer noch ungläubig.

»Es hatte einen buschigen Schwanz und eine spitze, schwarze Nase. Gestreift, glaube ich.«

»Das könnte eine Chivvykatze sein«, sagte eine vierte Stimme sanft aus der Mitte des Zimmers. Es war Ruk.

»Eine Katze?« fragte Jim.

»Es ist keine richtige Katze«, erklärte der Deutsche. »Es ist ein Baumbeuteltier. So etwas Ähnliches gibt es bei euch in Nordamerika auch. Sie haben schwarze Kringel um die Augen.«

»Waschbären?« sagte Jim. »In Thailand?«

Weniger als eine Woche später sahen Jim, Richard und ich zum ersten Mal eine Chivvykatze bei Tageslicht. Drei Dorfbewohner brachten sie in unser *wat*. Sie setzten das Tier in einen Drahtkäfig, den sie an einen Baumast hinter der *sala* hängten, in die Nähe der Stelle, wo wir immer unsere Schüsseln spülten. Die Chivvykatze versteckte sich voller Furcht auf dem Kreuzstück am Dach des Käfigs. Die Dorfbewohner sagten, sie hätte sich eine Pfote verletzt. Das Tier sah eher aus wie eine Mischung aus Affe und Ratte als wie eine Katze, mit einem langen Körper wie ein Wiesel, zu mager, um ein naher Verwandter des nordamerikanischen Waschbären zu sein. Ob sogar unsere Tiere übergewichtig sind? Es schrie stundenlang sein hochtönendes Jammern in die Luft.

Nimalo übernahm die Aufgabe, jeden Tag den Käfig zu reinigen. Er fütterte das kleine Tier mit Abfällen von unserer täglichen Mahlzeit. Die Chivvykatze hielt das rechte Hinterbein immer eng an den Leib gedrückt, während sie in dem Käfig herumhopste. Manchmal sah es so aus, als wenn auch das andere Hinterbein schwach wäre, und nach ein paar Tagen entstand die Sorge, daß das Tier sich vielleicht nie mehr so weit erholen würde, um es wieder in Freiheit setzen zu können. In der Sorge, daß das verletzte Bein vielleicht infiziert sein könnte, entschlossen Mark und Nimalo sich, es genauer zu untersuchen. Die anderen von uns sahen zu, während die Schüsseln nach dem Spülen in der Morgensonne trockneten. Der australische Novize zog ein Paar dicke Haushaltshandschuhe über, darüber noch ein Paar Industriearbeitshandschuhe aus Gummi. Als er in den Käfig griff, kreischte der Patient wie ein Kind. Er biß durch beide Schichten von Nimalos Schutzkleidung. Der Novize schrie auf, hielt das Tier aber fest und holte es aus dem Käfig. Mark bedeckte es mit einem Tuch und zog dann vorsichtig das verwundete Bein heraus, um es zu untersuchen. Er betrachtete es ganz genau wie ein leidenschaftlicher Arzt.

»Es ist gebrochen, heilt aber ohne Entzündung«, sagte Doktor Mark so laut, daß wir anderen es auch hören konnten. »Aber es ist verkrümmt. Ich denke, von diesem Bein wird es nicht mehr sehr viel haben. Aber es müßte eigentlich auch ohne den Gebrauch dieses Beins überleben können. Es hopst in dem Käfig auch schon ganz geschickt herum. Das andere hatte einen Riß, heilt aber auch gut.«

Nimalo, der Zoowärter, lächelte und stimmte ihm zu. Vorsichtig setzte er das Tier wieder in den Käfig zurück. Die beiden Novizen grinsten einander an, als hätten sie gerade eine erfolgreiche Operation hinter sich gebracht. Nimalo zog die Handschuhe aus und untersuchte die Bißstellen an seinen Händen.

»Es blutet nicht. Seine Zähne sind zu klein, um die Haut zu durchdringen. Gut, daß ich zwei Paar Handschuhe anhatte. Armer kleiner Kerl, du mußt wirklich Angst gehabt haben. Entschuldige.«

Mitgefühl mit allen Lebewesen ist *karuna*, eine der vier großen buddhistischen Tugenden. Als ich Marks zärtlichen Umgang und Nimalos Standhaftigkeit bei der Versorgung der Chivvykatze sah, war ich unglaublich froh. Buddhismus ist nicht reine Nabelschau. Er beinhaltet wirkliches Sorgen um alle Lebewesen, den Willen, jedes Leiden zu mildern, das vor einem Lebewesen liegen könnte. Und doch hinterließ die Beobachtung dieser Szene ein unangenehmes Gefühl in meiner Magengrube, wie ich es in ähnlicher Form auch empfunden hatte, als ich den Ajahn mit der kleinen Schlange beobachtet hatte. Irgendwie stand mir das Bild von einer reichen Frau vor Augen, die einen fetten, häßlichen Hund mit Bonbons füttert. Sie hat ihren kleinen Liebling aufrichtig gern, kümmert sich aber nicht weiter um die Armut vor ihrer Tür. In der Abgeschiedenheit des Dschungels konzentrierten diese beiden jungen, kräftigen Männer ihre Energie auf ein krankes kleines Tier. Zweifellos entwickelte das ihr *karuna* und war gut für die Chivvykatze. Aber außerhalb unseres Dschungels lag eine Welt voller Leiden. Es hatte den Anschein, als wären sie davor geflohen. Vielleicht war es so, wie Tan Sumeno behauptet hatte, und die Welt außerhalb litt unter unheilbarem Wahnsinn. Vielleicht war die Heilung dieser Chivvykatze die beste und produktivste Handlung im ganzen Leben dieser beiden Männer. Aber indem sie hierhergekommen waren, stellten sie sich auf die andere Seite einer Mauer, die sie nur errichtet hatten, um das meiste Leid außerhalb zu halten. Wenn wir diese Barriere in uns errichten, um einen Platz zu haben, an dem wir uns vor dem Leiden der anderen in Sicherheit bringen können, werden wir zu Gefangenen dieser Vorstellung, genauso wie die Menschen in der äußeren Welt an das Leiden gebunden sind. In der Ruhe und Sicherheit von Pah Nanachat schien eine Abgrenzung von der Wirklichkeit zu liegen und *karuna* nur zur Übung von Disziplin angewendet zu werden. Sich weigern, einem Bettler zu essen zu geben, wenn er nicht die Kleider eines *arahant* trägt. Und doch geht es der Chivvykatze besser.

»Ich gehe zurück in das *wat*, in dem ich ordiniert worden bin«, sagte Richard.

»Was ist mit dem schwulen Mönch?« fragte ich, während wir auf der Almosenrunde durch den überschwemmten Schlamm eines Reisfeldes wateten.

»Das Risiko muß ich eingehen. Er müßte eigentlich immer noch im Süden sein. Ich werde sowieso nicht mehr lange dort bleiben.«

»Und wo gehst du dann hin? Nach Sri Lanka zurück?«

»Vielleicht. Vielleicht reise ich auch nach Neuseeland und schließe mich den Ananda-Marga-Leuten an. Sie schicken Lebensmittel nach Afrika, um dort die Hungersnot zu lindern. Ich weiß, daß sie jede Hilfe gebrauchen können.«

»Also ziehst du die Robe aus und legst dafür einen Turban an?«

»Die Robe ziehe ich aus, ja, aber keinen Turban an. Ich habe in letzter Zeit schon zu viele unterschiedliche Kostüme getragen. Wie ich mich kenne, würde ich mit einem Turban noch mehr Schwierigkeiten haben als mit dieser Robe.« Das äußere Kleidungsstück des Novizen begann schon wieder, sich an seinem Hals zu lösen und ins Wasser zu hängen. »Vielleicht gehe ich zuerst sogar noch für eine Weile wieder in die Staaten zurück und arbeite, bis ich genug Geld gespart habe, um eine längere Zeit in Indien bleiben zu können. Ich habe bei diesem ersten Mal doch nicht allzuviel davon gesehen.«

Armer Richard. Ich wußte, daß alle froh sein würden, wenn er Pah Nanachat wieder verließ. Er trug seine Robe nicht richtig, und er fügte sich nicht in seinen Platz in der Hierarchie. Und er wußte das auch. Das war zumindest ein Vorteil. Wir hatten in den vergangenen Tagen auf den Almosenrunden nicht sehr viel miteinander gesprochen. Ich war regelrecht unhöflich zu ihm gewesen. Ich hatte ihm gesagt, daß ich nicht sprechen wollte, während ich lief. Ich wollte einfach nur in der Reihe bleiben und den Anschluß an Ruk nicht verlieren, der sonst immer ein ganzes Stück vorausging. Als er mich gefragt hatte, warum, hatte ich ihm erklärt, von langsamem Gehen würden meine Füße wund werden. Seitdem hatten wir nicht mehr miteinander gesprochen.

Höchstwahrscheinlich wird er reisen, dachte ich. Richard konnte sein ganzes Leben damit verbringen, durch Indien zu fahren. Er ist kein Gläubiger. Er ist ein Wanderer, der immer noch nach einem Ideenrahmen für sich sucht – für seine Träume und Drogentrips, seine Faszination am Mystischen und sein wirklich empfundenes Mitgefühl.

Ich traf Percy an, der ganz allein hinter der *sala* mit seinem Besen über die Blätter kratzte. Obwohl noch vier andere Laienbrüder und zwei Gäste im *wat* waren, folgte er als einziger der Auflage, morgens zu fegen. Er sah mutlos aus. Sein Fegen schien an diesem Tag besonders flüchtig. Der Bereich, den er gerade bearbeitet hatte, war voller Blätter und Beeren.

Er lächelte mich mit seinem Mut-im-Angesicht-des-Unüberwindlichen-Lächeln an und sagte: »Ich denke, für heute habe ich genug gekehrt, oder?«

»Es sind doch noch überall Blätter auf dem Platz«, sagte ich.

»Ein paar. Ich warte immer ganz gern, bis sie sich angesammelt haben und räume sie dann alle auf einmal weg.«

»Genaugenommen wird ja deswegen jeden Tag gefegt, um zu verhindern, daß sie sich ansammeln. Hundertfüßler und Skorpione verstecken sich oft unter den Blättern.

Wenn die Pfade nicht jeden Tag gereinigt werden, treten wir irgendwann darauf. Das Ungeziefer fühlt sich auf einem sauberen Pfad nicht so wohl, und ein schwarzer Skorpion ist auf dem Sand besser zu erkennen als unter einem trockenen Blatt. Das ist doch vernünftig, findest du nicht?«

»Ja, das verstehe ich«, sagte er und sah sich zwischen den verstreuten Blättern um. »Es hört sich wirklich vernünftig an. Ich weiß nicht, warum ich nicht schon früher daran gedacht hatte. Wir würden bestimmt nicht gern jeden Tag hier auf Skorpione treten. Das verstehe ich wirklich.«

»Hilft dir denn heute niemand? Wo sind die ganzen neuen Laienbrüder? Wo ist Herbie?«

»Ich weiß es nicht. Ich bin ganz allein. Aber das macht nichts.«

»Vielleicht wissen die Neuen nur noch nicht, daß dies auch ihre Aufgabe ist. Hier bekommt niemand direkte Anweisungen. Ich werde es Julian und den anderen sagen. Inzwischen hole ich mir ein Werkzeug und helfe dir.«

Ich hatte allerdings dabei einen Hintergedanken. Ich holte mir den größten Besen mit den meisten Bürsten aus dem Stapel und begann, in der Nähe des Engländers zu fegen.

»Percy, nimm's mir nicht übel, aber warum versuchst du es nicht einmal mit diesem Besen? Sieh doch, wie schön er fegt.«

»Eigentlich nehme ich aber immer diesen Besen hier.«

»Das ist mir schon aufgefallen. Aber ein so kleiner Besen ist nicht das ideale Werkzeug für eine so große Aufgabe. Wenn man einen größeren Besen nimmt und beim Fegen ausladendere Bewegungen macht, erzeugt der Besen einen Luftstrom, der die Blätter regelrecht vom Pfad pustet. Hier, versuche es.«

Wir tauschten die Besen. Percy machte ein paar

Übungsstriche damit. Blätter flatterten in alle Richtungen. Es sah aus, als würde er umkippen und hinfallen.

»Er ist etwas schwer«, sagte er und biß sich auf die Lippen.

»Aber sieh dir den Unterschied in der Wirkung an. Mit den großen Bewegungen wirst du doppelt so viel in der halben Zeit schaffen. Ich werde mir auch noch einen großen holen. Übe du ruhig weiter. Und denke daran, achtsam zu sein.«

Als ich mit einem anderen Besen zurückkam, lehnte Percy auf seinem Besenstiel und unterhielt sich mit Yenaviro, dem malaysischen Mönch.

»Yenaviro hat mir gerade ein neues Paar weiße Hosen gegeben, Tim. Meine haben ein Loch, weißt du.«

Der Mönch lächelte mich an und verschwand dann wieder in der *sala.*

»Ich glaube, ich sollte jetzt besser gehen und sie anprobieren«, meinte Percy.

»Warum jetzt? Wenn wir mit unserer Arbeit fertig sind, werden sie noch dieselbe Größe haben.«

»Das ist geschickt formuliert.«

»Geschickte Formulierungen sind meine besondere Spezialität.«

Wir fegten schweigend eine Weile lang.

»Na, Percy, was glaubst du, wie lange du noch in Pah Nanachat bleiben wirst?« entschloß ich mich, meinen Test zu überprüfen.

»Vielleicht noch zwei Monate. Es gefällt mir ganz gut hier. Mit meiner Atmung klappt es langsam recht ordentlich, obwohl ich mir immer noch wünsche, ich könnte etwas mehr Unterweisung dafür bekommen. Ich bin unheimlich interessiert an den Kassetten.«

»Und was ist mit deinem blockierten *chakra?*«

»Ich glaube, es wird schon besser. Schwer zu sagen. Natürlich fühle ich mich hier auch viel weniger sündig.«

»Wann willst du dich dann also als Mönch ordinieren lassen?«

»Ich glaube nicht, daß ich das tun könnte!«

»Warum nicht?«

»Um ehrlich zu sein – von Mann zu Mann – das hat mit meiner Freundin zu tun.«

»Aha. Ihr würde das Herz brechen, wenn du dich gegen sie und für das Leben als *bhikkhu* entscheiden würdest?«

»Bestimmt. Vielleicht vermißt sie mich schon jetzt.«

»Denkst du viel an sie?«

»Das ist eine ziemlich persönliche Frage.«

»Entschuldige. Ich wollte nicht aufdringlich sein. Ich habe nur wegen deines *chakras* gefragt. Es ist eine schwierige Entscheidung zwischen einer Frau und dem heiligen Leben.«

»War es für dich schwierig?«

»Nein.«

»Yenaviro, warum knien Thai-Frauen oder hocken sich auf den Boden, immer wenn ein Mönch vorbeikommt?« fragte ich eines Nachmittags den Malaysier, während ich mit ihm Wasser holte.

»Damit wir nicht von der Form ihres Körpers in Versuchung geführt werden.«

»Wirst du durch die alten Frauen im Dorf Bung Wai in Versuchung geführt? Wie lange bist du schon Mönch?«

»Du hast leicht lachen. Du bist ja noch nicht einen Monat hier. Du solltest es nur mal für ein paar Jahre versuchen. Es gibt ein Sprichwort, das ein alter Mönch immer seinen Schülern erzählt hat. Er sagte: ›Ich kann euch Schutzriten und *mantras* geben, damit ihr alle Feinde abwehren könnt, die euch Schaden zufügen könnten, aber ich kann euch nichts geben, was euch vor dem wilden Tier mit den weichen Hörnern auf der Brust schützt.‹«

»Das wilde Tier mit den weichen Hörnern auf der Brust?

209

Wenn ich das höre, würde ich am liebsten sofort die Robe ablegen. Bitte, sag das nicht noch mal.«

»Denke in zwei Jahren wieder daran.«

»Ich gebe zu, daß ich der Versuchung nicht widerstehen kann. Weiche Hörner. Also gut. Sie sollen sie verstecken, wenn wir vorbeigehen.«

»Eigentlich ist es gar nicht so schlimm. Schließlich ist es das erste Paar, das ein Mann am meisten liebt.«

»Yenaviro! Das ist eine ganz schön gewagte Bemerkung für einen jungen Mönch.«

»Sei doch ehrlich. Es stimmt, nicht wahr?«

»Ich will versuchen, mich zu erinnern...«

»Daran kannst du dich nicht erinnern. Aber es gibt keinen Vergleich. Das erste Paar hat dich doch ernährt, nicht wahr?«

»Du bist ein schlauerer Mönch, als ich gedacht hatte, Yenaviro.«

»Ich hatte einen Traum. Ich rannte vor einem gräßlichen Monster davon«, erzählte mir Richard an seinem letzten Tag in Pah Nanachat. Wir waren auf *bindabhat.* Ich war froh, daß er die Stille zwischen uns unterbrach, die bestanden hatte, seit ich gesagt hatte, daß ich von langsamem Gehen wunde Füße bekäme. Ein leichter Nieselregen hing in der Luft. Wir hatte keine Schirme mitgenommen. Unsere Roben klebten uns warm und feucht am Körper. »Es sah aus wie ein großer Gorilla mit einem scheußlichen Gesicht wie ein Teufel. Plötzlich wurde mir klar, daß es nur ein Traum war. Das alles stammte aus meinem Gehirn. Selbst das Wesen, das mich jagte, war nur ein Teil meiner Gedanken. Ich drehte mich um und begann, auf das Monster zuzulaufen. Ich sprang ihm direkt in die haarigen Arme, die ausgestreckt waren, um mich zu packen. Ich drückte es ganz fest an mich. Ich wollte es direkt ins Gesicht küssen. Aber das Gesicht änderte sich. Es war nicht mehr scheußlich. Es war mein eigenes Gesicht, das mich da anstarrte. Mir wurde klar, daß dieses Wesen einfach nur ich war. Ich erwachte voller Liebe für alles. Wo immer ich hinschaute, sah ich nur mein eigenes Gesicht. Ich war tagelang glücklich. Ich wußte, daß alles auf der Welt vollendet war, so wie es war.«

»Also glaubst du doch an die hinduistische Form des Pantheismus?«

»Natürlich. Aber es ist auch buddhistisch. Es ist alles eins, alles vollendet...«

»Nein. Buddhisten sagen nicht, daß alles vollendet ist. Es gibt Leiden.«

»Aber das Leiden ist nur Illusion.«

»Trotzdem schmerzt es, und also ist die Welt nicht vollendet.«

»Sie ist allerdings perfekt. Du bemerkst das nur nicht.«

»Ich weiß, was vollendet ist und was nicht, und ich kaufe dir die Sache mit der Vollendung in einer Welt des Leidens nicht ab.«

»Vielleicht erkläre ich es dir einfach nicht richtig. Liebe bedeutet, alles anzunehmen.«

»Liebe bedeutet, jeden anzunehmen. Und aktiv darauf zu reagieren.«

»Du scheinst nicht zu verstehen, was ich dir zu sagen versuche.« Richard war langsam frustriert. Wir erreichten die Tigertore unseres *wat* und wanderten weiter, wobei wir den feuchten, harten Kies unter unseren Füßen kaum bemerkten. Wir debattierten über die negativen Aspekte von *kamma*, dem *karma* des hinduistischen Sanskrit, der Doktrin, daß das gegenwärtige Leid eines Wesens ursächlich zusammenhängt mit den bösen Taten aus einem vergangenen Leben.

»Das Gesetz des *karma* besagt, daß es einem Lebewesen jederzeit freisteht, Böses zu tun, was dann aber in einem späteren Leben auf es selbst zurückfallen wird. Dadurch bleibt die Natur immer in vollendetem Gleichgewicht«, erklärte Richard.

»Wenn *karma* ein Gesetz ist, dann will ich es bei jeder passenden Gelegenheit brechen«, sagte ich verärgert. »Es ist eine Entschuldigung für die Glücklichen, die Unglücklichen zu ignorieren und mit gutem Gewissen angesichts einer Notwendigkeit zu leben, zu deren Bewältigung Gott, wenn du an ihn glaubst, uns geschaffen hat.«

Wir kamen zu dem Fußbadebecken vor der *sala*. Richard trat hinein, und ich folgte ihm. Es war ein kleines Becken. Wir waren gezwungen, unabsichtlich dicht beieinander zu stehen.

»Was ich dich dabei immer wieder sagen höre, Tim, ist, daß du recht hast und ich unrecht.«

Wir sahen einander aus wenigen Zentimetern Abstand in die Augen. Ich ließ den Blick auf den Schlamm auf meinen Füßen sinken. »Wenigstens verstehst du mich ganz deutlich«, sagte ich, machte einen Schritt wieder aus dem Wasser heraus und trocknete meine nicht sauber gewordenen Füße auf der Matte ab.

»Ist schon in Ordnung«, sagte Richard. »Ich spüre manchmal auch viel Liebe, die von dir ausgeht.«

»Ich hoffe, daß das ein gewisser Ausgleich zu einigen meiner Worte ist.«

»Ich bin froh, daß ich hier einen Mann getroffen habe, der nicht so auf seinen eigenen Trip fixiert war, um trotzdem noch bemerken zu können, daß manche von uns mit jemandem reden müssen. Außer dir hat sonst niemand hier wirklich mit mir gesprochen.«

»Viel Glück für deine Höhle oben im Norden, Richard. Oder für Neuseeland, Sri Lanka, Texas – wo auch immer.«

»Ich werde zurückkommen und dich mal besuchen.«

»Hier im *wat*? Richard, ich glaube nicht, daß ich mein Leben lang hierbleibe.«

Ich wollte ein Telegramm an meine Eltern schicken. Irgendwo in einer anderen Welt würde bald ihr Hochzeitstag stattfinden. Julian, der Laienbruder, fragte mich, ob er mit mir in die Stadt kommen könnte, weil er ein paar Reiseschecks einlösen wollte. Nach der Getränkepause wollte ich den Ajahn fragen, ob wir am folgenden Tag die Fahrt nach Ampher Warin machen dürften. Aber der Ajahn wollte vorher erst noch mit Mark reden. Ich blieb hinten auf der Terrasse stehen, während die beiden Männer in Ocker sich absprachen. Scheinbar hatte der Lehrer ein Magengeschwür. Er habe immer noch ziemlich starke Schmerzen, erklärte er Mark. Vielleicht machte das deutlich, warum er immer so kurz angebunden war und sein Gesicht einen so erschöpften Ausdruck besaß. Er sprach mit dem Novizen, als wenn er Arzt wäre. Nachdem ich die Erlaubnis zu meiner Fahrt bekommen hatte, begegnete ich Mark und fragte ihn nach seiner Ausbildung.

»Ich bin gerade im letzten Jahr mit meiner praktischen medizinischen Ausbildung fertig geworden«, sagte der Neuseeländer.

»Und du wolltest eine Praxis in einem Thai-Kloster aufmachen?«

»Überhaupt nicht«, grinste Mark. Er war das am stärksten abgemagerte Mitglied der Gemeinschaft. Sein Kopf wirkte groß und wie eine Glühbirne, was noch durch die kleinen Augen und Zähne betont wurde. Seine Haut schien eine graue Farbe anzunehmen. »Ich war ziemlich verzweifelt, als ich meine Assistenzzeit hinter mir hatte. Ich war von dem ganzen medizinischen System völlig desillusioniert worden und ziemlich deprimiert. Ich bin Arzt geworden, um den Menschen zu helfen, aber ich hatte nicht das Gefühl, als könne ich irgend jemandem etwas nützen. Ich flickte eigentlich nur Körper wieder zusammen. Im Inneren waren die meisten meiner Patienten weiterhin seelische Wracks, wenn ich sie wieder nach Hause

213

schickte. Ich konnte nichts für sie tun. Und es war noch schlimmer bei denen, die ich nicht nach Hause schicken konnte. Krankenhäuser können mit Sterbenden nicht umgehen. Die Ärzte bleiben bei dem Lebensrettungs-Spiel. Wir geben es auch uns selbst gegenüber nicht gern zu, wenn wir wissen, daß ein Patient sterben wird. Sterbende finden eigentlich keine Unterstützung in einem Krankenhaus. Ich wußte nichts über den Tod, und dort starben die Leute direkt vor meiner Nase. Ich wurde davon so deprimiert, daß ich fortgehen mußte, bis ich eine Antwort auf die Fragen des Todes gefunden hatte, um damit umgehen zu können. Genaugenommen bin ich deshalb hier. Ich wollte Antworten auf die Fragen des Todes finden, damit ich mit Sterbenden arbeiten konnte. Und wenn ich das als Arzt tun will, muß ich mich zuerst selbst verstehen.«

Je mehr ich über die Mönche und Novizen in Pah Nanachat erfuhr, desto eher gewann ich den Eindruck, daß Jims Annahme verkehrt war, sie seien alle Verlierer. Marks Motive, die ihn dazu gebracht hatten, ins Kloster zu kommen, waren wahrscheinlich die edelsten, von denen ich bisher gehört hatte. Sie waren sicher besser als die von Jim oder als meine. Er war Arzt und hatte die Absicht, wieder zu seinem Krankenhaus zurückzukehren, nachdem er ein paar persönliche Fragen für sich geklärt hatte. Trotzdem hätte man ihn angesichts seiner Erscheinung am ehesten als Versager einstufen können mit seinem klobigen Schädel, seiner mageren Gestalt und dem kleinen Kinn. Doch diese Eindrücke schienen zu verblassen, wenn ich mir den stetigen Blick seiner Augen betrachtete.

Julian und ich traten aus dem Dschungel heraus und in die Morgensonne. Ich hatte vergessen, wie heiß es in Thailand im Juni war. Ich hatte es in der Morgendämmerung gewagt, den kühlen Schutz unseres Dschungels zu verlassen. Die Sonne versengte unsere kahlen Schädel, als wir auf die Hauptstraße zugingen. Wir warteten im Schatten einer mit einem Holzdach versehenen Bushaltestelle, bis ein kleiner, roter Lastwagen mit zwei Reihen von Sitzen hinten drin uns aufnahm. Wir kletterten in den kleinen Bus und setzten uns zwischen ein halbes Dutzend fetter Frauen aus den Dörfern, die auf dem Weg zum Markt in Ampher Warin waren. Sie grinsten sich an und tuschelten untereinander über die beiden *farang*-Passagiere, Julian in weißem Hemd und weißer Hose und ich in meiner Robe. Unsere großen, bleichen Körper müssen den Thai in religiöser Kleidung unpassend vorgekommen sein, besonders der meine, denn die weiße Robe wird gewöhnlich nur von Frauen getragen.

»Sag mir, was du vom *dhamma*-Gespräch des Ajahn an Wai Phra hältst, Julian«, bat ich und wartete neugierig auf die Antwort des Laienbruders. »Stimmst du dem zu, daß die Meditation die Erleuchtung ist?«

»Ich habe noch keinen starken Glauben. Damit meine Meditation weiter Fortschritte macht, brauche ich noch mehr Glauben.«

»Hat das *dhamma*-Gespräch dir mehr Glauben gegeben?«

»Etwas.«

»Mir überhaupt nicht. Meinst du, daß du das *nibbana* erreichen wirst, wenn du einfach den Regeln folgst?«

»Wenn man es richtig macht, wird es wohl so sein.«

»Buddha hat gelehrt, das *Dhamma* sei ein Floß, ein Fahrzeug, das einen zur Erleuchtung trägt. Aber wie ein Floß auf dem Fluß braucht man es nicht mehr, wenn man den Fluß erst einmal überquert hat. Man trägt es nicht auf dem Rücken mit sich herum. Ein erleuchteter Mensch ist nicht mehr durch die Lehren gebunden, sagt Buddha, also wie können Regeln und Erleuchtung dasselbe sein?«

»Ich fand es ziemlich einleuchtend, was der Ajahn uns erklärte. Wenn man sich in völliger Achtsamkeit auf die

215

Regeln konzentrieren kann, ohne abgelenkt zu werden, dann hat man doch die Erleuchtung erreicht, stimmt's?«

»Das wäre die vollendete Konzentration. Aber würde man nicht dasselbe erreichen, was auch immer man täte, solange man es nur achtsam tun würde? Ich glaube, Achtsamkeit und nicht Gehorsam ist der Schlüssel.« Ich mußte laut sprechen, damit Julian mich hören konnte. Der Lastwagen dröhnte, und der Wind rappelte an seinem Stoffdach. Die Frauen waren begeistert von dem Schauspiel, das wir ihnen boten. Sie hielten Körbe voller Erzeugnisse ihres Landes an sich gedrückt. »In die Stadt zu fahren, kann genauso ein Anlaß zur Achtsamkeit sein, wie den Regeln in einem *wat* zu folgen. Alles eignet sich als Mittel. Man muß es nur mit Geschick einsetzen. Wenn man die Regeln schlecht einsetzt, kann es sein, daß man in seinem *kuti* sitzt und niemals ein Gelübde bricht, dabei aber doch nur fett und faul wird, wenn man sich nicht um die Meditation bemüht.«

Julian hielt sein Gesicht nah an mein Ohr. »Das glaube ich nicht«, schrie er.

Der Lastwagen erreichte die Stadt schneller, als ich gedacht hatte. Wir stiegen an einer verkehrsreichen Kreuzung aus und gingen zuerst zur Post, dann zur Bank. Es war das erste Mal, daß ich seit meiner Aufnahme ins Kloster den Anblick der Zivilisation zu sehen bekam. Busse und Autos hupten und fuhren knirschend durch die Straßen. Ein blinder Bettler, der an einer Straßenecke zusammengekauert saß, spielte auf einer Handorgel aus Bambus. Wir legten jeder ein *bhat* in seine Tasse. Die Kassierer in der Bank starrten uns an, boten uns aber Eistee an und lächelten. Ich war froh, wieder einmal Stadtfrauen zu sehen, die nicht in die Hocke sanken, wenn wir an ihnen vorbeikamen.

Wir wanderten vom Geschäftszentrum bis zum übervollen Gemüsemarkt. Dort gab es vertraute Speisen, aber auch die eigenartigen Delikatessen der Thai. Jetzt kannten wir die stacheligen Rambutans schon, die süßen Stücke der gelben Jackbaumfrüchte, die roten Lychees, die purpurhäutigen Mangostanis, die rauhen, grünen Schalen der Zuckeräpfel und die stachelbewehrte Rüstung, die den Gestank der einst gefürchteten Zibetfrüchte verbargen, die ich inzwischen liebte. Ich erkannte schnuppernd ihren zarten müllähnlichen Geruch über alles andere hinweg. Die Früchte waren auf Tischen aufgehäuft und zu hohen Pyramiden aufgestapelt. Sie schienen aus Bambuskörben überzulaufen. Weiter in der Mitte des Marktes sahen wir Schüsseln voller krabbelnder Käfer (ich blieb dabei, daß es Kakerlaken waren). Es gab auch Töpfe voller sich windender schwarzer Aale, ein Dutzend unterschiedliche, feuchte, sich klatschend bewegende Fischarten, getrockneten Tintenfisch, Krabben und nicht identifizierbare verschrumpelte Meereswesen, die rosa und grün gefärbt waren. Die nächsten paar Stände enthielten große Portionen von Muscheln und Wasserschnecken mit schwarzen Gehäusen. Hunderte von winzigen, lebendigen Krebsen bemühten sich, die glatten Wände ihrer Kisten zu erklimmen. Größere Krebse lagen unbeweglich übereinander, die Scheren mit Schnur zusammengebunden. In der Nähe bot man Schüsseln mit kleinen Fröschen an – eine Thai-Spezialität, ohne Haut und am Stück fritiert. Größere Verwandte hüpften vergeblich in Körben herum und hielten ihre Beine fit, denn durch sie kam ihr Preis zustande. An einer anderen Stelle gab es Hühner, munter und gackernd, die Beine zusammengebunden. Zufriedene Käufer trugen ihre Vögel an den Beinen von dannen. Die Hennen hingen mit dem Kopf nach unten und starrten mit geduldiger Dummheit vor sich hin. Als kleine Zwischenmahlzeit konnte man sie zu Stücken zerteilt und an hölzernen Stäben gebraten kaufen. Wir sahen ein Kind, das einen fritierten Hahnenkopf an einem Stock abnagte. Ein beliebter Snack. Weiter im Inneren der Fleischabteilung umgaben uns Blut und Würste und graugrüne Tiereingeweide. Es wurden Schweineköpfe verkauft, Schafsaugen, Büffelzungen, Leber, Nieren, Hufe und Wammen. Stahlmesser schnitten dünne Scheiben fetten Specks ab, und schmutzige Hände zerschnitten ordentlich Fleischstücke für Kunden. Das war ein Lebensmittelmarkt voll der Realitäten von Leben und Tod, was hier heute morgen beides zum Verkauf stand. Hinter uns erschallten Radios aus einem Dutzend Garküchen und Reisständen, die an einer Seite des Marktes zusammengepfercht waren. Mekong-Whiskey und Singha-Bier wurden auf jeder Theke den durstigen Einkäufern angeboten. Wir eilten hindurch zum Gemüsebereich am anderen Ende. Es entfaltete sich ein Meer aus Farben. Mais, Kohl, grüne kugelrunde Gebilde, hornförmige, purpurne Bambussprossen, feuerrote Chillies, bizarre Ingwerwurzeln, Salatköpfe, ein Dutzend unterschiedlicher Blätter, Möhren, Gurken, runzlige grüne Kürbisse – rund und flach – Flaschenkürbisse und Körbe mit kleinen Zuckermaiskolben. Wir drängten uns auf der anderen Seite aus der Menge des Marktes heraus, schwindlig von Gerüchen und kaleidoskopbunten Farben und ließen die kleinlichen Kämpfe ums Überleben hinter uns.

Wir zogen uns in ein ruhiges Restaurant zurück. Julian bestellte ein Sprite. Ich hatte Lust auf ein Glas Orangensaft. Die Flasche enthielt die unterschiedlichsten chemischen Zusatzstoffe. In Thailand, wo es alles frisch gibt, brauchen sie keine Süßmittel, Farbstoffe, Konservierungsmittel oder künstlichen Aromastoffe. Aber das wollen die Kunden nicht. Sie verlangen es in einer Plastikflasche mit vielen Zusatzstoffen. Wenn er frisch gepreßt ist, kauft ihn niemand. Die Märkte werden bald von Supermärkten verdrängt sein. Sie werden das ganze häßliche Leben in Plastik einwickeln und tiefgefrieren.

Julian und ich kamen rechtzeitig nach Pah Nanachat zurück, um mit den anderen am Schluß der Getränkepause eine Tasse Tee zu trinken. Als wir ankamen, kündigte der Ajahn gerade an, daß der Rest des Nachmittags wieder der Arbeit mit den Blättern gewidmet sein sollte. Ich ging noch in mein *kuti*, um meine weiße *pahkow*-Tasche und ein paar neue Lederriemen abzuladen, die ich mir gekauft hatte. Ich war frustriert, daß ein ganzer Tag vergehen würde, ohne daß ich Zeit für eine konzentrierte Meditation gehabt hätte. »Mist«, dachte ich schweigend. Ich setzte mich unter den Schutz meines Moskitonetzes und fiel prompt ins zweite *jhana*. Was immer es ist, was da klickt – plötzlich klickte es. Mein Atem kam ganz klar und leicht. Er blieb ganz gleichmäßig mit einer vollendeten Konzentration, wie ich sie noch nie zuvor erreicht hatte. Gedanken stiegen von Zeit zu Zeit auf, konnten sich aber nicht hereindrängen. Mein Bewußtsein war nur erfüllt von Entspannung, Gleichgewicht und dem stetigen Fluß der Luft durch meine Nase. Es schien seltsam, daß dieses Gefühl irgendwie außerhalb von mir zu liegen schien. Es war ein überraschend aktiver Gemütszustand, weder automatisch noch tranceartig. Nur von einem Augenblick zum nächsten vermochte meine Konzentration ihn aufrechtzuerhalten. Er erforderte Energie, erzeugte aber keinen Streß. Als meine Knie zu schmerzen begannen, nahm ich das Gefühl wahr, ohne die übliche Versuchung, mich zu rühren und den Druck zu lindern. Ich wußte, daß wenn ich mich bewegte, das *samadhi* enden würde, und das wollte ich nicht. Ich hatte das Gefühl, als könne ich diesen Zustand endlos weiter aufrechterhalten. Dennoch kehrte ich im Sinne meiner Knie nach fünfundvierzig Minuten zurück und öffnete die Augen wieder. Ich hatte nicht erwartet, daß es so schnell gehen würde. Und doch war das der Grund gewesen, aus dem ich fast einen Monat lang gesessen und versucht hatte, mich zu konzentrieren.

Vielleicht hatte ich durch die Erfahrung auf dem Markt irgend etwas begriffen oder freigemacht. Ich wußte es nicht. Ich schätzte das Gefühl von Leichtigkeit ungemein. Ich dachte, ich würde es jederzeit wieder zurückrufen können.

Kapitel 10

Wovon Buddha nichts erzählte

Ich ging ziemlich früh zur Waschpumpe und hatte immer noch ein etwas schlechtes Gewissen, weil ich am vergangenen Tag die Arbeit ausgelassen hatte. Ich mußte auch schon eine oder zwei Bemerkungen darüber hören. Ich konnte es auch nicht leiden, wenn die anderen sich drückten, und doch hatte mir mein Mangel an Pflichtbewußtsein die erfolgreichste Meditation aller Zeiten beschert. Ich fühlte mich dadurch gerechtfertigt, daß ich dem Geist – wenn schon nicht den Gesetzen – des *wat* gefolgt war. Ich bin hier, um zu meditieren, nicht um Blätter zu harken, dachte ich und nahm mit Achtsamkeit meinen Ungehorsam wahr.

Meine Robe war grau und verschwitzt von dem Ausflug zum Markt. Ich tat etwas Bleichmittel mit in den Eimer und begann zu rubbeln. Ich dachte an Richard auf seiner Reise in den Norden. Er war am Morgen vor der Almosenrunde schweigend fortgegangen. Ich war traurig, daß die Mönche ihn nicht hatten so akzeptieren können, wie er war. Es ist nicht schön zu sehen, wie jemand von der Stange gestoßen wird, besonders in einer buddhistischen Gemeinschaft. Es stimmte schon, ohne seine angeregte Unterhaltung hätte ich beim *bindabhat* meine Ruhe gehabt. Unsere bizarren Diskussionen würden nicht mehr in meinem Kopf widerhallen, wann immer ich mich zur Meditation setzte. Richard hatte in mir Unterstützung gefunden,

221

ein Forum, um sein Bedürfnis zum Sprechen zu leben. Aber ich war nur ein halber Freund gewesen, und das wußte er. Unsere Gespräche bereiteten mir immer Schwierigkeiten, und ich hatte ihnen nicht widerstehen können, bis ich ihm gesagt hatte, ich wolle mich nicht unterhalten.

Vielleicht hatte Richard auch meine Nähe zu Jim nicht gefallen. Jedes Wort, das ich mit meinem Zwilling wechselte, war eine geteilte Einsicht, eine Erfahrung, die mich durch unsere sich ergänzenden Perspektiven bereicherte. Jim hielt mich bei einem Standpunkt, in dem ich sicher oft einen negativen Eindruck vom *wat* hatte, der jedoch auch gerechtfertigt war.

Der große *pahkow* kam mit einer Wäsche bei mir an, als ich gerade freundlich an ihn dachte. Ich sah ihn mit Zuneigung aus der Pumpe einen Eimer mit Wasser füllen, Seifenflocken hinzufügen und sich neben mich hocken. Oben auf seinem Schädel wuchs ein leichter Flaum. Wir hatten uns in der vergangenen Woche gegenseitig den Schädel geschoren. Ich rasierte sie so radikal ab, daß er behauptete, ich hätte sicher die Wurzeln mit beseitigt. Er bezweifelte, daß sein Haar je wieder nachwachsen würde. Es war eine Handlung, die gegenseitiges Vertrauen voraussetzte. Wir hatten beide etwas Blut vergossen, aber die Prozedur machte uns zu Glatzenbrüdern.

»Ich bin froh, daß deine Haare wieder wachsen«, sagte ich freundlich.

»Es ist gerade im Stachelstadium. Ich kann mein Unterhemd nicht anziehen, ohne daß es daran hängenbleibt.«

»Ich weiß, mein Kopf klebt ständig am Moskitonetz. Dieser erste Millimeter Haare hängt an allem fest. Soll ich dich mit Sandpapier noch mal glattschmirgeln?«

Wir lachten. Ich war wirklich erleichtert, an einem Ort wie diesem, der so isolierend hätte wirken können, solche Dinge mit jemandem teilen zu können. Plötzlich hörte Jim

auf zu lachen. Er schaute von meinem Gesicht in seine ein-
geweichte Wäsche. Als er wieder aufsah, war sein Lächeln
weggewischt.

»Ich habe mich entschlossen zu gehen«, sagte er.

»Noch bevor du die Vollendung erreicht hast? Gib dir
noch ein paar Jahre.«

Er hielt meinem Blick stand. Er meinte es ernst.

»Wann?« fragte ich leise.

»In einer Woche. Vielleicht zwei, wenn ich noch bis
Buddhamas bleibe. Sei doch nicht plötzlich so still, Bob.«

»Also bleibst du nur knapp einen Monat anstatt drei?«

»Das liegt an diesem System. Ich kann es nicht mehr ertragen, die ganze Verbeugerei, die Hierarchie, die Ausbeutung der Dorfbewohner. Ich sehe sie auf ihren Feldern
arbeiten, wenn wir morgens auf die Almosenrunde gehen. Ich will einfach nicht auf ihre Kosten leben. Du weißt
doch, daß ich mich hier elend fühle. Das richtet sich nicht
gegen dich. Ich weiß, daß es dir wirklich etwas bringt. Das
ist auch in Ordnung. Aber mir ist klargeworden, daß ich
daran einfach nicht teilhaben will. Ich weiß jetzt, daß ich
jederzeit nach Hause gehen kann. Plötzlich waren all die
Begehrlichkeiten, die mich geplagt hatten, verschwunden. Mein Elend hat einfach aufgehört. Ich fühle mich
nicht mehr schlecht. Das Problem war nicht mein Heimweh, sondern daß ich hier festsaß, wo ich nicht hingehöre
und fast erstickt wäre. Jetzt, wo ich die Entscheidung getroffen habe fortzugehen, macht es mir nichts mehr aus
hierzusein. Weißt du, was mich in Pah Nanachat gehalten
hat?«

»Was denn?« fragte ich dumpf.

»Der Gedanke: Was werde ich meinen Freunden in
Amerika und den Leuten, bei denen ich in Chiang Mai gelebt habe, sagen? Alle werden enttäuscht von mir sein. Es
ist immer noch dieselbe alte Falle des Ego, sich Sorgen darüber zu machen, was die anderen denken. Es ist lächer-

lich. Es hat keinen Sinn hierzubleiben, wenn ich unglücklich bin, also gehe ich nach Hause. Ich spüre das wirklich aus dem Bauch. Und das ist die richtige Entscheidung für mich.«

Ich starrte in das graue Wasser meines Wäschekübels. »Ich möchte wirklich gern mit dir darüber streiten, Boomer, dich davon überzeugen, daß du noch die beiden nächsten Monate hier mit mir aushalten sollst. Aber ich weiß, der einzige ernsthafte Grund dafür ist, daß ich dich vermissen werde, wenn du weggehst. Und darüber kann man nicht streiten.«

Ich zerrte meinen nassen *sabong* aus dem Kübel und rubbelte voller Kraft an den roten Schlammspritzern am Saum herum.

Richard fort, Jim mit Abreiseplänen beschäftigt. Sie waren die beiden, die in der Hierarchie rechts und links von mir saßen. Bald schon würde mir nichts mehr bleiben, als den ganzen Tag ungerührt in meinem *kuti* zu sitzen und zu meditieren. Wenn Jim wirklich weggeht, werde ich es dann mit zehn Tagen Einsamkeit versuchen. Herbie kann mir zum Essen die Reste aus der Küche bringen. Und zum Waschplatz werde ich einfach mitten am Vormittag gehen, wenn kein anderer da ist. Ich werde mein *kuti* leerräumen, die Bücher, meine Schüssel, die Laterne und den ganzen anderen Krempel hinauswerfen, der sich in meinem heimatlosen Leben inzwischen angesammelt hat. Und ohne Hilfsmittel werde ich leben, meine Psyche entblößen und den Spalt in meinem Ego so weit aufdrücken, daß der ganze Geist sich wieder zu Staub auflöst...

In der täglichen Meditation wandern meine Gedanken durch dieselben Vorstellungen. Ich reise durch China nach Tibet. Ich gehe an die Universität in Kanada zurück, halte dort Unterricht und schreibe ein glänzendes Buch. Während ich immer in einer nichtexistenten Zukunft weile, bemühe ich mich wieder und wieder, meinen Geist in die einfache Gegenwart zurückzuholen, zum Gehen und zum Atmen, weg von der Stimme, die in meinem Kopf »ich, ich, ich« schreit. Ich weiß, daß ich hier allein weitermachen kann, auch wenn ich abgelenkt bin. Richard ist weg. Jim wird fortgehen. Ich bin hierhergekommen, um allein zu leben. »Ich kann es mit der Hierarchie aushalten, mit der Selbstgefälligkeit, mit der Ausbeutung auch, solange sie mir die Möglichkeit zum Meditieren lassen«, sage ich zu dem Vogel auf dem Zweig vor mir, »und wenn sie mich durch den kleinen Spalt atmen lassen, der durch jene erste Berührung mit *samadhi* geöffnet worden ist.«

Beim allmorgendlichen Essen eröffnete mir Jim, er werde schon in ein paar Tagen abfahren.

»Ich dachte, du würdest noch zwei Wochen bleiben, wenigstens bis Buddhamas.« Buddhamas[2] war der Name, den Ajahn Chah einem der wichtigen buddhistischen Feste des Sommers gegeben hatte, in dem Geburt, Tod und Erleuchtung Buddhas gefeiert werden. Das bedeutete immer eine sehr rege Zeit im *wat*.

»Das habe ich auch zuerst vorgehabt, aber dann ist mir heute beim *bindabhat* klargeworden, daß ich auf diese Art zwei Wochen damit verbringen würde, auf etwas zu warten, was mich eigentlich gar nicht interessiert. Ich habe in meinem Leben noch Besseres zu tun. Ich könnte schon in weniger als einer Woche zu Hause sein, wenn ich will. Ich könnte am Montag abfahren. Es gibt keinen Grund, warum ich nicht am Montag abfahren sollte. Das sind noch vier Tage. Ich habe mich entschlossen, zuerst nach

---

[2] Eine Wortschöpfung in Anlehnung an das englische *Christmas* (Weihnachten). Anm. d. Übs.

Bangkok zu fahren, um mein Flugticket umzubuchen, und dann noch nach Chiang Mai, um mich von der Familie zu verabschieden, bei der ich gelebt habe. Sie werden enttäuscht sein, aber das macht mir nichts aus. Ich gehe nach Hause. Meine letzten paar Tage werde ich bei einer Freundin von mir in Bangkok bleiben, die Stewardeß bei den Thai International Airlines ist.«

»Also die Stewardeß ist der Grund, daß du so eifrig darauf bedacht bist, deine Gelübde loszuwerden!«

»Mach dir keine Sorgen um mich, Bob. Ich habe nicht vor, das dritte Gelübde zu brechen, bevor ich wieder zurück in Amerika bin. Das könnte in Thailand zu viele Probleme mit sich bringen. Eine Menge Frauen wollen einen Paß heiraten – noch ein Grund für mich, aus dem Land kommen zu wollen. Ich bin jetzt schon seit über zehn Monaten ein lieber Junge gewesen – schau nicht so überrascht. Vergiß nicht, daß ich nur ein zarter Student bin, kein hartgesottener Weltreisender.«

»Um so mehr ein Jammer, wenn du deine Robe ablegst. Zehn Monate? Das ist Selbstverleugnung. Ich habe daran gedacht, daß mir keiner mehr bleibt, wenn du weggehst. Ich werde die Gelegenheit nutzen und es einmal mit Isolationsmeditation versuchen. Ich möchte das ungefähr zehn Tage lang machen und so lange nur in meinem *kuti* bleiben, niemanden treffen und mit keinem reden.«

»Du willst doch nicht noch verrückter werden, oder?«

»Was macht das schon? Wenn du erst weg bist, habe ich keinen Grund mehr, hier noch mit irgend jemandem zu reden. Ich bin hier, um zu meditieren, nicht um mich an die Regeln zu halten. Mach dir keine Sorgen. Ich habe im Himalaya schon einmal fünf Tage in einer Höhle verbracht. Ich wollte es immer schon einmal noch länger versuchen. Abgesehen davon ist meine Alternative doch nur, mein Leben mit Percy beim Blätterfegen in einem *wat* voller Arbeitstage zu verbringen.«

Der malaysische Mönch, Yenaviro, saß oft in der Nähe der Waschpumpe neben dem Schuppen, in dem die Roben gefärbt wurden, und zerschnitt lange dünne Stöcke zu Streifen wie Dochte. Er war fast immer da, wenn ich früh morgens kam, um meine Kleider zu waschen. Ich vermied gern die spätnachmittägliche Hast. Ganz konzentriert auf seine Arbeit saß er da und beugte sein braunes Gesicht über die Stöcke, die er zu glatten, zarten Holzröhrchen verarbeitete. Oft waren wir zwei allein. Wir unterhielten uns, während er arbeitete und ich an meinen Flecken schrubbte.

»Es ist nicht leicht, ein Mönch zu sein«, erzählte er mir.

»Mir kommt es eigentlich ziemlich leicht vor«, sagte ich. »Ihr habt keine Arbeit und keine Verantwortung, keine Sache für die und keine Feinde, gegen die ihr kämpfen müßtet. Ihr habt nur eure kleinen Mönchspflichten und die Meditation, um damit eure Tage zu füllen und euch eine gewisse Selbstachtung zu verschaffen. Das heimatlose Leben macht auf mich einen ziemlich gemütlichen Eindruck.«

»Du bist nur ein *pahkow,* für dich ist das Leben einfach. Glaube nicht, du wüßtest, wie unser Leben ist. Du bist keinem Druck ausgesetzt. Wenn du eine Regel brichst, macht das nichts. Wenn ein Mönch einen Fehler macht, muß er manchmal wirklich dafür leiden. In einer so engen Gemeinschaft wissen alle alles. Man kann nicht viele Geheimnisse haben. Die kleinsten Sachen machen einem wochenlang das Leben schwer. Es gibt kein Entkommen. Manchmal bringen dich die anderen Mönche so weit, daß du am liebsten aufhören würdest. Wenn du gegen eine Regel verstößt, sehen sie auf dich herab. Das kann einen verrückt machen.«

»Ich schätze, ihr *bhikkhus* habt nicht einmal eine Arbeit, um damit euren Ärger loszuwerden.«

»Es ist ja schon ein Verstoß, sich überhaupt zu ärgern!

Wir müssen einander respektieren. Unfreundliche Worte sind verboten.«

»Ich habe einmal auf einem Öltanker gearbeitet, Yenaviro, und dort gab es nur zwei Möglichkeiten für eine Beziehung der Leute aus der Mannschaft zueinander. Entweder ertrug man sich, oder man haßte sich.«

»Wir dürfen nicht hassen. Wir dürfen nicht einmal schlechte Gedanken über jemand anderen hegen. Und wenn ich es doch tue, fühle ich mich furchtbar.«

»Also, du darfst keinem deiner Brüder eine runterhauen, selbst wenn es nötig wäre, ihm einen Denkzettel zu verpassen? Auseinandersetzungen sind manchmal ganz gut. Sie helfen einem, Dampf abzulassen.«

»Es ist ein schwerer Verstoß, wenn ein Mönch einen anderen Mönch schlägt.«

»Und wenn er dich provoziert?«

»Einen Mönch zu provozieren, ist auch ein schwerer Verstoß.«

»Manchmal sind diese Regeln doch recht sinnvoll. Ich gebe zu, daß ich den Druck auch schon in mir spüren kann. Aber nicht so, daß ich jemanden deswegen verhauen würde.«

»Und dann versuche das einmal drei Jahre lang. Wir dürfen eigentlich nicht einmal einen Widerwillen haben. Wir sollen Schamgefühl entwickeln. Man lehrt uns, empfindsam auf das zu achten, was die anderen von uns denken. Darum sind die Regeln niedergelegt worden, damit wir Schamgefühl entwickeln.«

»Das würde mich verrückt machen. Schamgefühl bindet einen doch nur an die schlechten Taten der Vergangenheit. Wie kann das eine Tugend sein?«

»Es kann einen davon abhalten, die schlechten Taten zu wiederholen. Aber Scham ist nicht das Schlimmste im Leben eines Mönchs. Das schlimmste ist die Langeweile. Man kann nicht die ganze Zeit meditieren. Jahr um Jahr, jeden Tag dasselbe. Nichts Neues, nichts Neues, manchmal würde ich am liebsten schreien. In den ersten paar Jahren kann man sich damit beschäftigen, die Rezitationen zu lernen. Dann ist das alles noch irgendwie neu und aufregend. Na ja, vielleicht nicht aufregend ...«

»Wenn du so empfindest, warum willst du dann Mönch sein? Das sieht doch irgendwie aus, als würdest du dein Leben verschwenden.«

Der Mönch legte seine Stöcke zur Seite und sprach mich direkt an. »Draußen in der Welt ist es ja noch schlimmer als hier. Jeder rennt herum und versucht, Geld zu machen, sich Glück zu kaufen. Und sie enden alle nur in Unglück und Schulden. Sie laufen und laufen, nach einer Weile läuft man nicht einmal mehr dem Glück hinterher. Man endet dabei, daß man läuft, um die Rechnungen bezahlen zu können. Hier ist es wenigstens so, daß es schon alles ist, wenn man sich langweilt. Langeweile ist eben nur Langeweile. Man lebt damit. Man läuft nicht herum und versucht, Glück daraus zu machen.«

»Was hast du gemacht, bevor du Mönch geworden bist?«

»Ich war Buchhalter.« Yenaviro wandte sich wieder seinem Bündel Stöcke zu. Einen nach dem anderen hielt er sie sich vor die Augen, um ihre Geradheit zu prüfen.

»Yenaviro, kann ich dich etwas Persönliches fragen?«

»Ich denke schon. Aber meckere nicht mehr an mir herum.«

»An dir herummeckern? Ich habe gar nicht an dir herumgemeckert.«

»Und wie war das mit dem lockeren Leben, das wir Mönche führen?«

»Das liegt nur daran, wie ich rede. Ich bin froh, daß ich es angesprochen habe, denn jetzt hast du mir gezeigt, wie schwierig es wirklich ist.«

»Also frage.«

»Was willst du mit den kleinen Holzstöckchen? Ich finde, du machst sie sehr schön, alles so schön glatt und rund. Mir ist aufgefallen, daß du schon ziemlich lange daran arbeitest.«

»Das ist meine zweite Portion. Die erste habe ich zu dünn gemacht. Deswegen mußte ich letzte Woche wieder von vorn anfangen.«

»Ja, zu dünn dürfen sie nicht sein, das kann ich verstehen. Das ist schlimm.«

»Eigentlich nicht.«

»Also, wofür brauchst du sie?«

»Für einen Schüsselständer. Ich mache mir meinen eigenen Ständer für meine Schüssel.«

»Aber du hast doch schon einen.«

»Keinen, den ich selbst gebaut habe.«

Während wir uns unterhielten, erschien Ruk mit Sun Tin aus dem Dschungel. Sie zogen einen Handwagen mit trockenem Holz hinter sich her. Sun Tins schräges Grinsen breitete sich auf seinem Gesicht aus. Sie legten die größeren Scheite auf zwei Sägeböcke und begannen, sie mit einer Zweimannsäge zu zerkleinern und die Teile auf den Holzstapel unter den Vorsprung des Blechdaches am Färbeschuppen zu legen. Der Thai und der Deutsche atmeten schwer. Die Sonne glänzte auf dem Schweiß an ihren Körpern. Als sie fertig waren, kam Ruk herüber und setzte sich zu uns. Sun Tin kühlte sich unter der Wasserpumpe ab.

»Ruk, was macht ein Mönch, solange er darauf wartet, daß seine fünf *pansa* vergehen?«

»Es gibt viel zu tun«, sagte er mit einem Lächeln. Er putzte seine Brille mit seinem durchweichten ockerfarbenen Überwurf.

»Aber was tust du hauptsächlich? Zusehen, wie die Langeweile kommt?«

In meinem *kuti* war ich wieder dem Schlaf zum Opfer gefallen, eingeschläfert von einem falschen Gefühl des Zutrauens. Ich hatte mich getäuscht. *Samadhi* kam nicht ohne weiteres wieder. Es entzog sich mir wie gewöhnlich. Ich wurde wieder wach, als die Glocke zur abendlichen Rezitation rief, während das Dröhnen der Elefantenkäfer schon langsam in der Nacht verhallte. Ich hastete durch die dichte Dschungelluft und kam erst ziemlich spät an. Dunkle Gestalten hatten schon die *sala* gefüllt. Ich schloß mich dem schweigenden Hin- und Hergehen an und versuchte, mich auf das kühle Gefühl der Fliesen unter meinen Füßen zu konzentrieren. Ich bemühte mich vergeblich, mich wieder auf die Wellenlänge der Glückseligkeit einzustimmen, die so beruhigend gewesen war. Irgend etwas in mir fühlte sich so schwer an wie ein unverdauter Klumpen Klebreis. Die dumpfe Furcht vor der Trennung. Jim konnte gehen. Ich würde es überleben. Ich würde lernen können, zuzusehen, wie die Langeweile kam. Und doch war das noch mehr. Ich ging aus der Halle nach draußen und starrte den zunehmenden Mond durch die Baumwipfel hindurch an.

Die schweigende Stimme in meinem Inneren befragte mich.

»Warum so traurig?«

»Ich fühle mich schlecht, weil Jim weggeht.«

»Sich von den Menschen zu trennen, die man liebt, bedeutet Leiden.«

»Aber da steckt noch etwas anderes dahinter. Er hat gute Gründe wegzugehen, aber ein guter Grund ist nicht immer eine wahre Antwort. Ich habe das Gefühl, daß er zu mir und zu sich selbst nicht ehrlich ist. Er hat mir doch erzählt, Pah Nanachat sei die ideale streßfreie Umgebung, von der er immer geträumt hat, wenn er sich an der Universität überfordert fühlte. Er sagte, sein gegenwärtiges Elend habe nichts mit den Zuständen hier zu tun. Und doch behauptet er jetzt, er gehe fort, weil er hier nicht glücklich ist. Er sagt, er fände das System widerlich. Ist denn das amerikanische System weniger ausbeuterisch? Wohin will er denn gehen, um ein besseres zu finden? Zu Hause wird er genausowenig glücklich sein, und das weiß er auch. Warum also davonlaufen? Ich glaube, das Leben hier deprimiert Jim, weil er nichts tun kann. Er kann sich nicht einmal einen Ständer für seine Schüssel bauen. Hier gibt es nichts, was ihn davon ablenken könnte, daß er leidet, und er kann es nicht ertragen, wenn er weiß, daß es dafür keinen Grund von außen gibt. Es liegt nicht an der Umgebung, es liegt an ihm. Er läuft vor etwas davon, das in seinem Innern nicht in Ordnung ist. Ich habe das Gefühl, ich sollte ihm das sagen, ihn dazu zwingen zuzugeben, daß es in Amerika auch nicht besser werden wird. Er wird leiden, wo auch immer er sich aufhält.«

»Und du?«

»Ich werde hierbleiben.«

»Und du?«

»Was soll mit mir sein?«

»Wirst du auch weiter leiden?«

»Ich? Leiden?«

»Du, leiden.«

»Weil Jim weggeht?«

»Weil du herausfinden wirst, wenn dich nichts mehr ablenkt, daß...«

»Ich leide nicht. Nicht so wie Jim. Mit mir ist alles in Ordnung.«

»Und wo bleibt dann dein *samadhi*?«

»Abgelenkt sein ist doch ganz natürlich.«

»Was passiert, wenn du dich zur Meditation hinsetzt? Deine Gedanken laufen von einer Phantasie zur nächsten. Du schreibst eifrig Bücher über eine Erfahrung, die du erst noch machen mußt. Du kannst nicht stillhalten. Hast du Frieden?«

»Etwas.«

»Vor wem läufst du davon?«

»Es ist doch nicht verkehrt, wenn man ein wenig träumt.«

»Bist du zum Träumen hierhergekommen? Du tauschst die Wirklichkeit für das ein, was nicht existiert. Warum?«

»Ich weiß es nicht.«

»Warum?«

»Ich weiß es nicht.«

»Warum?«

»Weil, weil, verdammt, ich kann eben nicht allein bleiben mit meinem Atem. Meine Gedanken drehen durch, geraten außer Kontrolle. Ich komme in Panik. Ist es das, was du hören willst? Wenn ich mit meinem Atem allein bin, leide ich.«

»Also was wirst du Jim sagen?«

»Daß er – daß ich – daß wir davonlaufen. Läuft jeder vor sich selbst davon?«

»Alles ist Leiden.«

»Als ich in Nepal war, habe ich von Indien geträumt; als ich in Indien war, habe ich mir Gedanken über Bangladesh gemacht. In Bangladesh habe ich mich nach Burma gesehnt. In Burma packte mich das Verlangen, nach Thailand zu kommen. Ich laufe immer davon. Ich bin mit dem Gegenwärtigen nie zufrieden, bekomme davon nie das, was ich will...«

»Die Gegenwart ist nur deine Umgebung.«

»Und mit der Umgebung ist alles in Ordnung. Es liegt an mir. Mit mir stimmt etwas nicht.«

»Wer bist du?«

»Illusion.«

»Bob? Bist du da?« flüsterte Jims Stimme hinter mir im Dunkeln. Das Mondlicht warf unsere Schatten durch die Tür in die *sala*. Er sah aus wie ein großer, weißer *pee bah*, seine Robe schimmerte schwach. Ich packte ihn am Überwurf und zog ihn um die äußere Ecke des Tempels herum zu dem Platz, wo wir am Abend des letzten Wai Phra gesessen und geredet hatten. Er schien sehr aufmerksam, weil ich mich so bedeutungsvoll bewegte.

»Hör mir bis zum Schluß zu«, fing ich an. »Du sagst, du gehst fort, weil du hier unglücklich bist. Aber du leidest nicht wegen der Umgebung hier. Du leidest deinetwegen. Hier kannst du dich nur nicht mehr davor verstecken. Bei mir ist das auch so. Während der Meditation laufe ich vor der Gegenwart davon und lebe in meinen Phantasien. Unsere ganzen Klagen über Pah Nanachat lenken uns nur von dem eigentlichen Problem ab: Unsere Unzufriedenheit kommt aus unserem Inneren.«

Er packte meine geballte Faust, die immer noch seinen Überwurf hielt. Seine Hand war eiskalt. »Genau das wollte ich dir auch sagen«, erklärte er mir.

Wir ließen einander los und lehnten uns verwirrt an die Wand der *sala*. Keiner von uns beiden bewegte sich. Im Innern der Halle hatte die Rezitation angefangen. Die Wolken begannen, den Mond zu bedecken, und verdunkelten dadurch das bleiche Licht. Die Leuchtkäfer segelten im Zickzack zwischen den Bäumen hindurch und tanzten neben dem metallenen Wassertank.

»Du bist gekommen, um mir dasselbe zu sagen?« fragte ich meinen Zwilling.

»Ich laufe nicht vor dem Ort davon, sondern vor mir. Ich wollte dich sogar auch warnen, wenn ich den Mut aufgebracht hätte. Ich glaube, du läufst auch davon.«

»Also ist das ganze *samsara* Leiden? Wir alle leiden. Wo immer wir hingehen, was auch immer wir tun, wir laufen davon, um dem Leiden zu entgehen, das in unserem Innern ist.«

»Selbst das Leiden in einem Kloster ist Leiden«, ergänzte Jim.

»Und das Leben in Amerika ist Leiden«, sagte ich.

»Und das Leben in Thailand ist Leiden.«

»Das Leben ist Leiden.«

»Wenn alles Leiden ist, was sollen wir dann tun, Bob?«

»Ich weiß es nicht, es ist deprimierend, darüber nachzudenken.«

»Töten wir uns selbst.«

»Ich weiß es nicht. Vielleicht werden wir einfach nur reinkarniert, wenn wir es versuchen. Dadurch wird nichts gelöst, es kommt nur noch mehr schlechtes *kamma* dazu. Das Leben zahlt es einem heim.«

»Ich glaube nicht an Wiedergeburt.«

»Ich auch nicht. Vielleicht wurde die Idee nur entwickelt, um ganz Asien von der Selbstzerstörung abzuhalten.«

»Der Tod ist ein großer Schmerzlinderer.«

»Aber Selbstmord kann das Leiden nicht lösen, wenn niemand dabei übrigbleibt, der sich befreit fühlen kann.«

»Man fühlt sich erleichtert, wenn man weiß, daß man gleich sterben wird, daß das Ende kommt.«

»Wir werden sowieso alle irgendwann sterben. Das müßte doch eigentlich genug Erleichterung bieten.«

»Selbstmord kürzt das Ganze ab.«

»Aber wenn man weiß, daß es eines Tages enden wird, kann man es aushalten.«

»Warum aushalten? Warum nicht einfach sterben oder weglaufen und sich verstecken, die Phantasie aufrechterhalten, beschäftigt bleiben, oben oder im Rausch bleiben, sich selbst vorlügen, daß man glücklich ist, und zu Gott beten, daß man bald ausgebrannt ist?«

»Bleib schön, stirb jung, meinst du das? Das ist illusorisch, Jim. Du weißt trotzdem, daß du dich belügst.«

»Leidet man weniger, wenn man es weiß?«

»Ein rücksichtsloses Leben verletzt auch noch andere.«

»Sie leiden sowieso«, sagte Jim neben mir und verfiel in Schweigen.

Die Frage des Selbstmordes war todernst geworden. Mein Gehirn bemühte sich um mögliche Widersprüche gegen Jims Logik. Aber es ging hier nicht mehr um das streng Philosophische. Die Wolken hatten jetzt den Mond ganz verdeckt. Ich konnte nur noch den dunklen Umriß von Jims Gesicht erkennen. Ein Leuchtkäfer landete auf dem Saum von Jims Robe und erzeugte dort ein kleines, grünweißes Schimmern. Vorsichtig wischte er ihn ab.

»Sag mir nur eins«, fragte ich. »Warum hast du nicht noch eine Kugel geladen?« Die Frage hin in der Stille.

»Ich weiß es nicht.« Jim lehnte den dunklen Schatten seines Kopfes auf sein Knie. »Das ist etwas, das einen wieder aufbaut. Als gerade diese Kugel, von all den vielen Kugeln in den USA, ein Blindgänger war, hat mich das geschockt. Ich konnte es einfach nicht noch mal machen.«

»Wie hast du dich gefühlt? Erleichterung hast du keine dabei erfahren. Warum hast du dir nicht einfach gesagt: ›In diesem Leben funktionieren nicht einmal die Kugeln so, wie sie sollen‹ und noch einmal geladen?«

»Schwer zu sagen. Es gab einen Moment, da wollte ich es tun. Später – es war dasselbe beim zweiten Mal mit dem Zug. Er hatte zwanzig Minuten Verspätung. Aber ich war immer noch da, als er kam. Ich stand auf der Brücke und sah ihn vorüberfahren. Irgend etwas hatte sich geändert. Ich konnte es nicht mehr tun.«

»Warum nicht? Was war das in dir, das leben wollte?«

»Nichts. Es fühlte sich nur so vergeblich an. Es gab keinen Grund mehr, es zu tun. Ich nehme an, Selbstmord ist die egoistischste aller Handlungen. Man entscheidet, daß man den Tod verdient und bestimmt sich selbst zum Henker. Es ist eine selbstgerechte Phantasie. Ich habe das vorher nie so gesehen. Damals wollte ich es einfach nur hinter mich bringen.«

»Also lebst du, weil der Versuch zu sterben vergeblich war?«

»Ich fühle mich dadurch nicht besser. Sisyphos rollt einfach den Felsen, aber er ist nicht glücklich dabei.«

»Warum Sisyphos und nicht Buddha oder Jesus? Was ist mit deinem Professor-Guru und meinem Fleischexporteur? Vielleicht leiden sie auch. Trotzdem erfüllen sie ihr Leben mit Wert. Vielleicht kann ich noch mehr von ihnen lernen, bevor ich sage: Selbstmord ist besser. Vielleicht ist das Vertrauen, wenn man glaubt, daß die *arahants*, die Heiligen und die *bodhisattvas* wirklich etwas gefunden haben. Wir kennen es nur nicht.«

»Willst du damit sagen, daß ich es mit dem Glauben versuchen soll?«

»Glaube bedeutet nur Geduld. Jesus und Buddha, ich denke, sie haben wirklich den Selbstmord vertreten. Sie lehrten, laß dich vor deinem Selbst sterben. Der Gedanke ›Ich bin‹ soll ausgelöscht werden. Es ist das Ego, das Selbst, der Affen-Geist, der leidet. Was will glücklich sein? Nicht der Körper. Das Ego will glücklich sein. Aber Buddha hat gelehrt, daß das Ego eine Illusion ist...«

»Darin bin ich mir ganz sicher.«

»Ich auch. Wir haben alle eine Illusion geschaffen, ein Ding, an das wir so sehr glauben wollen, daß es uns unser ganzes Leben lang quält.«

»Es verursacht eine ganze Menge Leiden für etwas Unwirkliches. Ist Leiden Illusion?«

»Leiden ist wirklich. Aber es wird durch etwas Unwirkliches verursacht. Wir wollen ein beständiges Gefühl von unserem Selbst, aber die Welt unterstützt uns darin nicht. Genau das ist Leiden. Erinnerst du dich an Buddhas Geschichte von dem räudigen Hund? Buddha sah diesen Köter herumlaufen, von einem Platz zum nächsten, ins Gebüsch, dann ins Feld, dann über Felsen. Er legte sich hin, stand auf, lief herum, blieb wieder stehen. Wo immer er auch hinlief, litt er furchtbar unter seiner Räude. Aber der arme Hund dachte, das Jucken würde durch seinen gegenwärtigen Standort erzeugt, deshalb lief er herum und versuchte, seinem Leiden zu entkommen. Es war sinnlos. Das Problem des Hundes war nicht sein Standort, sondern die Räude. Und die trug er mit sich herum.«

»Also haben wir die Räude? Rasieren wir uns deswegen die Köpfe?«

»Wir haben so lange die Räude, solange wir noch ein Ego besitzen.«

»Und wie bringen wir es um?«

»Ich weiß es nicht. Meditation. *Samadhi*-Selbstmord? Mein Magen tut weh. Wenn ich mein Ego jetzt umbringen könnte, indem ich eine Waffe darauf abdrücke, ohne meinen Körper zu verletzen oder was auch immer sonst noch neben dem ›Ich bin‹ lebt, dann wäre ich doch nicht dazu fähig. Als ich Christ geworden bin, dachte ich, ich wäre für mein altes Selbst gestorben, damit ich wiedergeboren werden kann. Ich glaube immer noch daran, aber das alte Selbst ist nicht tot. Es will auch nicht sterben. Es ist einfach ein Christen-Selbst geworden.«

»Also hast du dann immer noch gelitten? Das erscheint mir irgendwie sinnlos.«

»Sinnlos, sinnlos«, murmelte ich: »Nein, es hatte eine Bedeutung. Ich wollte wirklich Christ werden. Vielleicht war das das eigentliche Problem. Ich wollte etwas werden. Das Ego lebt, indem es in die Zukunft weist und indem es seine Hinweise im Gedächtnis haften läßt. So halten wir uns an der Illusion fest, das Selbst sei wirklich. Wir versuchen, mit den Dingen, die wir in unserem Leben tun, etwas Solides zu erreichen – sogar in der selbstgerechten Verurteilung zum Selbstmord.«

»Also schalten wir das Ego aus, indem wir nicht mehr versuchen, etwas zu erreichen.« Jim sprach langsam, bedachte jedes Wort, bevor er artikulierte. »Das würde uns zwingen, in der Gegenwart zu bleiben, würde unsere Phantasien töten. Die Juristische Fakultät ist sinnlos, nach

Hause fahren ist sinnlos, Meditation ist sinnlos...« Jims Stimme klang zusammen mit dem monotonen Dröhnen der Rezitation, das aus dem Tempel drang.

»Bücher zu schreiben, ist sinnlos, Reisen ist sinnlos«, griff ich die neue Litanei auf.

»In Pah Nanachat zu leben, ist wirklich sinnlos«, kicherte Jim in der Dunkelheit.

»Du bist sinnlos, Boomer.«

»Du bist sinnlos, Bob. Nur daran sollten wir immer wieder denken. Es hat keinen Sinn, etwas Sinnvolles zu tun. Das klingt so einfach. Aber ich habe das Gefühl, daß sich schon etwas ändert, nur weil ich weiß, daß es keinen Sinn hat, mich abzustrampeln für etwas, das ich nicht bekommen kann.«

»Ich fühle mich trotzdem noch elend. Es ist deprimierend. Was hat es für einen Sinn, sinnlos zu sein, wenn man daraus keinen Sinn bezieht?«

»Bitte wiederhole das nicht noch einmal.«

»Wenn ich keinen Sinn im Leben sehe, wird mein Ego dahinschwinden und sterben. Aber dann ist ja niemand mehr da, der feststellen kann, wie gut ich das kann, oder der sich auch nur darüber freut, nicht zu leiden. Wenn man ohne Ego handelt, dann hat man auch nichts davon. Man tut es einfach nur. Man bezieht keinen Sinn daraus, keinen Sinn zu suchen. Es gibt keine Belohnung. Es gibt kein Glück, denn es ist das Ego, das Glück empfindet. Wenn ich mich nicht mehr um den Sinn bemühe, leide ich nicht mehr und bin nicht mehr glücklich. Ich könnte auf das Glück verzichten, wenn ich glauben würde, ich hätte etwas davon, und sei es auch nur etwas Mystisches, das sich der Bezeichnung durch Worte entzieht. Aber wenn ich es aufgebe, den Sinn zu wollen, bedeutet es, daß selbst wenn es darüber hinaus noch etwas gibt: Das Ego, das ich bin, kann davon nichts haben. Es ist sinnlos.«

»Und wie üben wir uns in Sinnlosigkeit?«

»Indem wir fünf Jahre lang in einem *wat* sitzen. Das tun die Mönche hier doch gerade, oder? Sie sitzen herum, langweilen sich und schauen zu, wie Jugend, Karriere und die Gelegenheit zum Heiraten an ihnen vorübergehen. Du hast selbst gesagt, du hast das Gefühl, hier zu ersticken. Und genau das wollen sie. Das Ego ersticken. Sie langweilen ihr Selbst zu Tode. Hier gibt es keine Stelle, zu der man davonlaufen könnte. Sie geben jede Tätigkeit auf, die sie ablenken könnte. Das Selbst hört auf zu atmen, wie ein Hai in einem Netz. Deswegen werden unsere Gedanken hier so wild und ruhelos. Sie ringen nach Luft, ringen nach Sinn. Deswegen sollen wir einfach nur passiv die Regeln hinnehmen. Selbst unsere Versuche, dem Sinn der Regeln zu folgen, entspringen nur unseren Egos, die sich zu bestätigen versuchen. Sie sind verzweifelt. Sieh dir dein Elend an und meine Phantasien – unsere Egos wollen hier heraus, damit sie wieder atmen können.«

»Aber diese *farang*-Mönche, Tim, die ersticken doch nicht. Sie benutzen nur das Kloster und die Regeln, um etwas Sinnvolles zu tun. Sie nennen sich glückliche Schüler und erlauben den Thai, sich vor ihnen zu verneigen. Das einzige, was ich hier sehe, ist ›Ego‹. Sie halten sich für heilig. Glaubst du, daß sie annehmen, sie wären hier, um sich zu langweilen bis zur Erleuchtung?«

»Manche, ja.«

»Dieser Ort ist voller Ego. Ich gehe zu Buddha, ich gehe zu *Dhamma,* ich gehe zu *sangha.* Ich bin Novize, ich bin *bhikkhu.* Ich bin Teil einer Tradition, die zweitausendfünfhundert Jahre alt und direkt von Buddha auf uns gekommen ist. Ich folge den Regeln, also bin ich ein edles Wesen. Kannst du dir eine bessere Art vorstellen, sich um eine sinnvolle Tätigkeit zu bemühen, als in ein *wat* zu gehen, damit dein kleines Ego erleuchtet werden kann?« Er fing an zu lachen, und ich dachte, er würde vielleicht die Mönche drinnen stören. Es schien ihm egal zu sein.

»Du bist wirklich hart, was die armen Mönche betrifft. Sie wollen doch gar nicht verehrt werden.«

»Du irrst dich. Erinnerst du dich an die Thai-Schulmädchen, die uns interviewen wollten? Ich habe dir das nie erzählt, aber Thai, die als Besucher hierhergekommen sind, haben oft mit mir gesprochen, weil ich ihre Sprache verstehe. Dann haben sie mich gefragt, was ich von Pha Nanachat hielte. Du weißt ja, wie ich empfinde, und ich lüge ungern, aber ich konnte ihnen einfach nicht sagen, daß ich das Gefühl habe, hier wären lauter selbstgefällige Verlierer. Also bin ich zum Ajahn gegangen und habe ihn gefragt, wie ich den Regeln gemäß mit Besuchern umgehen solle. Er sagte, das lenke zu sehr ab. ›Die beste Reaktion ist es, würdiges Schweigen zu bewahren‹, erklärte er mir. ›Wenn die Mönche zu viel mit Laien sprechen und zu freundlich zu ihnen sind, dann wird ihr Respekt sich verlieren. Wir sollten einen angemessenen Abstand wahren. Sonst werden sie bald Witze über uns machen. Sie werden sich dann nicht mehr vor uns verbeugen. Und dann bricht alles zusammen.‹ Findest du, das hört sich an, als käme es von einem Mann, der Vergänglichkeit lehrt? ›Und dann bricht alles zusammen.‹ Unser Lehrer macht sich ziemliche Sorgen, daß die Dorfbewohner eines Tages aufhören könnten, ihn und die *sangha* zu verehren. Die *sangha* hier ist voller Ego, man bemüht sich, möglichst Sinnvolles auf dem edlen Pfad zu tun.«

»Weißt du, was am verrücktesten ist bei meinen negativen Gefühlen gegenüber Pah Nanachat? Ich sehe hier nur Selbstgefälligkeit und Manipulation, und beide hasse ich. Aber ich glaube, es wird mein Leben ändern. Was immer auch jetzt geschieht, wenn ich deprimiert bin, kann ich es nicht auf die Umstände schieben. Ich weiß, daß ich nicht entkommen kann. Sogar Selbstmord ist nichts anderes als Egoismus. Es gibt keinen Ausweg. Wenn ich das annehmen kann, kann ich vielleicht auch aufhören davonzulaufen. Es wird mich nicht glücklich machen. Glücklich oder unglücklich scheint jetzt nicht mehr wichtig zu sein.«

»Du meinst, es ist sinnlos? Ich habe immer gefürchtet, daß ich während meiner Reisen einen Punkt erreichen würde, wo alles vergeblich ist, wo ich feststellen würde, daß es sinnlos ist zu reisen. Und dann wollte ich einfach nach Hause gehen. Jetzt bin ich an diesem Punkt. Soll ich jetzt deswegen abreisen?«

»Dummkopf. Du brauchst doch nicht nach Hause zu gehen. Du kannst genausogut nach China gehen, genauso deine Bücher schreiben. Oder du gehst zurück nach Kanada und schreibst dort vielleicht bessere Bücher über Eis und Schnee, als du sie über Asien schreiben kannst. Egal wie, es ist sinnlos. Es ist völlig egal, und es wird dir nicht irgendwie guttun. Nur das eine sollten wir nicht vergessen: Nichts wird uns irgendwie guttun. Es gibt keinen Sinn, welchen Weg auch immer du wählst.«

»Boomer, glaubst du, daß das die Erleuchtung ist?«

»Was macht das schon?« Er lachte.

»Mein Ego braucht eine Form, um sich daran zu orientieren. Es will klar definierte Ziele für ein sinnloses Leben. Mein Ego will immer noch glauben, daß es die Erleuchtung erreichen wird.«

»Die Erleuchtung ›erreicht‹ man nicht.«

»Das Leuchten kommt, wenn das Ego geht. Dann ist keiner mehr da, der etwas erreicht.«

»Was hat es für einen Sinn, eine Philosophie daraus zu machen?«

»Keinen. Es ist völlig gleichgültig. Es fühlt sich nur einfach leer an im Innern, als würde mir jemand ein Loch in den Magen graben. Gehst du trotzdem noch?«

»Das ist doch egal. Es hat keinen Sinn zu gehen. Ich gehe. Am Montag. Und du?«

»Es hat keinen Sinn zu bleiben. Ich bleibe. Sinnlos, dich zu vermissen.«

242

Die Rezitation hörte auf. Dunkle Gestalten in Roben leuchteten mit Lichtern zwischen die Bäume hinaus. Die Taschenlampen in der Hand, um Skorpione zu verscheuchen, glitten die Mönche aus der *sala.* Wir saßen schweigend da, bis die Lichter im Dschungel verschwanden. Jim stand auf, um zu seinem *kuti* zurückzulaufen. Ich ging in den leeren, dunklen Tempel.

Man hatte zwei Altarlichter brennen lassen, die den Buddhastandbildern einen matten Schimmer verliehen. Ich setzte mich auf meinen Platz auf den Matten und betrachtete die riesigen, ernsten Gestalten, deren Lippen in einem allwissenden Lächeln geschlossen waren. Ich war nach Pah Nanachat gekommen, um herauszufinden, was mich von dem Wissen hinter diesem Lächeln trennte. Ich war bereit gewesen, ein Ungleichgewicht in meiner Psyche auszutarieren, solange der Gewinn das Opfer wert sein würde. Aber wenn man das Ego aufgibt, existiert auch kein Gewinn mehr, nicht einmal Befriedigung im Wissen. Soweit ich das überblicken konnte, war da nur Dunkelheit.

»Ich nehme Zuflucht zu Buddha.« Welche Leere kann einen dazu bewegen, in die Dunkelheit einzutreten? Man kann einen Vogel nicht das Fliegen lehren, nur wie er seinen Zweig los und sich fallen lassen kann. Die Nacht fühlte sich in meinem Innern gräßlich und leer an. »Traue nur deiner eigenen Erfahrung.« Das hörte sich nach Sicherheit an. Opfere dich und gewinne nichts. Davon hast du uns nie erzählt.

Die leere Halle füllt sich plötzlich mit einem lauten, durchdringenden Summen, dem donnernd anschwellenden Fluggeräusch eines Elefantenkäfers, der irgendwo in der *sala* schwirrt. Es wird leiser. Ich höre, wie das Tier von hier nach da fliegt. Beim Fliegen brummt es wie ein Zweitakter. Ich starre in der Dunkelheit in alle Richtungen und versuche, dem Geräusch zu folgen. Erschreckt entdecke ich die schwarze Gestalt eines Menschen in der Nähe des Podiums der Mönche hocken. Sie war schon die ganze Zeit mit mir hier. Ich kriege eine Gänsehaut im Nacken.

»Hallo?« rufe ich.

Der Käfer brummt wieder betäubend weiter. Eine Taschenlampe geht an. Die dunkle Gestalt sucht die Wand mit dem Lichtstrahl ab und folgt dem Brummen. Durch das Licht, das dabei auf den Mönch fällt, erkenne ich Sun Tin, den Thai mit dem verrückten Lächeln. Ein Lichtstrahl fängt das fliegende Insekt ein. Er verfolgt seinen unsicheren Weg mit der Taschenlampe, bis es auf dem Boden der *sala* landet. Er kriecht so leise wie eine Katze auf den Käfer zu. Ich will schreien, aber ich stehe von meiner Matte auf und hocke mich neben ihn. Sun Tin lächelt mir mit seinem schrägen Grinsen zu und nimmt es hin, daß ich noch hier im Dunkeln sitze, nachdem alle anderen fort sind. Er zeigt auf das Insekt und äußert für mich unverständliche Silben. Ich nicke. Der Elefantenkäfer bemüht sich, seine Vorderbeine aus einem Stück Spinnengewebe zu befreien. Das klebrige Gewebe bedeckt auch seinen Kopf und seine Fühler, was vielleicht erklärt, warum er noch so spät am Abend aktiv ist. Zum ersten Mal sehe ich einen solchen Käfer von nahem. Er ist so groß wie eine Maus und hat die Form eines VW-Käfers, die Schutzschicht über seinen Flügeln ist hart und silbergrün metallisch. Sun Tin packt ihn am Rand dieses äußeren Panzers zwischen Daumen und Zeigefinger. Er dreht das Insekt um und beginnt vorsichtig, die klebrigen Fasern von seinen strampelnden Beinen zu lösen. Sein Gesicht bekommt einen ernsten Ausdruck, während er daran arbeitet. Das Lächeln verschwindet. Als er fertig ist, grinst er mich noch einmal an und setzt den Käfer wieder auf den Boden.

»Dee-ma«, sagt er zu mir, dem Käfer und sich selbst. So ist es besser. Der Käfer scheint ihm zuzustimmen. Sobald der Mönch ihn losläßt, öffnet sich der silbergrüne Panzer, und die Flügel breiten sich aus. Wir hören das maschinenähnliche Dröhnen, als der Elefantenkäfer zwischen uns startet, durch ein offenes Fenster hinaus und in die Nacht. Sun Tin sieht mich an mit einem Lächeln, als würde sein Gesicht zerspringen. Dann zuckt er die Schultern, legt den Kopf schief, als wolle er sagen »Ich gehe jetzt« und läßt mich im leeren Tempel allein zurück.

»Er weiß es, oder?« sage ich.

Aber Buddha erzählt mir nichts.

Kapitel 11

Ein perfektes Versteck

Die Steine tun mir bei *bindabhat* immer noch an den Füßen weh. Bauern in abgerissenen kurzen Hosen fluchen auf ihre Wasserbüffel, die die Reisfelder pflügen. Ruk ist krank, also führt mich ein junger Thai-Mönch, Tan Wee, auf unserer morgendlichen Almosenrunde durch das Dorf. Alte Frauen halten ein Schwätzchen mit ihren Nachbarinnen und spucken roten Betelsaft aus, bevor sie niederknien, um uns Reis in unsere leeren Schüsseln zu füllen, wenn wir vorübergehen. Wir sind ein Teil ihres Tagesablaufs. Ein kleines Mädchen hilft ihrer Großmutter, uns in eingefettete Bananenblätter eingewickelte Kokosbonbons zu geben. Drei legt sie in meine Schüssel, und ich lächele ihr zu, obwohl ich dabei riskiere, sie zu beleidigen. Auf dem langen Heimweg spüre ich Hunger. Tan Wee geht weit vor mir. Ich stecke meine Hand in meine Schüssel und hole einen Klumpen Klebreis heraus. Obwohl die Sonne schon aufgegangen ist und es mir nach den Regeln erlaubt wäre zu essen bis zur Mittagszeit, würde ein Mönch doch niemals die Speisen in seiner Schüssel anrühren, solange er noch auf *bindabhat* ist. Ich esse den Klumpen. Er schmeckt angenehm und etwas süßlich. Ich habe klebrigen Reis noch nie gern gegessen und mich immer gewundert, was die anderen daran so toll finden. Heimlich nehme ich noch eine Handvoll und bin dabei ganz vorsichtig, damit mich die sechs Frauen nicht sehen, die auf dem Reisfeld neben mir junge Reispflanzen setzen. Ich rolle den Reis auf meiner Zunge hin und her und genieße das zusätzliche Gefühl des Sakrilegs, das ich begehe. Kleine Pfützenkrebse hasten aus dem Weg, wenn ich näher komme. Der Boden ist naß und von Wasser überflutet. Meine Füße gehen auf dem matschigen Pfad unter, und der rote Schlamm drückt sich zwischen meinen Zehen hindurch. Ich lache und gehe über den Damm und die kleinen Deiche zwischen den Feldern. Meine Gedanken wandern in die Zukunft. Ich habe mein Leben mit so vielen Plänen gefüllt, daß damit drei Leute Überstunden machen könnten. Die Phantasien fallen von mir ab in die nassen, morgenfrischen Felder. Ich lasse sie dort und folge Tan Wees Spur zurück ins Kloster.

An diesem Morgen war der Lehrer fortgegangen, um ein anderes Kloster zu besuchen. Er war dorthin eingeladen worden, um eine besondere *dasana* zu halten, denn es war Wai Phra. In unserem *wat* waren schon Dorfbewohner eingetroffen, um uns das Essen zuzubereiten. Mehrere Autos waren am Rand des Geländes geparkt. Noch mehr Besucher waren aus Bangkok gekommen. Wir aus der Gemeinschaft hatten die Tendenz, diese Massen zu meiden, aber als ein Kleinbus voller Thai-Mönche anrollte, weckte das doch ziemlich viel Interesse. Ein berühmter Thai-Ajahn, ein Schüler von Ajahn Chah, war zum Frühstück gekommen. Man geleitete ihn in die *sala* und wies ihm den Ehrenplatz zu. Selbst unser eigener Lehrer setzte sich nicht dorthin. Er wurde von einem halben Dutzend Mönche und ein paar weiblichen *pahkows* begleitet, alten Frauen, die ein paar Tage lang in dem durch einen Zaun abgeteilten Gebiet am anderen Ende des Geländes bleiben würden. Wir nahmen unsere Plätze in der Essensreihe ein, während die *sala* sich mit Gästen füllte, die zum größten Teil schon zur Feier des Tages ihre weiße Kleidung angezogen hatten. Sie brachten uns dreiundfünfzig verschiedene Gerichte herein, dabei auch das Dessert aus Bananen und Kokosnüssen, das es normalerweise nur bei Ordinationsfeiern gibt. »Bhote Bananen« nannte sie Jim. Tan Casipo hatte uns gewarnt, daß wir aus jeder Schüssel etwas nehmen müßten, wenn viele Dorfbewohner kamen, um uns Essen zu bringen, damit nicht irgend jemand beleidigt wurde. Man darf nie nur an einer Schüssel schnuppern und sie dann weitergeben, empfahl uns der hilfreiche Mönch. Bald entstand in unseren Schüsseln dadurch eine wirre Mischung von Aromata, die Jim besonders gern mochte. Seit unserer Entscheidung zu fasten hatte er sich entschlossen, keine Gelüste mehr auf den speziellen Geschmack des Essens zu entwickeln. Er stapelte mit religiöser Ernsthaftigkeit Früchte, Fleischgerichte, Gemüse und Süßigkeiten übereinander und vermischte sie mit der Hand.

Wir erwarteten düster, der Ersatz-Ajahn werde wie unser Lehrer verfahren und am Morgen des Wai Phra eine lange *dasana* in Thai halten. Auf diese Weise konnte man sich bei den Gästen für ihre Spenden bedanken, und uns wurde gleichzeitig gelehrt, unseren Appetit zu unterdrücken. Es war auch üblich, daß Gästen, die bis zur Nachtwache bleiben wollten, vor dem Frühstück die acht Regeln gegeben wurden. Der Mönch, der zu Besuch gekommen war, tat nichts Derartiges. Er sprach der Form halber einen kurzen Segen, nachdem das Essen verteilt war, und begann dann sofort, ausgiebig zu mampfen. Vielleicht wußte unser Gast auch nicht, daß man von ihm erwartete, daß er für sein Essen etwas leistete. Eigentlich hätte die Pflicht, die Regeln auszugeben, jetzt auf Tan Bodhipalo übergehen sollen. Der düster dreinblickende Mönch war zweifellos erleichtert, als der edle Besucher diese Aufgabe übernahm. Nachdem das Essen erst einmal begonnen hatte, bestand keine Möglichkeit mehr, mit deren Hilfe der Mönch, der auf dem zweiten Platz der Hierarchie saß, die normale Ordnung hätte wiederherstellen können. Die in Weiß gekleideten Dorfbewohner gingen fort, nachdem sie uns das Essen serviert hatten. Da man ihnen die Regeln verweigert hatte, blieben sie nicht bis zur Morgenrezitation.

»Siehst du, Jim, ohne den Ajahn bricht alles zusammen«, sagte ich, während wir uns über unsere vollbeladenen Schüsseln hermachten. Die Speisen waren köstlich, trotz der Mischung und obwohl ich schon so früh mit dem Reis angefangen hatte. Ich aß gleichmäßig und ohne Hemmung.

»Bob, Bob, sieh dich doch an«, sagte Jim ermahnend. »Wo sind deine Gedanken?«

»Überall. Ich weiß, was ich tue.« Ich lachte. Ich fühlte mich etwas wacklig im Kopf, als fahre ich mit der Achterbahn. »Ich meine, es liegt nicht am Tempo, mit dem man ißt, sondern an der Konzentration und daran, daß man weiß, was man tut. Heute morgen hatte ich beim *bindabhat* Hunger. Ich habe etwas Reis gegessen.«

»Auf der Almosenrunde?«

»Warum nicht? Wir haben das Essen zu einer so wichtigen Sache hochstilisiert, das führt in eine völlig falsche Richtung. Dadurch wird das Leben noch um ein paar Regeln schwieriger. Es soll einfach bleiben. So wie in dem Lied:

Ich trinke, wenn ich durstig bin,
bei Hunger ess' ich Brot,
Wenn der Himmel nicht auf den Kopf mir fällt,
dann leb' ich bis an den Tod.
Whiskey, o Whiskey, ich kenn' dich seit alters her,
Du hast mir genommen mein Silber und Gold,
jetzt sind meine Taschen leer.

»Zurück zu deiner Schüssel, Bob.«

»Wenn ich meinen Kopf hineinstecken könnte, würde ich das tun. Und den Boden mit den Zähnen abkratzen. Das ist im *Vinaya* nicht verboten.«

Nachdem die Mahlzeit beendet war, erlaubte der zu Besuch gekommene Ajahn zunächst den höheren, dann den unteren Rängen der Hierarchie, sich vor seiner gedrungenen Gestalt und seinem cherubinischen Gesicht zu verbeugen. Als wir fertig waren, bedachte er uns mit einem *wai*, das Jim nach Luft schnappen ließ.

»Hast du gesehen, wie hoch er seine Hände gehalten hat? Je höher das *wai,* desto mehr Respekt wird damit bezeugt. Er hat uns sehr geehrt.«

Wir spülten wie gewöhnlich unsere Eß- und Abfallschüsseln und lehnten uns dann sitzend in die Sonne an die Wand der *sala,* um zu warten, bis sie getrocknet waren. Wir hatten beide zuviel gegessen. Wir waren zufrieden, einfach dasitzen zu können und einem lila Schmetterling zuzusehen, der um den Wassertank herumflatterte. Es schien sinnlos, zurück in unser *kuti* zu eilen, um zu meditieren. Jim drehte sich um und entdeckte den Körper einer kleinen Eidechse, der am Fensterladen eines der *sala*-Fenster hing. Er war schlaff, nach hinten verdreht und hing an einem Fuß mit seinen kleinen Saugnapfzehen kopfüber am Holz. Die Eidechse sah komisch und traurig aus.

»Die muß einen Herzschlag bekommen haben«, sagte ich. »In einem Augenblick fing sie noch Fliegen und war so zufrieden, wie es eine Eidechse nur sein kann, im nächsten war sie schon als Mensch wiedergeboren.«

»Na also, endlich mal eine richtige Lehrerrede«, sagte Jim. »Ein Jammer, daß sonst niemand hier ist.«

Wir ließen sie dort hängen, als weitere Erinnerung an die Sterblichkeit. Als die Sonne den letzten Rest Feuchtigkeit von unseren Schüsseln aufgesogen hatte, stülpten wir die orangenen Wollbeutel wieder darüber und begannen, sie zuzubinden.

»Wann wirst du es dem Ajahn sagen?« fragte ich.

»Heute.«

»Das läßt ihm nicht viel Zeit.«

»Ich glaube nicht, daß er das *wat* wird schließen müssen, bis er einen Ersatz für mich gefunden hat. Ich kann es kaum erwarten, den Ausdruck auf seinem Gesicht zu sehen, wenn ich ihm sage, daß ich übermorgen gehe. Aber natürlich würde es mir auch nichts ausmachen, sein Gesicht nie mehr wiederzusehen. Eigentlich ist es egal.«

»Du meinst, egal wie du leiden wirst, oder egal, wie er leiden wird? Das hört sich wirklich nicht so an, als wärest du von spiritueller Dankbarkeit erfüllt, Boomer.«

»Soll es auch gar nicht. Warum sollte er leiden?«

»Du hast doch gesagt, du würdest drei Monate bleiben.«

»Seiner Regel gemäß darf ich gehen, wann immer ich will. Selbst ein Mönch braucht nur einem anderen Mönch dreimal zu sagen, daß er jetzt fortgeht, und er ist von seinen Gelübden befreit.«

»Ich schätze, der Ajahn wird enttäuscht sein.«

»Ich bezweifle, daß ihn das wirklich interessiert. Wieviel Interesse hat er uns beiden schon gewidmet, seit wir hier sind? Keine Spur. Glaubst du, er wird sich eher Gedanken machen, wenn ich weggehe? Garantiert nicht.«

»Wenn er ein schlechtes Gefühl hat, könnte das doch eine gute Sache sein. Ich wünschte, er würde auch die Sachen hören können, die du über diesen Ort hier gesagt hast. Vielleicht hätte es den Mönchen geholfen und ihre Probleme auf die eine oder andere Art etwas erleichtert.«

»Es ist wirklich ein Jammer, daß niemand hier ist, der es diesen Leuten so sagen könnte, wie es ist, Tim. Jemand, der nicht bei dem Spiel mitspielt oder auf die Sache mit den zweitausendfünfhundert Jahren Tradition hereinfällt. Jemand, der auch er selbst sein könnte. Und glaube bloß nicht, daß ich damit auf jemand bestimmten anspiele.«

»Ich nehme an, daß Ajahn Chah so gewesen ist. Er ist wieder aus Bangkok zurück, weißt du. Tan Casipo hat mir erzählt, daß sie ihn letzte Woche mit seinem Spezialwagen zum Wat Pah Pong gebracht haben.«

»Wie geht es ihm?«

»Stabil, sagt Tan Casipo, was immer er damit auch meinen mag.«

»Ich denke, sie halten ihn am Leben wie ein Stück Gemüse, damit sie noch mehr Zweigstellen des Klosters einrichten können«, sagte Jim mit plötzlichem Zorn. »Seit er den Schlaganfall hatte, sind über zwanzig neue Klöster gebaut worden, die mit Wat Pah Pong in Zusammenhang stehen. Für die Thai ist das eine sichere Möglichkeit, sich ein paar Vorteile für die nächste Inkarnation zu verschaffen, wenn sie Ajahn Chah etwas geben, einem *arahant*, wenn es je einen gegeben hat. Das kommt in Thailand ständig vor. Wenn ein *arahant* erst einmal tot ist, kann man mit ihm keine Vorteile mehr gewinnen, also werden keine Spenden mehr gegeben. Sie erhalten ihn am Leben in einem *kuti* für zwei Millionen *bhat* neben seinem Kloster. Wenn er stirbt, werden sie ihm ein großes Gedächtnisgebäude errichten, so daß auch weiterhin noch Geld hereinfließen wird. Ich habe das Mausoleum von einem der Lehrer aus Bangkok gesehen. Seine Schüler haben seinen Körper vergoldet und dann ausgestellt. Wie findest du das zum Thema Vergänglichkeit?«

»Ich bin froh, daß du deinen Zynismus noch nicht verloren hast.«

»Ich leide trotzdem, mit oder ohne Zynismus.« Wir grinsten einander zu und gingen durch den Dschungel, jeder seinen Weg.

Beim Nachmittagsgetränk war meine schöne rote Tasse weg. Ich durchsuchte die ganze Küche. Ich nahm an, daß vielleicht einer der Dorfbewohner sie genommen hatte. Sich von etwas zu trennen, was man mag, bedeutet Leiden. Vergänglichkeit. Die Objekte unserer Gedanken sind unbeständig. Nach der Getränkepause fragte ich herum, ob jemand die Tasse gesehen hatte. Keine Antwort. Tan Casipo half mir in der *sala* suchen. Wir fanden nur Ameisen. Sie waren von dem Betontank in das Regal am Ende der Halle umgezogen.

»Dinge aus Materie dematerialisieren sich manchmal einfach, nicht wahr, Tan Casipo?«

»Dann wird es sich vielleicht auch wieder rematerialisieren«, sagte der mitleidige Mönch. Ich erinnerte mich, daß er Physikstudent gewesen war, bevor er *bhikkhu* wurde. »Versuche, nicht weiter daran zu denken«, war sein fundierter Rat.

Ohne den Ajahn war es langweilig an Wai Phra. Es gab kein *dhamma*-Gespräch für uns. Tan Bodhipalo stellte ein Tonbandgerät mit der Aufnahme einer *dasana* für die Dorfbewohner auf. Am Abend waren es bedeutend weniger als am Morgen. Wir erhielten nicht einmal Medizin zu unserem Abendkaffee. Jim schüttete zwei Tassen Koffein in sich hinein. Ich sogar drei. Die Nacht verging schnell. Ich saß ganz ruhig, es sirrten eine Menge Mücken umher. Ich wickelte meine Füße und meine Arme in eine Decke und bedeckte meinen kahlen Kopf mit einem Sitztuch. Es waren keine Gedanken da, keine Konzentration, es gab kein Gehen, keine Energie.

»Das ist keine Meditation, das ist Ersticken«, dachte ich. »Und Tod durch Trägheit ist das Ziel.«

»Du schmeichelst dir mit dem Tod«, meinte die innere Stimme.

»Du schon wieder.«

»Glaubst du etwa, du hättest etwas erreicht? Sind Schlendrian und Hängenlassen Freiheit? Hast du aufgehört zu streben, weil du keinen Gewinn zu erwarten hast? Du vergißt diejenigen Leute, die du dir als Vorbilder gewählt hast. Hast du schon das getan, was noch getan werden muß? Du hast erst einen kleinen Schritt auf dem langen Weg gemacht. Und jetzt sitzt du da, träge wie ein Stein.«

»Ich versuche, dem Ego aus dem Weg zu gehen.«

»Wer versucht das?«

»Das Selbst, ich gebe es zu. Aber ich versuche nicht, etwas Sinnvolles zu tun. Ich kann nicht über irgend etwas meditieren, wenn es nichts mit meinem Selbst zu tun hat.«

»Meditiere über das Nicht-Selbst. Das Selbst ist nur eine Illusion.«

»Dann ist es doch viel einfacher für dich.«

Sein oder Nichtsein, das ist hier die Frage.
Weder Sein noch Nichtsein, das ist die Antwort.
Vermeide die Extreme.

»Was hat es eigentlich für einen Sinn, wenn man an Wai Phra die ganze Nacht aufbleibt?« hörte ich Percy im Dunkeln zu Herbie sagen. Ich bemühte mich, die Antwort des kleinen Laienbruders zu hören.

»Es hat keinen Sinn«, antwortete Herbie, als stelle er etwas ganz Offensichtliches fest. Das war das zweite Mal, daß ich einen Verdacht hatte, was ihn betraf.

Als sie an diesem Morgen vor Sonnenaufgang Kakao zubereiteten, erzählte Jim Herbie, daß er bald fortgehen werde. Außer mir wußte sonst niemand von Jims Abreise. Er hatte vor, damit etwas von Herbie zu erfahren über seine Pläne für die Zukunft und seinen Hintergrund. Der Teenager hatte gelegentlich erwähnt, daß er nicht viel

Geld habe. Jim glaubte immer noch, er wäre ein Ausreißer.

»Ein *wat* ist ein perfektes Versteck«, hatte mein Zwilling festgestellt. »Niemand würde einen je dort finden. Man bekommt umsonst Nahrung und Wohnung. Sieh dir doch an, wie wenig Herbie in jeder Beziehung von sich erzählt. Er ißt kaum etwas, so viel Spannung ist in ihm. Ich mache mir wirklich Sorgen um den Jungen.«

Trotz seiner inneren Kämpfe war Herbie ein mustergültiger Laienbruder geblieben. Obwohl er nur selten beim morgendlichen Fegen half, war er immer vor *bindabhat* in der *sala* und half den Mönchen dabei, ihre äußeren Roben anzuziehen. Er kniete jeden Tag zu ihren Füßen und befestigte die Verschlüsse innen an den Roben. Nach der Almosenrunde half er den Novizen, den Reis und die anderen Speisen in verschiedene Schüsseln zu sortieren. Er arbeitete schweigend ohne Anmaßung, war dankbar, wenn sich niemand um ihn kümmerte. Er beklagte sich nur sehr selten und bat nie um etwas anderes als die Oliven, die an den Wai-Phra-Abenden niemand anderes wollte. Er war uns allen ein Vorbild an Dienstfertigkeit und Bescheidenheit, mit der Ausnahme des heimlichen Lächelns, das sich manchmal auf seine Lippen stahl. Nach dem Lächeln lachte er immer, so als überrasche ihn dessen Existenz auf seinem Gesicht. Einen Augenblick lang ließ seine Spannung nach. Dann verschwand er wieder im Hintergrund. Ansonsten wirkte er so makellos wie ein Roboter.

Jims Information reichte aus, um den kleinen Laienbruder aus seinem Schneckenhaus zu locken. Herbie bekannte, daß er auch bald fortgehen werde.

»Ich dachte, du hast kein Geld«, sagte Jim.

»Ich habe meiner Mutter in Kanada gekabelt. Sie wird mir welches schicken.«

»Und wo gehst du dann hin?«

»Nach Peking. Ich will mit der Transsibirischen Eisenbahn nach Moskau fahren und von da aus nach Europa. Ich habe Verwandte in London. Sie werden mich für eine Weile bei sich aufnehmen.«

»Hast du Pläne, irgendwann nach Hause zu gehen?« Jims Frage verriet, daß er die Technik eines Rechtsanwalts beherrschte, aber seine Besorgnis war echt.

»Nein.«

»Ich schätze, deine Mutter war froh, daß sie von dir gehört hat.«

»Eigentlich nicht.« Er zuckte mit den Schultern. »Ich habe sie nur einfach angerufen und sie gebeten, mir Geld zu schicken. Wir haben nicht viel geredet.« Herbie wandte sich wieder den Wasserkesseln zu. Er löffelte Kakao in das dampfende Wasser und rührte. Ich konnte klar erkennen, daß er darin Experte war, vor langer Zeit von Pahkow Michael gut eingelernt.

Beim Morgengrauen kam eine gute Nachricht. Mr. Chicago war wieder in der Gegend. Er war mit Ajahn Chah aus Bangkok zurückgefahren und hatte die letzte Woche im Wat Pah Pong verbracht. Da Ruk sich nicht wohl fühlte und beschlossen hatte, während Wai Phra zu fasten, nahm Mr. Chicago beim *bindabhat* seine Stelle ein, und der kleine Tan Wee ging zwischen uns.

»Na, Junge, wie kommst du voran?« fragte er mich, als wir unsere Wanderung zu den Toren hinaus begannen. Tan Wee ging uns schon voraus. Der ältere *bhikkhu* schien es nicht eilig zu haben und hielt während unserer Morgenrunde zufrieden sein Schwätzchen mit mir. »Gibt's in den Dörfern hübsche Mädchen?«

»Da ist eine, die ist wirklich Klasse, selbst wenn sie kniet«, sagte ich grinsend. »Sie ist jeden Morgen mit dem Reis draußen. Hübsch, aber mit Ehering. Irgendwann kurz bevor ich wieder weggehe, werde ich die Runde mal mit meiner normalen Kleidung machen, damit ich ihr einmal zulächeln kann.«

»Das war eine Fangfrage, weißt du. Du solltest sie nicht ansehen.«

»Du hast mich erwischt. Ich gebe zu, Mr. Chicago, ich bin froh, daß ich nicht mein ganzes Leben in der Robe verbringen werde.«

»Es heißt Sumeno, Tan Sumeno. Du solltest mich mit meinem Pali-Namen ansprechen. Ich kann mich noch ganz gut an dich erinnern. Du sollst wissen, daß ich schon seit über zwölf Jahren Mönch bin, also höre gut zu, was ich dir sagen werde. Vielleicht wird dies das wichtigste Gespräch deines Lebens werden. Vielleicht hast du die Sache noch nicht ernsthaft bedacht. Du bist jung. Du hast noch dein ganzes Leben vor dir. Ich war schon in den mittleren Jahren, als ich überhaupt zum ersten Mal etwas von *dhamma* gehört habe. Denke daran, daß es am 27. Mai 1985 war, als ein Mönch namens Tan Sumeno zum ersten Mal zu dir sagte: ›Junge, warum schmeißt du nicht alles um? Sage deine Reisepläne ab. Schreib an deine Familie und deine Freunde, daß du nicht zurückkommst. Laß dich als Novize aufnehmen und werde Mönch.‹ Ich werde langsam alt. Mein Körper wird sich bald abnutzen. Du, du hast noch alles auf deiner Seite. Du könntest es in diesem Leben noch schaffen, die Erleuchtung zu erreichen, wenn du dich wirklich der Meditation verschreiben würdest.«

Mr. Chicagos Worte waren aufregend für mich. Endlich eine Aufgabe, endlich versuchte ein Mönch, mich zum Übertritt zu überreden. Nachdem ich von den anderen soviel Desinteresse erfahren hatte, fand ich es herrlich. Es war etwas, womit ich mich auseinandersetzen konnte. Ich bedachte die Worte des Mönchs schweigend, bis wir die schmalen Deiche in den Reisfeldern sicher überquert hatten und auf dem breiten Weg zum Dorf waren.

»Warum kann ich die Erleuchtung nicht erlangen, ohne Mönch zu werden? Kann ich das nicht da draußen in der Welt schaffen, ohne in einem *wat* eingesperrt zu sein?«

»Junge, da draußen würdest du nur im Sumpf von *samsara* untergehen. Da gibt's keine Zeit zum Meditieren.«

»In einem *wat* gibt es auch *samsara*, Mr. – äh, Tan Sumeno. Und es ist auch genauso sumpfig. Vielleicht bestehen weniger Versuchungen, aber die sind dafür intensiver. Drinnen oder draußen, überall ist *samsara*. Das *Dhamma* lehrt nur über *samsara*. *Samsara* ist es gerade, von dem wir etwas lernen müssen.«

»Du lernst nichts dabei, wenn du darin ertrinkst. Du mußt dich verweigern und dich zurückziehen, sonst zieht es dich hinab.«

»Aber ich lerne am besten, wenn ich mittendrin stehe in etwas, wenn ich so voll im *samsara* stehe, daß es an mir reibt wie Sandpapier. Die produktivste Zeit meiner Meditation war, als ich mich leidenschaftlich in eine deutsche Frau verliebt habe, während ich in Indien war, die auch meine Geliebte sein wollte. Sie war Studentin in Varanasi. Es wäre sehr schlimm für sie gewesen, wenn man sie mit einem Mann gesehen hätte. Ich verbrachte Tage damit, zu beobachten, wie mein Verlangen wuchs, nahm die Schwierigkeiten an, ließ es vergehen. Ich mußte leben, ohne die Erwartung, daß es so je funktionieren würde. Meine Lust hat mich eine Menge Geduld gelehrt.«

»Allein schaffst du es nie«, sagte der Mönch und schüttelte sein Doppelkinn. »Warum bleibst du nicht einfach? Das ist viel leichter.«

»Ich könnte auch bleiben. Es gibt eigentlich keinen guten Grund, warum ich wieder gehen sollte. Aber welchen Weg ich auch wähle, werde ich leiden – das habe ich hier schon gelernt. Ich denke, manche Leute eignen sich besser für eine bestimmte Umgebung als andere. Für mich ist das Kloster eine sehr verführerische Form von *samsara*. Es ist schon verlockend, sich vorzustellen, daß man vorankommt, nur weil man hier ist. Der Marktplatz hält mich auf Messers Schneide.«

»Das Leben eines Mönchs ist nicht so leicht. Erst vor ein paar Tagen war ich in der *sala* von Wat Pah Pong damit beschäftigt, meine Robe zu nähen. Sie war gerissen. Ich mußte eine alte Nähmaschine verwenden, um sie zu reparieren. Bei ihr hängt die Nadel immer fest, und es ist unmöglich, eine gerade Naht zu machen. Der Faden riß immer wieder ab. Der Raum war voller Mücken, die mich alle stachen. Es war heiß, und der Schweiß lief mir dauernd in die Augen und brannte, so daß ich nichts mehr sehen konnte. Ein paar Thai fingen auf der anderen Seite der *sala* an zu streiten. Ich wollte die Hände über dem Kopf zusammenschlagen und aufhören, alles aufgeben und mir einfach ein schönes neues Paar Jeans anziehen. Aber ich hielt durch, bis die Robe fertig war. Ich kämpfte die ganze Zeit mit meinem Widerwillen. Aber schließlich bin ich jetzt glücklicher, wo ich nur noch drei alte Roben besitze, als ich es damals war, wo ich mir jede zweite Woche einen neuen Anzug kaufte.

Ich werde dir erzählen, wie ich hierhergekommen bin, Junge.« Er lächelte mich an und sprach weiter, während wir am Lotusteich vorbeigingen. »Ich war Millionär, noch bevor ich fünfunddreißig war. Ich leitete zehn Firmen außerhalb von Chicago. Und die waren nicht klein. Eine von ihnen beschäftigte über hundert Angestellte. Ich hatte einen Namen im Immobiliengeschäft. Ich hatte eine Frau, eine Ex-Frau und eine Reihe von Geliebten. Ich mußte aufpassen, weil ich nicht wollte, daß die Geliebten etwas von meinen Frauen erfuhren. Ich hatte alle paar Monate ein neues Auto und jeden Kopfschmerz und jedes Zipperlein, das du dir vorstellen kannst. Meine Geschäfte brachten mir Geld, und meine Freunde rechneten alle auf mich, wenn sie in Schwierigkeiten waren. An manchen Tagen hatte ich das Gefühl, als würde ich die ganze Welt zum Laufen bringen – ohne jede Hilfe. Dann fingen IRS und FBI an, mir wegen irgendeiner kleinen Sache Schwierigkeiten zu machen. Nur noch ein bißchen Kopfschmerzen mehr. Eines Tages habe ich alle meine Freundinnen angerufen und mich von ihnen verabschiedet. Ich ging zu sämtlichen Direktoren meiner Firmen und erklärte ihnen, von nun an seien sie selbst zuständig und ich würde ihnen alle Papiere schicken, um die ganze Sache in die Hände der Angestellten zu legen. Ich erklärte ihnen, sie sollten sich den Profit teilen, wie immer sie sich würden einigen können. Ich kam abends früh nach Hause, was meine Frau überraschte, denn normalerweise blieb ich bis spät weg oder bei einer meiner Freundinnen. Ich sagte ihr, sie solle mir einen Koffer packen. ›Ich habe zwei Tickets für eine Weltreise gekauft, die morgen anfängt, Liebes. Ich habe das Haus an die Agentur verkauft. Verschenke alles, was du nicht mit in deinen Koffer packen kannst.‹ Sie dachte, ich wäre verrückt geworden. Dann ging ich weg, um mit drei alten Freunden Minigolf zu spielen. Wir waren schon seit Jahren nicht mehr zusammen gewesen. Ich hatte sie zu der Gelegenheit einmal wieder angerufen. Wir spielten um einen Vierteldollar pro Loch, wie in den alten Zeiten. Als ich ihnen sagte, ich würde mich hiermit verabschieden, sagten sie, ich sei verrückt. Sie sagten, ich würde bestimmt in zwei Monaten wieder zurück in Chicago sein. Meine Frau weinte. Dann boten sie uns an, uns zum Flughafen zu bringen. Als ich fortging, wußte ich, daß ich nie mehr wiederkommen würde.«

»Bist du je wieder hingefahren?«

»Ja, erst im letzten Herbst, mit meiner Robe. Sie waren alle erstaunt, mich nach fünfzehn Jahren wiederzusehen, ganz in Ordnung. Und sie waren ziemlich interessiert daran, was ich ihnen zu sagen hatte.«

»Und deine Frau?«

»Sie ist ohne mich wieder in die Staaten zurückgegangen. Sie ist jetzt Künstlerin irgendwo in Maine, glaube ich.«

»Also, wie bist du beim Theravada-Buddhismus gelandet?«

»Der Teravada-Buddhismus ist bei mir gelandet.«

Mr. Chicago schlang seinen Schüsselträger über seine rechte Schulter, als wir das Tor des Dorfes erreichten. Der Mönch runzelte die Stirn und sagte, es sei schon eine ganze Weile her, seit er durch dieses Dorf gekommen war. Er fragte sich, ob die alte Route in den vergangenen fünf Jahren geändert worden sei. Der kleine Tan Wee wartete auf uns. Er stellte sich an seinen Platz und sah zwischen uns beiden großen *farang* lächerlich klein aus. Tan Sumeno beugte den Kopf in schweigender Demut. Dann führte uns der ehemalige Millionär, der immer noch redete wie ein Immobilienhai, durch das Dorf, um mit uns um unseren täglichen Reis zu betteln.

Es lief am Anfang ganz gut, aber an der ersten Kreuzung, wo es keine knienden Gläubigen gab, die ihm den Weg gezeigt hätten, zögerte der Mönch. Wir konnten nicht einfach ziellos durch das Dorf wandern. Unsere Almosenspender erwarteten, daß wir an ihren Häusern vorbeikamen. Ich wartete, daß Tan Wee die Richtung angeben würde, aber der kleine Thai schwieg. Wir blieben unentschlossen stehen.

»Links«, zischte ich so unauffällig wie möglich. Sumeno bog in die richtige Straße ein. Obwohl die Tour zu einem Teil meines täglichen Lebensablaufs geworden war, war ich immer nur einem anderen gefolgt, mit gebeugtem Kopf, die Augen auf den Boden gerichtet. Ich wußte, wie schnell es sich herumsprechen würde, wenn es aussah, als würden sich die *farang*-Mönche verirren. Es würde wirklich demütigend für uns sein. Also bestimmte ich den Weg vom Ende der Reihe aus und versuchte mich immer schon im voraus daran zu erinnern, wo wir abbiegen mußten, auf der Suche nach charakteristischen Zeichen, anhand derer ich mich zwischen den rauhgezimmerten

Häusern auf Pfählen, dem Müll und dem Büffelmist orientieren konnte. Mr. Chicago reagierte auf meine Anweisungen, ohne sich je umzusehen. Der einzige Grund zur Besorgnis bei den Dorfbewohnern hätte es an diesem Morgen sein können, daß der unhöfliche *pahkow* ständig vor sich hinmurmelte und sich umsah. Ich schwitzte, als wir das Dorf-*wat* erreicht hatten. Wir verließen die Siedlung durch das Tor am anderen Ende und gingen an den beiden riesigen Bäumen am Rand der Reisfelder vorbei. Tan Sumeno schlug vor, ich solle ihm anbieten, seine Schüssel zurück nach Pah Nanachat zu tragen. Ein achtsamerer *pahkow* hätte das getan, ohne daß man ihn zuerst hätte bitten müssen. Als Tan Wee dann wieder vorausging, nahm der ältere Mönch sein Bemühen um Konversation wieder auf.

»Wenn du kein Mönch werden willst, was willst du dann mit dem Rest deines Lebens anstellen?« fragte er mich.

»Ich will Bücher schreiben.«

»Bücher schreiben?« Er klang ärgerlich. »Glaubst du denn nicht, daß es schon genug Bücher auf der Welt gibt? Ich erinnere mich an die Buchläden aus meiner Zeit in Berkeley, Bücher, die bis über die Fenster hinauf die Wände füllten. Zu viele Bücher. Verbrennt die Bücher! Das sage ich. Sie nützen niemandem etwas. Das Papier sollte man besser an den Bäumen lassen.«

Ich konnte nichts sagen. Ich schaute auf meine Füße. Ich wollte sagen, daß *Dhamma* auch in einem Buch niedergeschrieben ist. Wollte er das *Dhamma* verbrennen? Aber ich wußte, daß das eigentliche *Dhamma* kein Buch ist. Seltsamerweise schien er irgendwie recht zu haben. Besonders von der Perspektive der Bäume aus gesehen.

Als wir uns dem Schutz des Dschungels beim Kloster näherten, zeigte ich dem Seniormönch eine Abkürzung, die Ruk immer nahm, weil man dadurch vermied, ein großes Stück der Straße innerhalb der Tigertore mit dem spitzen Kies zu gehen. Sie führte über einen Pfad an einem schlammigen Deich entlang und über ein Reisfeld hinweg, das jetzt überflutet war.

»Ich erinnere mich an dieses Feld noch von vor zehn Jahren, als Pah Nanachat gerade eröffnet worden war«, sagte Tan Sumeno. »Ajahn Sumedo und ich kamen jeden Abend hier heraus zu einem Spaziergang. Ich erinnere mich auch, wie er vor ein paar Jahren noch einmal aus England hierher zu einem Besuch anreiste. ›Sumeno‹, sagte er zu mir, ›wenn du alt wirst und deine *bindabhat*-Runde nicht mehr schaffst, dann kommst du in das Kloster von Chithurst. Dann bleiben wir zusammen und sehen zu, wie die Jahreszeiten vergehen.‹«

»Und spürt, wie eure Zähne länger werden?«

»Meditiere einmal darüber, Junge. ›Zusehen, wie die Jahreszeiten vorübergehen‹, sagte er zu mir. Was könnte besser sein als das? Früher habe ich einmal geglaubt, ich hätte alles: Geld, Geschäft, Frauen, Autos, Erfolg. Jetzt habe ich nur eine hübsche kleine Hütte im Dschungel, zwanzig Sekunden neben meinem Arbeitsplatz. Ich esse eine gute Mahlzeit am Tag, die mir von schönen, großzügigen Thai-Leuten serviert wird. Ich nähe meine eigene Kleidung und verbringe meine Tage in Beschaulichkeit und Betrachtung. Am Schluß wird mein Körper alt und schwach werden. Er wird wieder auf die Erde zurückkehren. Aber bevor ich sterbe, werde ich auf dem Balkon sitzen und zusehen, wie die Jahreszeiten vergehen...«

Der Mönch begann, vom Deich zu rutschen. Bevor er das Gleichgewicht verlor, sprang er über ein kleines Rinnsal und landete sorgsam auf einem trockenen Stückchen neben ein paar Büschen. Von da aus führte der Pfad zurück zum *wat*.

»Du scheinst mir immer noch ziemlich munter, Mr. Chicago. Wie lange, hast du gesagt, bist du jetzt schon hier?«

»Zwölf Jahre. Zwölf Jahre Frieden und Zufriedenheit.«

»Und du bist immer noch nicht erleuchtet?«

Bei dem Fußbad vor der *sala* sprang ich zuerst ins Wasser, beide Schüsseln um die Schultern gehängt. Selbst nach wochenlanger Übung mit *bindabhat* waren meine Füße nach wie vor schmerzhaft dünnhäutig. Mr. Chicago sah mich mit vorwurfsvollem Blick an.

Ich wußte, was ich getan hatte. »Nun komm schon rein«, sagte ich und wandte mich an die Seite des viereckigen kleinen Beckens.

Er schüttelte schweigend sein Doppelkinn.

»Ist es gegen die Regeln, daß wir zusammen baden?«

»Stimmt. Der Senior sollte zuerst hineinsteigen.«

»Das ist eine Regel? Entschuldigung. Ich wollte nicht das Gesetz brechen.« Ich stapfte mit noch schlammigen Füßen wieder aus dem Wasser.

»Es ist nur eine Regel für Fälle, in denen es Unklarheiten darüber gibt, wer zuerst hineingeht. Eigentlich macht es mir nichts aus.« Er trat ins Wasser.

»Wenn es dir nichts ausmacht, wozu brauchen wir dann die Regel?«

»Nur um Verwirrung zu vermeiden.«

»Wenn es keinem von uns etwas ausmacht, besteht auch keine Verwirrung. Wir waren beide aber kurz ziemlich verwirrt. Es war die Regel, die uns verwirrt hat.«

»Die Regeln sind so, daß man achtsam sein und seine Bedürfnisse beherrschen kann«, sagte der Mönch und trat aus dem Wasser.

»Das Bedürfnis, den Regeln zu folgen, beherrscht nur andere Bedürfnisse«, sagte ich.

»Du verstehst mich nicht. Du solltest darüber meditieren, was ich dir gerade gesagt habe.«

»Doch, doch, ich verstehe dich schon«, sagte ich zu Tan Sumenos nassen Fußspuren. Der Mönch war in der *sala* verschwunden.

264

Ich rieb mir vergnügt die Hände, als ich an Jims Reaktion auf mein morgendliches Gespräch mit Mr. Chicago dachte. Die Geschichte »Vom Reichtum zur Robe« würde ihn entsetzen. Trotzdem war ich froh, daß der regelbewußte Mönch wieder zurück war. Ich mochte den Gedanken, daß jemand hier war, der versuchen würde, mich zu bekehren. Das würde mir etwas bieten, um mich daran zu scheuern, wenn Jim erst fort war.

Nach der Getränkepause half ich meinem Zwilling bei den Arbeiten, die er normalerweise mit Nimalo erledigte, anstatt Wasser zu holen. Es war ihre tägliche Aufgabe, die Waschwasserzisternen neben der Waschpumpe zu leeren und wieder mit frischem Wasser zu füllen. Nimalo war für ein paar Tage ins Wat Pah Pong gegangen, und so hatte Jim mich mitgenommen, um ihm bei seiner Aufgabe zu helfen. Er rauchte, als ich ihm Tan Sumenos Geschichte erzählte. Er meinte, der Mönch sei genau wie die anderen, er hatte das Leben aufgegeben und sich auf der Suche nach Bequemlichkeit und persönlichem Frieden zurückgezogen, wobei er die »schönen und großzügigen« Thai mit Herablassung betrachtete, die ihn verehrten.

»Aber die Sache mit ›schon zwölf Jahre und noch nicht erleuchtet‹ ist auch ganz schön hart von dir«, stellte mein Freund fest. »Was gibt es für einen Grund, ihn zu beleidigen?«

»Plötzlich hast du Mitleid mit der *Sangha*!« sagte ich überrascht und etwas gekränkt angesichts seiner Kritik.

»Dann ist er eben ein Versager bei der Aufgabe, die er sich gestellt hat. Dann ist er eben herablassend. Dann lebt er eben eine Lüge. Was hast du davon, wenn du es ihm vorhältst? Was hattest du vor, als du so mit ihm gespielt hast?«

»Ich mag ihn lieber als du den Ajahn. Ich habe nur ein paar lose Glieder in der Rüstung seiner Logik gefunden, die ich öffnen wollte.«

»Wem nützt das, Bob?«

»Dem Ego, Boomer. Ich lerne eben nur langsam.«

»Du bist ein Mistkerl.«

Ich pumpte schweigend Wasser in die Eimer. Jim goß den Inhalt in die letzte der Zisternen, die wir füllen sollten. Wir wanderten zusammen an den Mangobäumen vorbei, zurück in den Dschungel zu einem Brunnen hinter den letzten *kuties.* Bei der Toilette daneben war noch eine Zisterne zu füllen.

»Hast du die Moosläuse gesehen?« fragte mein Zwilling und machte einen Schritt neben den zugewachsenen Pfad. Er drehte ein Blatt um, und auf der Unterseite erkannte ich einen Klumpen aus weißem Moos oder Flechten. Ich schaute genauer hin. Es waren Insekten, jedes hatte einen zarten, federähnlichen Flaum auf dem Rücken.

»Es ist eine perfekte Tarnung«, erklärte Jim. Er ließ das Blatt los. »Ich habe es heute morgen dem Ajahn gesagt. Ich sagte, ich würde morgen abfahren.«

»Was hat er gesagt?«

»Er hat gesagt, er hätte nicht viel dazu zu sagen, also hat er auch nicht viel dazu gesagt. ›Es kommen viele Leute hierher‹, sagte er, ›aber die, die bleiben, haben wirklich genug von der Welt.‹«

»Wie Mr. Chicago.«

»Würd' ich auch meinen. Ich habe dann erwidert, ich hätte vermutlich einfach noch nicht genug davon.«

»Und das ist alles?«

»Es ist alles, was er von sich gegeben hat. Aber vielleicht sollte ich dir noch eines berichten, falls du mehr über Mr. Chicago wissen willst. Er kam vorbei, als ich fertig war mit dem Ajahn und wollte mit ihm über ein Problem mit einem Visum reden. Der Ajahn sagte zu ihm: ›Das ist jetzt schon das dritte Mal, daß du nach Pah Nanachat kommst, und du hast noch nie dem Ajahn in der korrekten Weise deinen Respekt erwiesen. Immer wenn du in einem Kloster ankommst, solltest du ihm eigentlich deinen Respekt entbieten, das weißt du. Du hast das noch nicht ein einziges Mal getan, seit ich als Abt hierhergekommen bin. Es stimmt, daß ich nur ein *pansa* mehr habe als du. Aber das ist eine persönliche Angelegenheit, die nichts zur Sache tut.‹ Mr. Chicago geriet ganz durcheinander. Er war völlig verwirrt, wie ein Kind, mit dem man schimpft, weil es sich schlecht benommen hat. ›Es tut mir leid, es tut mir wirklich leid‹, hat er fast gewinselt. ›Ich weiß, daß ich immer noch viel Widerwillen in mir habe. Ich gebe es zu. Aber ich verbeuge mich gern. Es tut mir gut. Es demütigt mich. Ich liebe es, mich zu verbeugen. Ich werde es jetzt machen, wenn du willst. Beim nächsten Mal vergesse ich es bestimmt nicht.‹ Er redete immer weiter, aber ich habe nicht gesehen, daß er sich verbeugt hat. Kein Wunder, daß er mit dir auf die harte Tour umgegangen ist, Tim. Er ist selbst völlig unsicher. Als er hörte, daß ich weggehe, hat er mich gebeten, ihm bei dem Problem mit seinem Visum zu helfen. Ich fragte ihn, was ich für ihn tun könne. Er wollte, daß ich mit der Botschaft redete. Er schien völlig unfähig, irgend etwas selbst zu unternehmen. Ich sagte, ich hätte kein Telefon bei den Leuten, bei denen ich übernachten würde, also werde es schwierig sein, ihm irgend etwas mitzuteilen. Das stimmt auch. Plötzlich änderte er seine Art. ›Ist schon gut, wir werden uns wahrscheinlich irgendwo zufällig auf der Straße treffen‹, sagte er mit fröhlicher Stimme. ›So ist das bei solchen Dingen immer.‹«

»Und den Mann wollte ich einschüchtern, Jim?«

»Ich hab' dir doch gesagt, daß du ein Mistkerl bist.«

Kapitel 12

Der einsame Pahkow

Ich saß neben der Pumpe und sah zu, wie Jim zum letzten Mal seine Robe wusch. Es fiel mir schwer, ihn zu verlieren. Niemand außer ihm würde es mir sagen, wenn ich ein Mistkerl war. Er gab mir alle restlichen *pahkow*-Vorräte, Mückenschutzmittel, Taschenlampenbatterien, einen übrigen Baumwollgürtel. Ich sollte sie dann an andere weitergeben, wenn ich das *wat* verließ. Zusammen hängten wir seine tropfenden *sabongs* und Umhänge auf die Wäscheleine. Ich versprach, sie wieder in den gemeinschaftlichen Schrank zurückzulegen, wenn sie getrocknet waren.

»Die Mädchen aus dem Dorf werden traurig sein, wenn der lange *farang* mit der großen Schüssel nicht mehr kommt«, sagte ich.

»Nimm meine Schüssel und geh du statt meiner. Sie werden den Unterschied ja doch nicht bemerken.«

»Bist du Tim oder Jim?«

»Ist doch egal.«

»Waren da nicht mal zwei von eurer Sorte?«

»Der andere war nur eine Erfindung meiner Phantasie.«

»Das bin ich also?« lachte ich.

»Was würde sich ein selbstmörderischer, pseudo-intellektueller Jurastudent wohl sonst für einen Dschungel-Gefährten einbilden als einen an Mystik interessierten, macho-rauhbeinigen Weltreisenden?«

»Ich bin gerne eine Erfindung deiner Phantasie gewesen, Boomer. Ohne deine Sicht von der Angelegenheit wäre ich jetzt wahrscheinlich selbstgefällig auf dem Weg zum *bhote*. Du hast meinen Optimismus zerstreut und mir ein neues Gleichgewicht gegeben.«

»Ohne dich, Bob, hätte ich nur noch Haß für diesen Ort hier übrig. Aber ich habe eine Menge gelernt. Du hast verhindert, daß ich verrückt werde.«

»Also teilen wir die Zwillinge jetzt auf in ihre jeweiligen Verrücktheiten.«

»Übe Aufmerksamkeit, *bhikkhu*, und befolge diese Regeln. Schreib mir, wenn du das *nibbana* erreicht hast.«

»Fall nicht zu tief ins *samsara* mit deiner Stewardeß.«

»Auf keinen Fall. Und wenn ich je einen Brief bekommen sollte, in dem steht, daß du dich für immer ordinieren lassen willst, dann komme ich zurück und zerre dich ins nächstgelegene Bordell von Bangkok.«

Jim sah irgendwie seltsam aus in der Hose und dem blauen Hemd. Nur seine Kahlheit wirkte normal. Ich konnte mich nicht mehr daran erinnern, wie er ausgesehen hatte, als wir beide ankamen. Wir gingen zu seinem *kuti* zurück. Ich half beim Aufräumen, und wir trugen den Kessel, die Matten, Decken und das Moskitonetz zurück in die *sala*. Dann folgte ich ihm zur Hütte des Ajahn. Der Lehrer stieg herunter, um ihn zum letzten Mal zu empfangen. Jim ließ seine blaue Reisetasche neben der Treppe fallen und kniete vor dem Australier nieder. Ich saß am anderen Ende der Terrasse, die Beine zur Seite gefaltet.

»Ich habe eigentlich nicht viel zu sagen«, meinte der Lehrer. Er sah abwesend und bleich aus.

»Ich wollte Ihnen nur auf Wiedersehen sagen, Sir, und Ihnen und der *sangha* für die Zeit danken, die ich hierbleiben durfte. Ich habe viel von mir selbst erfahren. Ich habe etwas Solides erhalten, mit dem ich arbeiten kann, und ich werde sicherlich weiterhin arbeiten.«

269

»Das wichtigste ist die Praxis der Meditation.«

»Ich werde praktizieren, Sir. Und wenn es Ihnen nichts ausmacht, würde ich Ihnen gern viel Glück wünschen.«

»Wünsche kein Glück, sondern nur *dhamma*.«

»Nur eine Geste, Sir.« Jim lachte etwas nervös. Er verbeugte sich.

Der Ajahn erhob sich und ging langsam die Stufen hinauf. Wir zwei machten uns auf den Weg zum Tor.

»Ich bin nicht sicher, ob das von Dauer sein wird, was wir vor ein paar Nächten besprochen haben, Tim. Ich wünsche mir, daß es bleibt. Ich möchte eine Möglichkeit finden, mich daran festzuhalten, damit es da ist, wenn ich es brauche. Aber in meinen Gedanken herrscht eine Quecksilber-Stimmung.«

»Ich glaube, das ist auch gut so. Es ist nicht von Dauer, weil man damit keinen Sinn erreicht. Es lehrt uns, nicht festzuhalten. Es ist Quecksilber. Schließlich hat es uns sogar in der Nacht damals wenig genützt. Es wird das Leiden nicht beenden. Was auch immer wir tun, wir werden leiden. Keine Wahl, die wir treffen könnten, wird uns glücklich machen. Das gibt uns unsere Freiheit vom Begehren.«

Wir verließen den kühlen Dschungel und wanderten hinaus in die heiße Nachmittagssonne, wobei wir dem Pfad zwischen den Reisfeldern hindurch zur nahe gelegenen Hauptstraße folgten. Der graue Streifen war leer. Wir standen im Schatten des großen, hölzernen Pah Nanachat-Schildes und warteten. Die Hitze ließ unsere kahlen Schädel schwitzen.

»Was wirst du jetzt machen?« fragte Jim.

»Leiden.«

»Sag mir wie. Wirst du deine Isolationsmeditation beginnen?«

»Das ist sinnlos. Ich wollte damit etwas beweisen, etwas erreichen.«

»Wirst du die ganzen drei Monate bleiben?«

»Wahrscheinlich nicht. Ich habe noch nicht darüber nachgedacht. Hier hält mich nichts. Ich könnte schon heute nachmittag wegfahren oder aber bleiben bis zum Ende der Klausurzeit im Oktober. Das ist doch egal. Ich werde nicht hier sitzen und auf die Erleuchtung warten. Ich würde gern noch Ajahn Chah besuchen, bevor ich nach Hause fahre, da er ja jetzt wieder in Wat Pah Pong ist – nur um ihm meinen Respekt zu erweisen.«

»Wenn du in nächster Zeit von hier fortgehst, kannst du mich in Chiang Mai besuchen.«

»Danke, das würde ich gern. Mein Leben ist kurzfristig schwer vorauszusagen.«

Die Weisheit des *vipassana* erhöhte plötzlich meine hochempfindlichen Gefühlsströme, die sich manifestierten in der *kammischen* Formation eines vorüberfahrenden Autos. Ich streckte meine Hand in Richtung Straße und winkte abwärts. Das Auto fuhr langsamer, und Jim rannte hinterher. Der Fahrer, ein Thai, streckte den Kopf aus dem Fenster. Ich sah, wie er sich freute, daß mein Zwilling seine Sprache sprechen konnte. Jim warf sein kleines Bündel auf den Rücksitz und kletterte hinterher in das Auto. Die durchdrehenden Räder wirbelten kleine Steinchen auf. Ich winkte, als Jim in Richtung Ampher Warin und Bahnhof verschwand.

Langsam wanderte ich über den Pfad zurück. Wasserbüffel standen unbeweglich in den überfluteten Feldern. Im Schatten der Bambus- und Palmblatthütten saßen Bauern mit ihren Familien und ruhten sich aus. Sie würden wieder weiterpflügen, wenn die Sonne tiefer stand. Sie sahen die Gestalt in der weißen Robe und mit der weißen Haut vorüberschlendern. Verrückter *farang*, er wurde von der Sonne gebraten. Er blieb am Rand des Dschungels von Pah Nanachat stehen, trat nicht in den Schatten. Er stand am Tor und starrte lange die Straße hinunter.

Im Dschungel war es gute fünf Grad kühler. Das schien kein besonders guter Grund zum Zurückgehen zu sein. Ich schlenderte in die *sala* und durchsuchte ein Regal im Nähzimmer, in dem die Bücher aufbewahrt wurden. Ich fand eine Ausgabe des *Vinaya* in englischer Übersetzung. Wenn ich den Regeln folgen wollte, dachte ich, sollte ich sie mir selbst erarbeiten. Ich suchte nicht nach Lücken, sondern nach Laufknoten, die ich lösen konnte. Ruk schwitzte gerade an der Nähmaschine über einer neuen Robe.

»Ruk, was bedeutet das?« unterbrach ich ihn. »Hier steht im *Vinaya*, die Mönche dürften nur dann Medizin zu sich nehmen, wenn sie vorher in Kuhurin eingelegt worden ist.«

»In der indischen Tradition wurde Kuhurin für alle möglichen Arten von Behandlung verwendet«, sagte er.

»Aber wenn die Mönche den Regeln wirklich korrekt folgen wollen, wie ist es dann mit den Oliven, die wir an Wai Phra essen? Wenn sie nicht in Kuhurin eingelegt sind, sollte man diese sogenannte Medizin verbieten?«

»Was glaubst du denn, worin sie eingelegt sind?«

»Was willst du damit sagen?«

»Daß wir das *Vinaya* strenger einhalten, als du denkst.«

Die Abendmeditation fiel zugunsten des wöchentlichen Saunaganges aus. Ich stieß erst ziemlich spät dazu, nachdem die meisten anderen schon gegangen waren, und traf Percy allein in der kleinen Ziegelhütte an.

»In den letzten Tagen finde ich das Blätterfegen sehr inspirierend«, erzählte er mir, als ich mich in dem düsteren, heißen Gebäude neben ihn setzte.

»Welche Art von Inspiration denn, Percy?« fragte ich. Es war an der Zeit, den Engländer wieder neu einzuordnen.

»Verstehst du, es ist so. Das Universum ist immer ent-

272

weder in der Expansion oder in der Kontraktion begriffen und nähert sich dabei eher der Ordnung oder der Unordnung. Das ist genau wie bei den Blättern. Deswegen fegt man sie hier jeden Tag. Denn sonst geschieht dasselbe wie im Universum. Wenn man sie nicht jeden Tag beseitigt, bilden sich Haufen. Es wird schlimmer und gerät schließlich außer Kontrolle. Davon kann man schon Kopfschmerzen bekommen.«

Ich hörte ein Plätschern. Percy hatte sein Bein in einen Wassereimer gesteckt.

»Wofür ist der Eimer? Machst du wieder einmal einen *chakra*-Test?«

»Nein, das ist nicht für das *chakra*. Es ist für mein Bein.« Er zog es aus dem Kübel. »Ich kann nicht mehr sehr lange hier drin bleiben. Willst du es dir anschauen?«

Es war meine erste Gelegenheit, mir Percys schlimmes Bein genauer anzusehen. Ich folgte ihm nach draußen in das verblassende Tageslicht. Um den ganzen Knöchel herum war das Bein violett marmoriert und vom Knie bis zu den Zehen geschwollen. Adern verliefen im Zickzack darüber wie häßliche blaue Bäche. Es hätte auch abgestorbenes Fleisch sein können.

»Was ist damit passiert?«

»Ich habe mir das Bein gebrochen, das ist alles. Ich bin in den Bergen gefallen. Sie hatten in Kreta keine besonders guten medizinischen Möglichkeiten. Es ist nicht gerade gut geheilt. Als ich wieder zurück in England war, mußten die Ärzte die Venen entfernen. Ich könne froh sein, daß ich das Bein nicht verliere. Jetzt komme ich ganz gut damit zurecht. Aber letzte Woche in der Sauna ist es plötzlich aufgegangen und hat angefangen zu bluten. Mark hat mir erklärt, das liege an der Hitze. Er sagte, ich solle es in einen Eimer halten, wenn ich in die Sauna gehen wollte. Er ist Arzt, weißt du. Ich glaube, das war eine ziemlich unangenehme Sache mit meinem Blut überall.«

»Was hast du in den Bergen von Kreta gemacht?«
»Ich bin geklettert.«

Percys Geschichte verwunderte und verwirrte mich. Dieser Mann müßte eigentlich wirklich seine mittleren Jahre in dem kargen Garten eines Hinterhofs verbringen und sich um sterbende Blumen kümmern. Er müßte eigentlich unglücklich sein in seinem Beruf als Buchhalter und unterdrückt werden von einer fetten Ehefrau mit einer schrillen Stimme. Statt dessen kletterte er in Kreta über Berge und trieb sich in den *ashrams* und Klöstern des geheimnisvollen Asien herum. Ich empfand einen wachsenden Respekt für ihn, obwohl es mir ganz natürlich erschien, daß es sein Schicksal war herunterzufallen, wenn er auf einen Berg kletterte.

»Du bist viel gereist, oder?« fragte ich ihn.

»Ja, immer wieder, seit ich vierundzwanzig war.«

»Hast du in England Karriere gemacht oder einen Beruf gehabt?«

»Nicht direkt. Ich habe hier und dort gearbeitet, in Restaurants und Läden gejobbt.«

»Hast du gearbeitet, um dir Geld zum Reisen zu ersparen?«

»Genau.«

Ich sah ihn voller Bewunderung an. Hier ist ein Mann, der sich seinem *kamma* widersetzt. Alles an ihm schreit danach, daß er in einem Vorstadtgarten stehen und vergebliche Kriege gegen den Löwenzahn führen sollte. Aber er lebte das Leben eines Abenteurers, uneingeschüchtert von den Bergen, von denen er fiel, heroisch die Blätter um die *sala* herum fegend in dem mutigen Versuch, das Universum in Ordnung zu halten.

»Du warst auch schon mal in Kreta, oder?« fragte er.

»Nein, noch nie.«

»Das kann ich dir empfehlen. Die Berge dort sind phantastisch. Allerdings etwas tückisch.«

Bald nachdem Jim fort war, kam Marks Mama an. Aus dem, was er mir erzählte, zu schließen, war sie nicht nur auf einer Ferienreise. Mama stammte aus einer »guten, christlichen Familie«, die offensichtlich in ernster Sorge um Mark war. Er sagte, er sei überrascht gewesen, wie viele Briefe er von Verwandten bekommen habe, nachdem er mitgeteilt hatte, er werde sich ordinieren lassen. Plötzlich entschloß sich seine Mama, ihn zu besuchen.

»Ich hätte nicht geglaubt, daß sich zu Hause wirklich irgend jemand Gedanken um mich machen würde. Es ist schon gut zu wissen, daß sie sich die Mühe gemacht haben zu schreiben, selbst wenn sie mich eigentlich überhaupt nicht verstehen. Ich glaube, Mama kommt unter anderem, um herauszufinden, ob man mir eine Gehirnwäsche verpaßt hat. Vielleicht wird sie wollen, daß ich wieder nach Hause komme.«

»Ich hoffe, du hast ihr keine Fotos geschickt«, sagte ich.

Ich sah sie beim Frühstück. Mama hatte rosige Bäckchen wie ein Bauernmädchen. Ihre Schüchternheit war normal bei Leuten, die zum ersten Mal in das *wat* kamen. Ihr Haar wurde schon grau, und ihre ganze konservative Art, sich zu kleiden und sich zu benehmen, schien gut zu meiner Vorstellung zu passen, wie eine Mama aus dem ländlichen Neuseeland aussehen müßte. Zweifellos hatte es ihr ausgesprochene Zufriedenheit bereitet, als ihr Sohn Arzt geworden war. Sie muß völlig verzweifelt gewesen sein, als er scheinbar alles hinwarf und das Land verließ, verwirrt schließlich, daß er in ein buddhistisches Kloster eintrat. Mamas wissen gewöhnlich nicht sehr viel von buddhistischen Klöstern.

Ein paar Tage später, als Yenaviro mich bat, mit ihm nach Ampher Warin zu kommen, um Paßfotos aufnehmen zu lassen, fragte mich Mark, ob er und Mama auch mitkommen könnten. Mark erklärte mir, daß das *Vinaya* ihm verbiete, allein mit einer Frau zu reisen.

»Sie ist deine Mutter«, sagte ich.

»Die anderen wissen aber nicht, daß sie meine Mutter ist.«

»Wenn dich die anderen sehen, bist du aber auch nicht allein mit ihr, oder?«

»Sie könnten ja glauben, daß wir allein sein werden.«

»Ein Mönch, der wirklich allein mit einer Frau sein wollte, würde doch nicht mit ihr im Bus in die Stadt fahren.«

»Es ist nur eine Regel im Sinne der Achtsamkeit.«

»Es ist eine Regel der Gedankenlosigkeit, Mark. Abgesehen davon bist du nur Novize, nicht Mönch.«

»Kritisiere nicht an ihm herum«, wandte Yenaviro schüchtern ein.

»Ich kritisiere nicht herum. Im Gegenteil, ich würde mich freuen, deine Mutter kennenzulernen, Mark.«

»Vielleicht könntest du mit ihr über den Markt gehen.«

»Wir können doch alle zusammen gehen.«

»Nein, Mönchen ist das verboten«, beharrte Mark.

»Aha. Aber da ich ein *pahkow* bin, kann ich auf den Markt gehen, allein mit deiner Mutter, so daß wir beide mit schwerem *samsara* beschmutzt werden.«

»Das sind doch nur die Regeln.«

»Hör auf, an uns herumzukritisieren.«

In der Stadt kam das Gespräch wieder auf Mönche im Zusammenhang mit dem Markt. Yenaviro sagte, er gehe ungern in die Stadt, er würde lieber die ganze Zeit im Kloster bleiben.

»Ich bin immer ganz erschöpft. All der Lärm, die ganze Hetze. Leute schreien herum und verkaufen Dinge, all die Feindseligkeit, die Gier, der Zorn, die Verbrechen. Ich brauche zwei Tage, um mich davon wieder zu erholen.«

»Aber der Markt ist doch der ideale Ort für einen Mönch«, argumentierte ich. »Er ist sein Ziel. Das Kloster ist nur ein Ort, an dem er auf seinem Weg zum *nibbana* vorbeikommt. Wenn er es erst erreicht hat, geht er wieder zurück auf die Straßen.«

Yenaviro streckte seine Zunge heraus, als habe er ein bitteres Stück Durian im Mund.

»Sieh dir an, was auf einer belebten Straße passiert, wenn ein Mönch hindurchgeht«, dozierte ich weiter, und meine Phantasie belebte sich. »Ein wahrer *bhikkhu* ist, wo immer er auch hingeht, von einer Aura des Friedens umgeben. Die Hetze der Stadt berührt ihn nicht. Seine Ruhe färbt auf die anderen ab!«

»Ich denke, da hast du recht«, sagte der malaysische Mönch, der mir sehr genau zugehört hatte. »Wenn irgendwelche Leute streiten, und sie sehen einen Mönch, würden sie sich vielleicht schämen und damit aufhören.«

»Es ist noch viel mehr als das, Yenaviro. Die Leute in der Stadt werden sozusagen die Kühle in der Luft spüren. Hitzige Gemüter werden plötzlich beruhigt, und niemand versteht, warum, bis sie plötzlich den Mönch entdecken. Wenn es einen Unfall gibt, ist er der erste, der seine Hilfe anbietet, der erste, der seine Robe zerreißt, um daraus einen Verband oder eine Schlinge zu machen. Er wird sich zwischen die beiden Kämpfer stellen, um einer Auseinandersetzung Einhalt zu gebieten. Die Kämpfer beider Parteien wissen, daß er in seinem Urteil unvoreingenommen ist. Kleine Kinder folgen ihm, weil es gut ist, in seiner Nähe zu sein. Sie wissen, daß er ihre kindlichen Freuden teilt. Die Leidenden und die Frohen gleichermaßen warten alle nur darauf, daß ein Mönch um die Ecke biegt. Sie wissen, daß er eine Quelle des spontanen Guten ist, wohin immer er sich auch wenden mag. Ohne auch nur ein Wort zu äußern, bringt er ihnen Trost. Ohne die Hand zu erheben, bringt er Frieden. Er strahlt Mitgefühl und Freundschaft aus. Die Menschen lesen *dhamma* in seinen Spuren. Stimmt das nicht? Ich kritisiere nicht an dir herum. Selbst ohne seine Robe erkennt man einen *arahant* einfach an der Wirkung, die sein *metta* in einer Menge auslöst. Deswegen meditiert ein Mönch doch, oder? Nur deswegen verbringt ein Mönch fünf Jahre in einem Kloster und langweilt sich. Er weiß, daß das Selbst eine Illusion ist, und er will sein Leben in engem Kontakt mit allen Wesen verbringen ohne jede Illusion. Er will durch die Straßen gehen, in den Gassen schlafen, seine Heimatlosigkeit leben und das *Dhamma* direkt in das Herz jener tragen, die es am meisten benötigen.«

»Es ist uns nicht erlaubt, das *Dhamma* auf der Straße zu predigen, wir dürfen es nur für jene, die ins Kloster kommen. Es wäre unangebracht, Verschwendung.« Yenaviro begann, sich zu engagieren.

»Perlen vor die Säue? Predige es nicht, lebe es. Wer braucht *dhamma* am meisten? Nicht diejenigen, die klug genug sind, ins *wat* zu kommen. Was bringt es Gutes, wenn du nur zu jenen predigst, die zu deinen Füßen knien und bescheiden darum bitten? Unwissende Menschen wissen auch nicht, worum sie bitten sollen, aber sie können trotzdem Großzügigkeit und Mitgefühl empfangen, Gerechtigkeit und Freude. Das sind die Waren eines Mönches, um sie auf dem Markt einzusetzen, die vier Kardinaltugenden, von denen Buddha erzählt hat. Wie werden sie sich verbreiten, wenn ihr euch in einem Kloster einschließt?«

»Du solltest die *dasanas* geben, Tim«, sagte Yenaviro. »Bei dir hört sich das alles so leicht und so schön an.«

»Warum wirst du denn eigentlich kein Mönch?« fragte Mark.

»Werde ich vielleicht. Ich will nur nicht die Robe dazu tragen, das ist alles.«

»Ich dachte, du hast gesagt, ein wahrer Mönch braucht kein Wort zu sagen«, meinte der Malaysier.

»Habe ich auch. Ich nehme an, ich bin zu sehr mit dem Predigen beschäftigt, um praktisch tätig zu sein.«

Yenaviro sah mich mit einer Mischung aus Einschüchterung und Feindseligkeit an. Ich spürte, wie ich rot wurde. Mark und Mama gingen in einen Schuhladen, um Sandalen zu kaufen. Yenaviro wischte mit seiner Hand den Schweiß von seinem kahlen Kopf.

»Bist du sicher, daß du nicht an mir herumkritisierst?« fragte er.

Mama war von dem Markt wirklich beeindruckt. Ich erzählte ihr alle interessanten Geschichten, die ich kannte, während ich sie durch den Dschungel aus Früchten in den lebendigen Irrgarten der Fleischstände führte. Ich erklärte ihr, daß die Thai nicht gern Tiere schlachten, weil sie Buddhisten sind. Aber sie essen gern Fleisch, also gibt es gewisse Lücken. Sie häuten winzige Frösche bei lebendigem Leib. Sie zu häuten, bedeutet nicht wirklich zu töten, argumentieren sie. Lebendigen Schellfisch werfen sie in kochendes Wasser. Auf diese Art ist das Wasser schuld, nicht der Koch. Fischer töten ihren Fang nicht. Sie legen ihn einfach nur an die Luft, so daß die Tiere ersticken. Was größere Tiere betrifft, gibt es glücklicherweise eine Minderheit von Thai, die Moslems sind, deren Gott nicht an *kamma* glaubt, weswegen sie die Schlachterdienste für ihre buddhistischen Nachbarn verrichten dürfen. Mama lehnte mein Angebot ab, einen fritierten Hahnenkopf auf dem Stock zu essen. Ich erklärte ihr, daß der Mittag schon vorüber war, ich also keinen essen dürfe. Sie lehnte auch eine kleine Tüte knuspriger Kakerlaken zum Knabbern ab. Bevor ich ihr noch etwas anderes anbieten konnte, schlug sie vor, mit den Mönchen einen Saft trinken zu gehen, wenn wir erst die Gemüseabteilung des Marktes verlassen hätten.

Wir waren ein eigenartiges Kleeblatt, als wir in dem kleinen Laden saßen und Fanta Orange und »Bergtau« tranken. Mama mit ihren rosigen Bäckchen, ein Malaysier und ein kaukasischer *bhikkhu* und ein *farang* in der *pahkow-*

Kleidung einer Frau. Die Mädchen aus dem Laden kicherten, hielten sich die Hände vor den Mund und flüsterten auf Thai miteinander. Ihre dunklen Augen tanzten zu uns herüber. Wir schlürften unsere Getränke und versuchten, die glänzenden Plakate mit nackten Frauen darauf nicht anzustarren, die überall an den Wänden hingen. Diese Reklameplakate für Mekong-Whiskey gibt es in fast jedem Eckladen in Thailand. Niemand scheint sich für sie zu interessieren oder steht erstaunt davor wie ich, als ich zum ersten Mal diesen offensichtlichen, abstoßenden Sexismus sah. Sie nehmen ihn als notwendigen Teil des Lebens hin. Was dieses blonde junge Mädchen mit den weichen Brüsten mit Whiskey zu tun hat, blieb mir ein Rätsel. Vielleicht versprach einem die Reklame, daß man von ihr träumen würde, wenn man sich mit Mekong betrank. Vielleicht wird auch Thai-Männern bei ihrem Anblick klar, daß sie in ihrem ganzen Leben nie eine solche Frau berühren werden, und der Gedanke treibt sie zur Flasche. Wir tranken schweigend unsere Getränke und waren froh, daß Mark nicht allein mit seiner Mama hier zu sein brauchte.

Ohne Jim mußte ich jetzt selbst für den Zynismus sorgen. Als Zwilling konnte ich mich auch immer auf die Position des Optimisten begeben, denn ich wußte, daß die schmutzigen Wahrheiten trotzdem ans Licht kommen würden. Als ich allein war, wurden meine Gedanken immer negativer. In Gesprächen mit den Mönchen nahm ich immer eine Gegenposition ein. Ich hatte Jims Nachmittagsarbeit übernommen und half jetzt Nimalo, die Badezisternen zu leeren und wieder zu füllen. Jim hatte den australischen Novizen als den ruhigsten und puristischsten der Männer hier bewundert. Ich wußte, daß er erst vor kurzem in Wat Pah Pong gewesen war, dem Heimatkloster von Ajahn Chah. Je mehr ich von dem gelähmten Zustand des Lehrers erfuhr und von der intensiven Klosterbaukampagne, die seine Schüler gerade betrieben, desto mehr ärgerte ich mich darüber. Ich wollte mit Nimalo sprechen, um vielleicht eine positivere Einstellung annehmen zu können.

Ich war an der Reihe, die Handpumpe zu bedienen, während der Novize die Eimer füllte und sie zu den Behältern trug. Unser Gespräch fand bruchstückhaft statt, immer wieder sagte jemand einen Satz, und zwischendurch machte er seine Gänge zum Waschbereich.

»Nimalo, hast du letzte Woche Ajahn Chah besucht?«

»Ja, und vorher auch schon ein paarmal.«

»Wie ist er?«

»Er ist sehr friedlich.«

»Ich habe vor, demnächst einmal hinzufahren, um ihm meinen Respekt zu erweisen. Kannst du mir sagen, warum sie ihn am Leben erhalten?«

»Es ist gegen die Regeln zu töten. Du erwartest doch nicht, daß Mönche ihren Lehrer töten, oder?«

»Es gibt keinen Beleg dafür, daß der Lehrer überhaupt noch in seinem Kloster ist. Er kann sich nicht einmal bewegen. Sie brauchen ihn nicht zu töten.« Ich wartete, während der Novize zwei volle Eimer forttrug und sprach weiter, als er zurückkam. »Man braucht ihn nur von der intravenösen Ernährung zu befreien. Sein Körper wird dann tun, was er bereit ist zu tun. Das würde einfach nur *koppy* sein.«

»Sie sorgen aus Mitgefühl für ihn.«

»Mitgefühl für einen Körper, dem keine andere Funktion bleibt als zu sterben? Ich kann mir nicht vorstellen, daß Ajahn Chah sich so an seine letzten Atemzüge hätte klammern wollen, nachdem er sein Leben lang Vergänglichkeit und Loslösung gelehrt hat.«

»Er klammert sich nicht daran. Er hat seinen Schülern vor seinem Schlaganfall noch ganz deutlich gesagt, daß, wenn er krank werden würde, sie nicht künstlich sein Leben verlängern sollten.«

Mir blieb der Mund offen stehen. Nimalo ließ mich allein nach Luft schnappend an der Pumpe zurück.

»Nach dem Schlaganfall«, fuhr er fort, nachdem er mit den leeren Eimern zurück war, »entschlossen sich seine älteren Schüler, daß sie ihn nicht einfach sterben lassen konnten. Ganz Thailand wäre verärgert, wenn sie das täten. Es würde eine Spaltung der Gemeinschaft und Schande nach sich ziehen. Wie konnten sie einen heiligen Mann sterben lassen?«

»Nimalo, ich kann nicht glauben, daß die Schüler die Wünsche ihres Lehrers aus Angst vor der Menge mißachtet haben. Wem glauben sie? Wem folgen sie? Der Ajahn ist noch nicht ganz tot, und schon vergessen sie jedes Wort, das er je gelehrt hat. Sie klammern sich an einen Körper und erzielen in seinem Namen ein Vermögen an Spenden. Sind sie nur schwach, oder sind sie verachtenswert?«

»So ist es nicht. Es gibt keinen Beweis, daß er nicht in seinem Körper ist.«

»Ich hoffe in Teufels Namen, daß er es nicht ist. Würdest du gern drei Jahre lang in einer atmenden Leiche festgehalten werden? Das einzige, was er tun kann, ist auf den Tod warten und zusehen, wie seine Mönche sich seinen Anordnungen widersetzen. Der Lehrer hat noch nicht einmal das Klassenzimmer verlassen, und schon haben die Schüler vergessen, was er ihnen gesagt hat. Wenn noch irgend etwas von Ajahn Chah übrig ist, hoffe ich für ihn, daß er schon genug Erleuchtung erlangt hat, um darüber zu lachen, was ihm seine Anhänger angetan haben.« Die Eimer flossen über, und das Wasser lief auf die Pflastersteine.

»Ich glaube nicht, daß er lachen würde«, sagte Nimalo und ging mit seiner Last weg.

»Ich hoffe, daß er lachen kann, sonst wäre der Kummer zu groß. Wie würde es dir gefallen, wenn du ein Leben lang lehrst, man solle sich nicht an etwas klammern und die Vergänglichkeit bedenken, und wenn du dann mit ansehen mußt, wie diejenigen, die dir am nächsten standen, deine Lehre mißachten in der Art, wie sie mit dir umgehen?«

»Aber er unterrichtet sie immer noch.«

»Wie?«

»Indem er sie für sich sorgen läßt.«

»Damit sie sein Leiden und seinen Verfall mitansehen können?«

»Für seinen Körper zu sorgen, ist das Ausüben von *karuna*. Es ist sehr schön zu sehen, mit welchem Mitgefühl und welcher Zartheit die Mönche sich um ihn kümmern. Mönche und Novizen werden wöchentlich ausgetauscht, so daß jeder einmal die Gelegenheit erhält, Pfleger für den Ajahn zu sein. Verstehst du, wir lernen immer noch von ihm.«

»Das ist ein geschicktes Argument, Nimalo. Aber darunter riecht es faul. Es ist wie Weihrauch, um den Gestank zu überdecken. Ich wette, ich weiß, was in diesem Zweimillionen-*bhat*-Bungalow passiert. Für den Ajahn zu sorgen ist, wie einem hilflosen Gott zu dienen. Sie alle versuchen einen Gewinn für ihren eigenen spirituellen Verdienst und ihre kleinliche Heiligkeit daraus zu machen, wobei sie Ajahn Chah als Gelegenheit betrachten, ihr *karuna* zu üben, obwohl wahres *karuna* ihn sterben lassen würde. Sie ernähren sich von ihm. Sie gewinnen Identität und Prestige und ein gutes Selbstwertgefühl dadurch, daß sie ihn am Leben erhalten. Das ist alles Dünger für das Ego, das genaue Gegenteil von dem, worum sich ein Mönch bemühen sollte. Paß auf, wenn er stirbt, werden sie alle verzweifelt sein. Warum? Er ist doch schon so gut wie tot. Aber das ganze verdammte System gewinnt seine Bedeutung aus seiner Gegenwart. Es ist der Sinn ihres Lebens, seine Schüler zu sein. Wenn er tot ist, wird ihnen nichts bleiben als hundert Klöster, in die niemand gehen will, weil es keinen lebenden Lehrer mehr gibt. Ich weiß, daß einige seiner älteren Schüler schon die Robe abgelegt haben, weil ihre persönliche Fixierung auf Ajahn Chah keine Nahrung mehr bekommt. Du sagst, die meisten von ihnen seien damit zufrieden, in der Nähe seines Rollstuhls zu bleiben? Sag mir, was werden sie tun, wenn er stirbt? Werden sie Statuen von ihm errichten und sie auf Altäre stellen, wie sie es bei anderen heiligen Mönchen auch tun? Das widerspricht total dem Geist all dessen, was er gelehrt hat. Es bedeutet nur ein Festhalten und die Identifikation des Ego mit einer anderen Person – auch wenn dieser ausschließlich das Nicht-Selbst lehrte. Ich wette, sie werden einen Tempel für seine Asche bauen oder einen Park, irgendeine Art von Touristenattraktion, so daß nach wie vor die Leute aus ganz Thailand kommen und ihn verehren können. Ich kann es förmlich riechen. Haben sie schon Prospekte gedruckt? Ich glaube, Ajahn Chahs Körper wird am Leben erhalten, damit die *sangha* daraus Dankbarkeit und Profit erntet.«

»Es ist nur ein geschicktes Mittel...«

»Blödsinn. Sie ignorieren seine Lehren und verwandeln den Lehrer in einen leblosen Gott.«

»Das würde ich nicht sagen«, meinte der Novize nur ruhig.

»Natürlich nicht. Du bist mittendrin. Und ich spreche als Außenseiter. Aber was ich in Pah Nanachat bisher gesehen habe, ist auch nicht anders als die schlimmsten Geschichten, die ich von anderen buddhistischen Mönchen gehört habe. Die wenigen Mönche, die wirklich Talent haben – außer denen, die Ajahn Chah ähnlich sind – finden einen Kompromiß mit der Vorstellung der Laien von Religion und nennen es ›geschicktes Mittel‹. Ihre Geschicklichkeit im Kompromisseschließen erlaubt es jenen Thai, die sich sehr um spirituellen Verdienst bemühen, jeden

Mönch im Land zu kompromittieren und jede Lehre, die dem *Dhamma* treu ist, zu korrumpieren, indem sie sie mit Blattgold verkleiden und dadurch unterdrücken. Warum lassen die Mönche Ajahn Chah nicht sterben? Das wäre wirklich eine Lehre für die Laien. Das würde sie lehren, daß Buddhismus etwas mit Leiden, Vergänglichkeit und Selbstlosigkeit zu tun hat. Das lehrt der Tod. Aber das will ja die *sangha* nicht, stimmt's? Sie will die Laien dazu bewegen zu glauben, daß Buddhismus etwas mit dem Erlangen von spirituellem Verdienst zu tun hat, indem man frommen Mönchen Spenden gibt, indem man sich ehrfürchtig verneigt, indem man von ihnen abhängig ist, was die Vorhersage der Zukunft betrifft, das heilige Wasser, gewinnende Lotterielose und Glück. Das wollen die Thai, also geben die Mönche es ihnen. Aber warum sollte man das Buddhismus nennen? Nennt es Thai-ismus. Warum sollte man Buddha da hineinziehen? Es hat nichts mit seiner Lehre zu tun. Sieh dir doch nur die Art an, in der Pah Nanachat, das angeblich eines der besten Klöster des Landes sein soll, geführt wird. Wir verbringen unsere ganze Zeit damit, Thai-Regeln und -Sitten zu beachten, und sind ungeheuer zufrieden mit uns, weil wir zu einer zweitausendfünfhundert Jahre alten Tradition gehören. Aber wir schicken einen Novizen einfach weg, wenn es den Dorfbewohnern nicht paßt...«

Ich hielt inne. Nimalo hatte vor mir gestanden und geduldig meine Tiraden ertragen. Obwohl ich schon längst nicht mehr pumpte, schwitzte ich noch. Wasser lief auf beiden Seiten meines Kopfes herunter und tropfte von meinem Kinn.

»Die Behälter sind voll«, sagte der Novize.

»Nimalo, es hat nichts mit dir persönlich zu tun. Sei mir nicht böse, daß ich so kritisch bin.«

»Ich bin dir nicht böse«, sagte er, kippte den Inhalt der Eimer unter die Pumpe und kehrte sie mit der Öffnung nach unten. »Ich bin nur nicht deiner Meinung, das ist alles.« Seine Stimme war ruhig und ungerührt. Das machte mich sowohl ärgerlich als auch froh.

»Ich verlange auch gar nicht von dir, daß du meiner Meinung bist«, sagte ich.

Wir tauschten ein schüchternes Lächeln aus.

Vor dem Essen machte ich eine Meditation im Gehen auf dem Betonpfad, der die *sala* umgab. Die Rückseite hinter dem Nähzimmer war morgens ein schöner Platz dafür. Dort konnte man seine Ruhe haben und verlor doch nicht jedes Zeitgefühl und versäumte das Essen. Der Ajahn kam an mir vorbei und warf einen Blick auf meine meditativen Schritte. Es fühlte sich gut an zu wissen, daß er sah, was für ein guter *pahkow* ich war, weil ich schon so früh am Morgen meditierte. Er blieb stehen und drehte sich um.

»Wie geht es?«

Die Frage überraschte mich. Dies war das erste Mal seit meiner Aufnahme, daß er mich etwas fragte, das entfernt mit meiner Meditation zu tun hatte.

»Sehr gut, vielen Dank«, sagte ich und machte ein paar Schritte auf ihn zu, um ihm zu zeigen, daß ich weitere Fragen begrüßen würde.

»Ich hoffe, du denkst nicht wie Jim«, sagte er und wandte mir seine bleichen Augen zu. Ich hatte das Gefühl, daß er jetzt dünner aussah als am Anfang.

»Genaugenommen, Ajahn, waren unser Denken und unsere Erfahrung hier sehr ähnlich. Wir haben gelegentlich darüber gesprochen. Es half uns beiden, das Gleichgewicht zu behalten. Jim hatte einen interessanten Standpunkt. Ich vermisse ihn manchmal.«

»Du planst doch nicht, auch fortzugehen, oder?«

»Im Augenblick nicht. Vielleicht gehe ich in einer oder zwei Wochen. Ich weiß es nicht. Das würde viel früher sein, als ich erwartet hatte, als ich herkam. Ich kam hierher, um etwas zu vollenden – eine Grundlage für mich im *vipassana* zu legen – und das geht viel schneller, als ich angenommen hatte. Jim und ich haben zusammen ein paar interessante Entdeckungen gemacht, die ich wahrscheinlich erst nach langer Zeit überblicken werde. Und was die anderen Gründe für mein Hiersein betrifft – sie sind versickert. Es gibt eine Menge Dinge, an denen ich allein arbeiten muß, das wird eine Weile dauern.«

Ich konnte an dem verkniffenen Ausdruck in seinem Gesicht sehen, daß alles falsch war, was ich dargelegt hatte. Ich versuchte, mich zu korrigieren.

»Ich will damit nicht sagen, daß es ausdrückliche Gründe für mich gibt, um zu gehen. Meine Gründe sind nicht mehr von Bedeutung. Und genau das ist es. Ich kam mit Gründen hierher. Jetzt haben die Gründe keine Macht mehr über mich. Also weiß ich nicht, ob ich bleiben oder gehen werde. Ich kann nicht mehr sagen, als ich werde bis September hier sein. Zumindest denke ich das. Ich folge dem auch nicht, nur weil ich das gedacht habe. Genaugenommen finde ich zusehends mehr zu der Überzeugung, daß es keinen Sinn hat, von ›Ich‹ zu reden.«

»Genau das geschieht, wenn du deinen Gedanken zuhörst. Sie lenken dich ab.«

»Nun ja, mag sein. Ich weiß, wie es ist, von den eigenen Gedanken beherrscht zu werden, wenn du das meinst. Ich habe lange gedacht, durch Meditation würde ich sie loswerden können. Ich weiß, daß sie die Ursache für Leiden und Illusionen sind. Arme Gedanken, sie wissen es, und wir leiden deswegen noch mehr. Jetzt endlich kann ich etwas Mitgefühl mit ihnen haben. Ich glaube jetzt langsam, daß sie doch eine Berechtigung in meinem Leben haben. Nicht den alles bestimmenden Platz, den ich ihnen früher eingeräumt habe. Das ›Ich‹ selbst muß lernen, nicht mehr das Beherrschende zu sein...«

»Siehst du? Gedanken verwirren dich nur.«

»Es tut mir leid, wenn du sie nicht verstehst, Ajahn. Ich gebe zu, daß sie im Moment für mich auch nicht gerade klar sind, aber ich möchte sie noch nicht aufgeben. Wenn ich mich entscheide zu gehen, werde ich es dir bestimmt ein paar Tage vorher mitteilen. Im Augenblick denke ich nur von einem Tag zum anderen.«

»Das tue ich jetzt schon seit mehr als zehn Jahren«, sagte der Lehrer und machte ein Geräusch, das vielleicht ein Lachen war. Er sah mich mit einem Ausdruck an, der beinah schon ein trauriges Lächeln gewesen wäre, wenn sich dabei nur seine Lippen bewegt hätten. »Manchmal denke ich immer noch, daß ich vielleicht irgendwann wieder zurück zu meiner Jazzgitarre gehen werde.« Er drehte sich um. Ich betrachtete seine hohe, stocksteife Gestalt in der schlammfarbenen Robe. Er ging etwas ruckartig in den Dschungel und den Pfad hinunter, der zum *kuti* des Seniormönchs führte.

Die Abneigung wächst in meinem Innern. Die Morgenmeditation scheint sich unerträglich lang vor mir zu erstrecken. Ich stelle fest, daß ich wieder auf die Uhr schaue, die ich anfangs unberührt auf einem Regal in meiner Hütte liegen hatte. Ich sitze auf der Strohmatte draußen auf meinem Balkon und versuche mit aller Mühe, mich zu konzentrieren. Mücken stechen mich in Füße und Kopf. Ich schlage nach ihnen und wische das Blut am Geländer ab. Ich möchte mir kein Blut auf die Robe schmieren. Eines Morgens rolle ich meine Matte auseinander, um mich zur Meditation zu setzen, da landet die verwirrte Gonzo-Eidechse mit einem Plop vor meinen Füßen, vor Schreck unbeweglich. Sie hat in dem Hohlraum der zusammengerollten Matte geschlafen. Es ist das erste Mal, daß ich meinen Hütten-Mitbewohner bei Tageslicht sehe. Er ist unförmig und häßlich, aber die rostbraunen und roten Flekken geben seiner blaugrauen Haut eine gewisse Eleganz. Ich kann mit meinen Freunden nicht mehr wählerisch sein.

»Nicht mehr nachts auf meinem Dach herumtrampeln!« ermahne ich die Eidechse und schubse sie dabei vorsichtig mit einem Zeh. Sie kommt wieder zu Bewußtsein und huscht im Zickzack die Wand hinauf und zwischen die Sparren. Ich hoffe, sie ist nicht beleidigt. Ich fühle mich sehr einsam.

»Wer sind meine Gefährten?« frage ich den Dschungel, dessen Blätter von Regen triefen. Ich verzichte auf die Meditation, gehe hinein und schreibe eine Liste der ordinierten Mitglieder der Hierarchie, von oben nach unten.

Der Ajahn – ehemaliger Jazz-Gitarrist
Tan Bodhipalo – ehemaliger Gospelsänger
Tan Sumeno – ehemaliger Immobilienhai
Tan Casipo – abgebrochener Student der angewandten Physik
Ruk – abgebrochener Maschinenbauingenieur
Tan Yenaviro – ehemaliger Buchhalter
Tan Wee – Dorfjunge, der Mönch geworden ist
Meow – Cheshire-Katze wie bei Alice im Wunderland
Nimalo – professioneller Novize (ging in Australien in ein *wat*, während er arbeitslos war)
Mark – niedergelassener *wat*-Doktor (auf der Suche nach einer Antwort auf den Tod)

Eine gebildete Gruppe, die *Sangha* von Pah Nanachat. Sie haben sich der Achtsamkeit, dem Gehorsam und dem Befolgen der Regeln geweiht. Möge ihre Meditation fruchtbar sein. Mögen alle Dinge sich glücklich entwickeln. Aber ich bezweifle das. Seltsam, daß ich die Mönche durch das beschreibe, was sie einmal gewesen sind. Jim nannte sie Versager, Verlierer, Abbrecher. Und doch, wenn unsere Rückschlüsse stimmen, dann ist das »Abbrechen« genau das, was ein Mönch tun muß. Um den Affen-Geist zum Schweigen zu bringen, muß das Ego beseitigt werden, nicht nur einfach verbessert oder weiterentwickelt. Es muß ausgemerzt werden, erstickt dadurch, daß man den Regeln folgt, ohne dabei etwas Sinnvolles tun zu wollen. Kein Wunder, daß sie keine sprühenden Persönlichkeiten voller Streben und Enthusiasmus sind. Wenn das Sprühen aus dem Ego kommt, sitzen die Enthusiasten trotzdem in der Falle. Indem sie Geist und Körper aushungern, indem sie passiv den Regeln folgen, beschreiten sie ihren Weg zur Erleuchtung. Ihre Egos hungern. Wenn das wahr ist, rechtfertigt es alles, was ich hier sehe. Ein Bodhipalo oder ein Percy sind zum Tod des Selbst genauso fähig wie ein Ruk oder ein Nimalo. Wenn jedes *kamma* zerstört ist, bleiben nur die Wissenden übrig.

Die Frage, die bleibt, ist: Funktioniert das? Hat das Training von Pah Nanachat schon irgendeinem der *farang*-Mönche gedient? Ajahn Sumedo wird als bestes Beispiel angeführt. Seine *dhamma*-Tonbandkassetten waren absolut uninspirierend. Der Ajahn, Bodhipalo und Mr. Chicago sind die einzigen Seniormönche, die ich kenne. Lieber würde ich im *samadhi*-Selbstmord enden als so wie einer von ihnen. Der einzige, dessen Leben etwas von der Freude in der Befreiung zum Ausdruck bringt, ist Ruk. Aber seine sanfte Art und sein Lachen können genauso eine Folge seines natürlichen Charakters sein wie eine Konsequenz aus seinem Leben nach dem *Vinaya*. Ich hoffe, daß seine schöne Seele nicht erstickt werden wird. Aber dafür gibt es bisher keinen überzeugenden Beweis. Ich weiß eigentlich noch nicht einmal, was mich wohl überzeugen könnte. Ajahn Chah? Ich fürchte mich vor meinem Besuch bei ihm. Dort nach Antworten zu suchen, wird nur Enttäuschung und Ärger zur Folge haben.

Alles, was ich hier gelernt habe, ist, daß mir die Erleuchtung nichts nützen würde. Das wahrnehmende Ego wird nichts davon spüren. Welchen Frieden auch immer *nibbana* uns verspricht, es scheint nichts mit dem leidenden Selbst zu tun zu haben, das dem entspricht, was »Ich« bin. Dem Leiden ein Ende zu setzen, bedeutet Selbstmord des Ego. Es gibt keinen Grund, diesen Vorgang zu überstürzen. Ich bin besser darauf vorbereitet, mein Streben, etwas erreichen zu wollen, aufzugeben und mit dem Geschwätz meines Affen-Geistes zu leben. Wenigstens werde ich mich von ihm nicht ganz so leicht in die Irre führen lassen. Dieses Heim außerhalb der Heimatlosigkeit besitzt keinen Reiz mehr für mich. Ich bin hier nicht besonders glücklich, aber wenigstens habe ich gelernt, daß die Suche nach Glück schon müßig ist. Ich sehe in den Dschungel hinaus. Was soll ich tun?

Atme ein, das beruhigt den Geist.
Atme aus, das beruhigt den Geist.
Das lehrte Buddha.

Kapitel 13

Der Wassertank
ist aus Metall gemacht

Eine große Spinne mit gelbem Rücken lag vor mir auf dem Boden, mit dem Bauch nach oben, als ich zur Abendrezitation zur *sala* ging. Ihre schwarzen Beine reckten sich in die Nachtluft, leicht angewinkelt. Ihr Körper war größer als ein Hühnerei, und die zarten Beine hatten eine Spannweite von dreißig Zentimetern. Meine Taschenlampe störte sie. Eilig kletterte sie über einen unsichtbaren Faden hinauf in ein Netz, das zwischen den unteren Zweigen der Bäume über meinem Kopf aufgespannt war. An ihrem Bauch hing eine ganz kleine Spinne, ein Männchen. Als im Zölibat lebender halber Mönch bedauerte ich, sie unterbrochen zu haben. Ich duckte mich mit einem Segen unter ihnen hindurch. Ausdrücklich für ihn. Dies würde sein letzter Akt in dem Tanz sein.

Buddhamas rückte näher. Tan Casipo erklärte mir, Hunderte von Thai-Besuchern würden zu dem Fest kommen, würden alle etwas zum Essen mitbringen und bleiben, um die Geburt, den Tod und die Erleuchtung Buddhas zu feiern. Buddhamas war der liebevolle Name, den Ajahn Chah für das Fest gebrauchte, wenn er mit seinen Anhängern aus dem Westen darüber sprach. Der Ajahn bestimmte einen Arbeitstag dafür, die Buddhastatuen vorn in der *sala* zu polieren. Ein Dutzend von uns arbeiteten drei Stunden lang daran, wobei wir fünf Flaschen Messingputzmittel leerten. Außer den vier großen Statuen – zwei von Buddha und zwei von knienden Gäubigen – brachten wir auch die Dutzende von kleineren Figuren, Kerzenhaltern und Räucherwerkschüsseln auf Hochglanz. Unsere Aufgabe verlangte uns mehr als nur achtsame Konzentration auf die Einzelheiten ab. Sie erforderte von uns, daß wir uns ständig der Tatsache bewußt blieben, daß wir hier Buddhas polierten, nicht nur große Stücke Messing und Bronze. Man wies uns an, wir sollten sie nicht am Kopf fassen oder mit dem Kopf nach unten halten. Das würde jedem Thai-Sinn für Angemessenheit zuwiderlaufen. Trotzdem war es mir erlaubt, ein Tuch zu nehmen und die Augen des großen Buddhas zum Funkeln zu bringen.

Ich arbeitete mit Herbie an dem unteren der beiden riesigen Buddhas. Er schien ganz in seiner Polierarbeit aufzugehen und lächelte, als hätte er den heiligen Tag schon lange erwartet. Während wir arbeiteten, fragte ich mich laut nachdenkend, warum wohl zwei Statuen in der Mitte ständen. Zu meiner Überraschung hatte Herbie sofort eine Antwort parat.

»Der vordere Buddha repräsentiert das *Dhamma*, der hintere den Buddha.«

»Du meinst, dieser Buddha ist eigentlich das *Dhamma*?«

»Ja, und die beiden Figuren, die an seiner Seite knien, sind die *sangha*.«

»Ich verstehe«, sagte ich, und langsam ging mir ein Licht auf. »Auf dem Altar stehen Buddha, *Dhamma*, *sangha* – die Drei Kostbarkeiten.«

»Genau. Aber dieser Altar ist seltsam zusammengestellt. Siehst du, daß sich die *sangha* nur vor dem hinteren Buddha verbeugt. Gewöhnlich verbeugen sie sich vor dem vorderen Buddha, dem *Dhamma*.«

»Also hier ignoriert die *sangha* das *Dhamma* und verehrt den Buddha? Was bedeutet das für dich?«

»Für mich? Für mich bedeutet das gar nichts.«

Bei der Getränkepause stubste Marks Mama mich an und deutete auf ein kleines, schwarzes Ding, das am Rand der marmornen Terrasse entlangkrabbelte, auf der wir alle von Mücken umschwirrt saßen.

»Das ist ein Skorpion«, erklärte ich ihr. »Ein nadelschwänziger Skorpion. Von denen gibt es in dieser Gegend eine ganze Menge.«

Verschiedene Mönche und Laienbrüder reckten die Hälse, um ihn zu sehen.

»Das ist kein Skorpion«, sagte der Ajahn.

»Was ist es denn?« fragte ich, so demütig ich konnte. Ich haßte es, mein Gesicht als anerkannter Gliederfüßlerspezialist zu verlieren.

»Es ist so etwas Ähnliches wie ein Skorpion, aber kein richtiger.«

Wir beobachteten den kleinen Nicht-Skorpion, während er friedlich wieder zurück in die Blätter kroch. Er schien sich nicht wesentlich um seine Identität zu kümmern.

Mama schien sich langsam zu entspannen. Sie gewöhnte sich langsam an das Kloster und daran, ihren Sohn kahlköpfig, mager und in einem ockerfarbenen Umhang zu sehen. Mark erzählte mir, es sei ziemlich anstrengend, daß sie hier war. Er hatte in den vergangenen zehn Jahren nur wenige Stunden mit seiner Familie verbracht. Die Beziehung zu seiner Mama wiederherzustellen, nahm seine meiste Zeit in Anspruch. Seine Matte war bei der Abendrezitation immer leer, und er beklagte sich, er hätte nur noch sehr wenig Energie für die Meditation übrig. Entsprechend tauchten jedes Mal, wenn er die Augen schloß, irgendwelche *kammischen* Formationen von Mama auf. Es ist schon schwierig, ein heimatloses Leben zu führen, wenn deine Mutter mit dir im *wat* lebt.

Trotzdem freute sich Mark, daß sie gekommen war. Er sagte, die Zeit sei für sie beide gut angelegt gewesen, trotz ihrer unterschiedlichen Einstellungen. Sie lernten einander wieder kennen. Mark hatte das Gefühl, daß sie langsam glauben konnte, es sei das beste für ihn gewesen hierherzukommen. Sie gab zu, daß er so glücklich zu sein schien wie schon seit Jahren nicht mehr. Bald begann sie in der Küche zu helfen. Sie buk Kekse für die Morgenmahlzeit. Sie hatte selbstgemachte Marmelade für Mark mitgebracht, die morgens mit frischem Brot die Reihe entlang gegeben wurde. Sie wohnte mit Dukita im Frauenhaus, sie waren Freundinnen geworden. Dukitas natürliche Fröhlichkeit und ihr fast fließendes Englisch halfen Mama, über die ersten Tage im *wat* hinwegzukommen, als ihr die Mönche noch kalt und jeder Persönlichkeit bar vorgekommen sein mußten. Es war anfangs bestimmt ein Schock für sie gewesen, ihr Kind als Teil dieser Umgebung zu sehen. Besonders Mark, dessen magere Gestalt und ungleichmäßig geformter Schädel ihn besonders unterernährt wirken ließen. Es waren nicht die leichtesten Bedingungen für eine Wiedervereinigung der Familie.

»Mama scheint sich jetzt wirklich für diesen Ort zu interessieren«, erklärte mir der Novize einige Zeit nach unserer Fahrt in die Stadt. Wir waren uns mit unseren Kesseln unten an dem großen Betonwasserbehälter begegnet. »Sie fängt sogar an, Fragen über Buddhismus und das *vipassana* zu stellen. Sie sagte, vielleicht sei es doch so gewesen, daß sie und die Familie gegen meine Ordination eingenommen waren, ohne genug darüber zu wissen. Zuerst dachte sie, ich wäre in irgendeiner Sekte. Jetzt will sie etwas über das *Dhamma* erfahren.«

»Ich denke, ihre Sorge war verständlich«, sagte ich. »Roben und Haartracht wie bei den Hare-Krishna-Leuten, jeden Morgen um drei Rezitationen, nur eine Mahlzeit am Tag, einmal in der Woche kein Schlaf – vielleicht sind wir eine Sekte. Was denkst du, wie lange es noch dauern wird, bis wir ihr den Kopf rasieren können?«

»Sie wird schon eine von uns sein!« rief Mark, und die Augen standen in theatralischem Ernst aus seinem Kopf. Er ließ seine kleinen, weißen Zähne blitzen, aber dann runzelte er die Stirn. »Aber bei genauerer Überlegung wäre es vielleicht doch besser, sie den Methodisten zu überlassen. Ich weiß nicht, ob ich den Rest meines Lebens im selben Kloster verbringen möchte wie meine Mutter.«

»Den Rest deines Lebens?«

»Vielleicht.«

»Ich dachte, du wolltest irgendwann wieder Arzt sein?« Als ich aufsah, entdeckte ich schwarze Punkte, die über den oberen Rand des Behälters krabbelten. Die Ameisen waren schon wieder zu ihrem Heim zurückgekehrt. Ich zuckte die Schultern und füllte meinen Kessel auf.

»Das ist jetzt noch nicht sicher. Bitte sag Mama nichts davon. Ich habe ihr noch nichts davon erzählt.«

»Glaubst du, daß du vielleicht bleiben wirst?«

»Ich weiß nichts mehr. Ich habe eigentlich nie gedacht, ich könnte es tun, erst in letzter Zeit. Jetzt habe ich das Gefühl, daß es viel mehr Gründe zum Bleiben gibt als zur Rückkehr. Aber es hat keinen Sinn, sie damit traurig zu machen. Es ist komisch, ich glaube, sie ist gekommen, um mich zu überreden, daß ich mit ihr zurückgehen soll. Sie würde das nie zugeben, aber ich glaube es trotzdem. Daß ich sie jetzt wiedergesehen und über das Leben nachgedacht habe, das ich hinter mir lasse, hat mir dabei geholfen, eine Entscheidung zum Hierbleiben möglich zu machen. Ich hatte eine Abneigung gegen das, was ich zurückgelassen habe. Die ist jetzt weg. Nun laufe ich nicht mehr vor irgend etwas davon. Ich habe einfach das Gefühl, daß nur das Leben eines Mönchs Sinn hat, daß dies die einzige Art ist, etwas zu tun, was meinem Leben eine Bedeutung gibt.«

»Ich dachte, du wolltest Sterbenden helfen. Ärzte können auch eine Menge tun.«

»Das glaube ich nicht, jetzt nicht mehr. Das ganze System da draußen ist verrückt. Ich wollte Arzt werden, um den Menschen helfen zu können. Aber die Medizin hat eigentlich mit der Ursache menschlichen Leidens gar nichts zu tun. Was habe ich denn im Krankenhaus schon Sinnvolles getan? Warum sollte ich wieder zurück in ein System gehen, das von seiner Grundlage her unmenschlich ist?«

»Mark, *vipassana* läßt Weisheit entstehen, wo immer es praktiziert wird, in einem Krankenhaus oder in einem Tempel. Praktiziere in einem *wat*, und du wirst Einsichten in deine geistigen Vorgänge haben. Praktiziere in einem Krankenhaus, und du wirst Einsichten in deine Patienten haben. Es ist nicht wichtig, was du tust, ob du Spritzen gibst oder Beulen aufschneidest, die Macht des *vipassana* wird den Unterschied ausmachen bei jeder Person, mit der du umgehst. Du kannst Ruhe auf dem Gang eines Krankenhauses verbreiten, du kannst ein lebendiges Zentrum des Mitgefühls und der Freundlichkeit sein, wo immer du auch hinkommst. Ich glaube, daß ein Mönch im Laufe der Zeit in die äußere Welt gehen muß. Dieses ganze Gerede von der Welt des *samsara* im Gegensatz zu irgendeiner *dhamma*-Welt in einem *wat*, das erzeugt doch nur künstliche Grenzen. Das ist lediglich das kollektive Ego der *sangha*. Es ist auch Illusion. Wenn sich Mönche auf ein klösterliches ›Wir‹ zurückziehen, dann isolieren sie sich in einer heiligen Illusion, die genauso schlimm ist wie Individualismus. Es wird zu einer Wand, die nur die Meditation blockiert.«

»Hör auf, Tim, hör auf, du bringst mich völlig durcheinander. Ich verstehe nichts von kollektiven Egos und Individualismus. Ich bin ein einfacher Novize. Ich bin einfach hierhergekommen, um zu lernen, wie ich mit dem Tod umgehen soll. Dafür scheint mir das Leben eines Mönchs am sinnvollsten zu sein. Ich habe immer noch keine Antworten. Das einzige, was ich gefunden habe, ist ein Anfang.«

»Du bist hierhergekommen, um etwas über den Tod zu erfahren? Da bist du an den richtigen Ort gekommen.« Ich sprach mit einem plötzlich gemeinen Nachdruck. »Den Tod lehren sie hier in Pah Nanachat. Das einzige, was man hier lernt, Mark, ist, wie man stirbt. Der Buddhismus gibt keine Antworten auf den Tod. Er hilft dir nicht beim Umgang damit. Er sagt dir, du sollst es tun. Das ist die Lösung: Tu es!«

»Was hast du gesagt? Ich verstehe dich einfach nicht.«

»Ich sage, du solltest hierbleiben, bis du stirbst. Dann gehe wieder zurück nach Neuseeland und sei Arzt. Dann kannst du anderen Menschen beim Sterben helfen. Das ist die Bedeutung des Lebens. Du mußt sichergehen, daß du hier stirbst, denn es ist zu einfach, hier für ewig als gesegneter heiliger *bhikkhu* weiterzuleben.«

Er starrte mich mit weit aufgerissenen Augen an und sagte nichts. Ich wandte dem Wasserbehälter den Rücken zu und machte mich auf den Weg über den Dschungelpfad. Ich wollte die Einsamkeit meines *kuti*. Ich schaute zurück.

»Mark, ich . . . entschuldige. Ich weiß nicht, was das ist, das in den letzten Tagen immer wieder über mich kommt. Ich scheine an jedem herumzukritisieren, genau wie Yenaviro es gesagt hat. Das ist aber egal. Sei Arzt, sei Mönch. Du wirst in jedem Falle leiden. Es ist dumm von mir, zu argumentieren, als wüßte ich, was das beste für dich ist.« Ich wandte mich wieder ab und begann, auf die Bäume zuzugehen, wobei mir die Arme lose an den Seiten herunterhingen. Mein Kessel schaukelte, und Wasser spritzte heraus.

»Danke, daß du dir Sorgen um mich machst«, rief er hinter mir her.

»Tut mir leid, Mark. Ich mag dich gern.« Ich lächelte matt zwischen den Bäumen hindurch, wartete zögernd auf seine Antwort.

»Ich mag dich auch. Ich wünschte, du würdest länger bleiben wollen.«

»Frohe Buddhamas«, sagte ich zu Herbie, als ich mich am Morgen des großen Festes neben ihn setzte. Über zweihundertundfünfzig Leute erschienen zum Frühstück und zur Wai-Phra-Nachtwache und brachten alles mit, vom einfachen Klebreis bis hin zu den feinsten Delikatessen aus Bangkok. Ich zählte die Schüsseln vorn in der *sala*. Es waren siebenundsechzig. In meiner *pahkow*-Handtasche lag mein Fotoapparat. Ich hatte am Tag vorher den Staub abgepustet, als ich ihn aus der Sicherheitsschublade in der *sala* holte. Jetzt stand ich von meinem Platz in der Speisenhierarchie auf und ging mit dem Fotoapparat in der Hand zum Ajahn. Ich hatte am vergangenen Abend um seine Erlaubnis gebeten. Er nickte nur, als er mich kommen sah. Ich bückte mich, als ich an ihm vorüberging, bemüht, ihn nicht zu überragen. Dabei neigte ich respektvoll den Kopf und hob meine Hände in einem *wai*.

Zuerst nahm ich ein paar Fotos von den Mönchen in der Reihe mit ihren leeren Schüsseln vor sich auf. Sie wirkten ernst und unbeweglich wie Statuen. Es war ein ungewöhnliches Gefühl, durch die *sala* zu gehen, während die anderen alle wie an ihrem Platz festgefroren saßen, als wäre ich unsichtbar. Der Ajahn sprach ermunternd mit den Thai-Besuchern, die sich in Erwartung seines Segens vor dem Eingang der Halle versammelten. Ich machte ein paar Bilder von der Menge. Die Laien sahen mir amüsiert zu. Ganz besonders wollte ich ein Foto von den Schüsseln und Silbertabletts voller Speisen im Vordergrund und der Reihe von aufrecht sitzenden, abgemagerten Mönchen im Hintergrund machen. Es war schwierig, beides zusammen scharf einzustellen. Es war nicht hell genug in der *sala* für eine große Blende, außer ich versuchte es aus der Hand mit einer langen Belichtungszeit. Ich wollte nicht riskieren, daß das Foto unterbelichtet war. Vor dem Altar werkelte ich mit meinem Apparat, dann hockte ich mich auf ein Knie herunter, um eine stabile Haltung einnehmen zu können. Die Dorfbewohner lachten über meine umständlichen Bemühungen mit dem Fotoapparat. Als ich fertig war, ging ich froh, es hinter mir zu haben, wieder zurück zu meinem Platz in der Reihe.

»Sei vorsichtig, wie du dich hinsetzt, wenn du zu deinem Platz kommst«, flüsterte Tan Casipo, als ich an ihm vorbeiging. Ich erstarrte erschreckt. Unsicher stolperte ich den restlichen Weg bis zu meiner Matte und setzte mich ganz langsam mit brennendrotem Gesicht hin, wobei ich mich mit schlechtem Gewissen umsah, wer mir gerade zuschaute.

»Herbie«, krächzte ich. »Hast du gesehen, wie ich da vorn Fotos gemacht habe?«

Er nickte.

»Hast du viel von mir gesehen?«

Er nickte.

»War mein *sabong*... als ich mich hingehockt habe?«

»Man konnte deutlich erkennen, daß du nicht daran gewöhnt bist, ihn zu tragen.«

Ich begann zu kichern. Ich hielt mein Gesicht in den Händen, damit ich nicht lachte.

»Was ist los?« sagte Herbie und klang abwesend.

»Ich hatte solche Sorgen, es könnte unterbelichtet werden. Und jetzt stellt sich heraus, daß mein eigentliches Problem genau das Gegenteil war.«

Ein paar der *bhikkhus* grinsten, als wir unsere Schüsseln spülten, aber keiner verlor ein Wort, bis ich mich hinhockte, um meine Schüssel abzutrocknen.

»Du hängst raus, Tim«, sagte Tan Bodhipalo, als er an mir vorbeiging. Das ärgerte mich wirklich. Diesmal hätte man den Kopf auf den Boden legen müssen, um irgend etwas unter meinem *sabong* erkennen zu können. Guck doch einfach nicht hin, wenn es dir nicht gefällt, dachte ich. Verdammte Regeln. Ich hätte Dschaina-Asket werden sollen. Die tragen überhaupt keine Kleidung. Das wäre eine Regel gewesen, mit der ich keine Schwierigkeiten gehabt hätte.

Bodhipalo, der Höhlenmönch, kam zurück und setzte sich neben mich an den Rand der *sala*. Mit ernster und ruhiger Stimme erklärte er mir, wie man sich richtig hinkniet, um eine Schüssel abzutrocknen.

»Für einen Mönch ist das schon in Ordnung«, sagte ich. »Aber wenn ich mich so hinsetze, daß mein Hinterteil auf meinen Füßen ruht, dann wird meine Robe dabei zu schmutzig. Bei einem Mönch kann man das nicht sehen.«

»Dann setz dich in eine respektvolle Sitzposition.«

»Und wie wäre es so?«

»Nein, du darfst deine Beine nicht kreuzen.«

»Warum nicht?«

»Es entspricht nicht den Regeln.«

»Aber das steht nicht im *Vinaya*. Das habe ich gelesen.«

»Aber wir hier machen es nicht so.«

»In den Regeln heißt es, daß die Mönche sitzen sollen, damit die Schüsseln nicht zerbrechen, wenn sie sie fallenlassen. Wir verwenden keine Tonschüsseln mehr. Wem macht das denn schon etwas aus, wenn ich mich mit überkreuzten Beinen hinsetze?«

»Du mußt daran denken, daß die Regeln eigentlich nur dazu dienen, sich in Achtsamkeit und Gehorsam zu üben. Wenn du richtig sitzt, hat das eine Grazie und eine Harmonie, die dich zu einem angenehmen Anblick macht.« Seine Stimme blieb leise und ruhig. »Das ist der eigentliche Hintergrund für unsere ganzen Haltungen und das

Verbeugen, die Gesten des Anbietens und das Zusammenhalten der Hände in einem einfachen *wai*, wenn man mit einem Seniormönch spricht. Sie bewirken ein Gefühl für Umsicht und Schönheit für jeden Tag. Jede Handlung wird zur Meditation, anstatt einfach nur eine sinnlose Reaktion auf die Umgebung zu sein. Das Leben wird friedlich und ruhig. Das alles braucht gewiß seine Zeit. Wenn du noch neu bist, mußt du natürlich gelegentlich Fehler machen. Das ist in Ordnung. Jeder versteht das. Nur arbeite jeden Tag daran. Bald wird es dir ganz natürlich vorkommen.«

In mir drehten sich drei unterschiedliche Gefühle als Reaktion auf diese schöne Ansprache zur Ästhetik. An der Oberfläche ärgerte es mich, daß man mir schon wieder sagte, ich solle mich an die Regeln halten, so freundlich es auch ausgedrückt sein mochte, und ganz besonders, wenn es sich nicht einmal um die eigentlichen Regeln handelte. In zweiter Linie schämte ich mich immer noch über meine »Überbelichtung« von vorher. Indem Tan Bodhipalo nicht direkt auf dieses Ereignis Bezug nahm, sorgte er dafür, daß meine Würde nicht verletzt wurde. Im Prinzip erklärte er mir, ich solle mir keine Sorgen darüber machen. Daß er jetzt mit mir redete, war kein Verweis, sondern nur ein angemessener Ratschlag, den ich offensichtlich brauchte. Und drittens war ich ausgesprochen überwältigt, daß der zurückgezogene Mann mit mir sprach. Ich wußte, daß er das Reden haßte. Dadurch wurden seine Worte zu einer wahren Geste des Mitgefühls. Er hatte in meiner Gegenwart noch kein einziges Mal so viel gesprochen, seit ich in dem *wat* war. Und doch nahm er es jetzt auf sich, mir eine ganze Lektion in klösterlicher Etikette zu erteilen. Er sprach weiter, und mein Widerstand schmolz. Bodhipalo sprach! Es fühlte sich an wie eine Ehre. Oder vielleicht war es auch ein Maßstab dafür, wie schwerwiegend mein Verstoß gewesen war. Wenn ich auch nicht seinen ganzen Rat annahm, so berührte mich zumindest seine Ernsthaftigkeit.

Als er schließlich fertig war, fragte er mich, ob ich noch irgendwelche Fragen hätte. Ich wollte mich nicht mit ihm streiten, konnte es aber doch nicht lassen, ihm eine herbe Frage zu stellen.

»Warum verbeugen wir uns vor Mönchen?« sagte ich.

»Du verbeugst dich nicht vor ihnen als Personen«, antwortete er in unverändert ruhigem Ton. »Es ist die Robe, der wir den Respekt erweisen. Besonders als *pahkow* mußt du bedenken, daß du dich unter die Führung und den Schutz der *sangha* gestellt hast. Sie alle sind deine Lehrer. Du bist von ihnen abhängig. Es mag sein, daß du manche Mönche persönlich nicht magst. Vielleicht hast du das Bedürfnis, dich mit ihnen zu streiten. Vielleicht sind sie wirklich Idioten. Trotzdem verbeugst du dich vor ihnen. Dieses Verbeugen lehrt dich Demut. Wenn du glaubst, du wärest besser als jemand anderes, dann ist dein Wille verhärtet, und du bist nicht in der Lage, irgend etwas zu lernen. Die Verbeugungen machen dich formbar. Und dann bist du bereit, das *Dhamma* zu empfangen.«

»Vielen Dank, Tan Bodhipalo, daß du mit mir gesprochen hast«, sagte ich und hob meine Hände in einem respektvollen *wai*.

»Danke, daß du zugehört hast«, sagte der Einsiedler. Er stand auf und überließ mich meiner Schüssel.

Mir wurde klar, daß dieser Mönch, der ehemalige Gospel-Sänger, ohne es zu wissen, den Test bestanden hatte, den Jim und ich uns ausgedacht hatten, um die Echtheit der Ruhe der *sangha* festzustellen. Wir hatten daran gedacht, ihnen einen üblen Streich zu spielen, einen *bhikkhu* absichtlich zu ärgern, um herauszufinden, ob wir jemanden fest genug kratzen konnten, um ihn zum Beißen zu bewegen. Mein Exhibitionismus war zweifellos dem Ajahn und den Seniormönchen peinlicher gewesen als mir persönlich. Die Thai würden über das *wat* lachen, wenn sie über den entblößten *farang* in der Brise vorn im Tempel sprachen, und das am Morgen von Buddhamas. Trotzdem war Tan Bodhipalos Lektion ohne jede Härte gewesen, obwohl der Ajahn ihn vielleicht zu diesem Zweck zu mir geschickt hatte. Sie hätten es so einrichten können, daß ich mir wie ein Idiot vorkam. Sein Respekt meinen Gefühlen gegenüber schien in ausreichendem Maße Jims totalem Zynismus zu widersprechen.

Am Buddhamas-Abend versammelte sich die Klostergemeinschaft auf dem Balkon des Ajahn zu einer privaten *dasana*, während in der *sala* die Rezitation der Thai erscholl. Das Thema dieser Belehrung war wie üblich, daß er nicht viel zu sagen hatte. Wir sollten den Regeln folgen und achtsam sein, besonders indem wir nicht unsere Schüsseln auskratzten. *Pahkows* wurden auch daran erinnert, daß sie vorsichtig sein sollten, wenn sie sich hinsetzten, um sich nicht zu kompromittieren. Der einsame *pahkow* in der Menge nahm sich den Rat zu Herzen.

»Mir ist auch aufgefallen, daß sich viele nicht mehr die Mühe machen, an Wai Phra die ganze Nacht wachzubleiben«, fuhr er fort. »Früher blieben immer alle in der *sala* bis zum Morgengrauen. Es gab nicht einmal Ovomaltine. Vielleicht hat das etwas miteinander zu tun. Vielleicht sollten wir auf die Ovomaltine vor *bindabhat* verzichten. Heute abend feiern wir den Geburtstag Buddhas. Ich glaube, diese Gelegenheit eignet sich ebensogut wie jede andere, um uns zu bemühen, die ganze Nacht wachzubleiben. Ich weiß, daß ich auch Schwierigkeiten habe aufzubleiben. Das kommt daher, daß ich den ganzen Tag Besucher empfange. Ich finde nicht die Gelegenheit, nachmittags zu schlafen wie ihr anderen. Aber das ist keine Entschuldigung. Ich möchte, daß heute nacht alle wachbleiben, sogar ich.«

Als das energievolle Gespräch beendet war, kehrten wir

alle in die *sala* zurück. Zweihundert Thai-Gläubige saßen da und warteten, alle in Weiß gekleidet. Die Vorbereitungen für den zeremoniellen Gang um das Klostergelände liefen an. Es herrschte eine aufgeregte Atmosphäre im ganzen Tempel, und wir erhielten jeder eine Kerze, drei Räucherstäbchen und eine Lotusblüte, die traditionellen Gaben an Buddha. Die Mönche bildeten am hinteren Ende der Halle eine Reihe in hierarchischer Ordnung. Der Rest der Gemeinde von Pah Nanachat folgte. Die Menge der Laien kam dahinter. Einer nach dem anderen entzündeten wir unsere Gaben an Kerzen an der Rückseite der Halle. Dann schritten wir in einer Reihe hinaus in die Nacht und begannen dreimal langsam den zentralen Platz des *wat* zu umrunden. Als wir die Halle verließen, stellte ich fest, daß Herbie hinter mir war. Seine Augen waren geweitet vor jungenhaftem Vergnügen. Als er bemerkte, daß ich ihn sah, warf er mir ein uneingeschränktes, strahlendes Lächeln zu.

»Das ist wirklich das reine *metta*, das reine *metta*«, sagte er verzückt.

»Sag mir doch«, flüsterte ich, als die Prozession begann, »was bedeuten diese Gaben? Steht jedes Teil für eines der drei Ereignisse? Die Lotusblume für Geburt, die Räucherstäbchen für den Tod und die Kerze für die Erleuchtung?«

»Es sind nur einfach Räucherstäbchen, Kerzen und Blumen«, sagte Herbie mit einem Schulterzucken. »Aber sie sehen sehr schön aus.«

Die lange Reihe der Anbeter bildete zusehends einen schimmernden Ring, der den dunklen Klosterplatz umgab wie ein Marsch von Leuchtkäfern. Der Duft des Räucherwerks erfüllte die Nachtluft und mischte sich mit dem zarten Duft von über zweihundert Lotusblüten. Die Prozession im letzten Jahr war gestört worden durch das Schwatzen der Stadtleute aus Ampher Warin und Bangkok. Sie waren nicht in gleichem Maße von Natur aus respektvoll wie die Leute aus Bung Wai. Dieses Jahr schloß der Ajahn eine ernste Ermahnung zur Ruhe in seine *dasana* an die Besucher ein. Sie wurde auch wirklich eingehalten, wodurch die angemessene Stille für das ernste Ritual entstand. Ohne Taschenlampen und mit Kerzen vor den Gesichtern konnten wir nicht besonders gut erkennen, wo wir hintraten. Jeder folgte einfach seinem Vordermann. Da dieser Marsch ein heiliger Ritus war, mußten wir ihn auch barfuß ausüben. Ich wunderte mich einen Augenblick lang, warum die Mönche vor mir alle plötzlich anfingen, mit den Füßen auf den Boden zu stampfen, als die Prozession den Kiesweg erreichte. Sekunden später wußte ich es. Rote Ameisen krabbelten über meine Knöchel nach oben und verhedderten sich in den Haaren auf meinen Beinen. Sie bissen ganz gemein. Wir hatten die Straße einer Ameisenarmee überquert. Kein guter Stil, sie mit Kerzen und Lotusblüten in den Händen zu erschlagen. Ich schloß mich dem wilden Stampfen und Gliederschütteln an. Da wir alle streng die Ruhe bewahrten, konnte ich nicht einmal die hinter mir Gehenden warnen. Die Reihe hopste und zuckte, während Ameisen und Gläubige ihren sich kreuzenden Weg fortsetzten. Unsere Prozession verwandelte sich in das von Kerzen erleuchtete Spiel von »Bäumchen schüttel dich und rüttel dich«.

Als die dritte Runde beendet und die letzte Ameise von unseren Körpern gewischt war, steckten die Leute spontan ihre Gaben in den Boden in der Umgebung der *sala*. Nur wenige legten sie in die Körbe zurück. Der ganze Platz um den Tempel herum war erleuchtet. Lotusblüten reflektierten schimmernd das Kerzenlicht. Die Kerzen wurden sehr vorsichtig um die *sala* herum aufgestellt, und sanfte Schwaden von Räucherduft hingen in der Luft. Das war der Geist des Buddhamas. Die Thai schufen die leuchtenden kleinen Schreine mit ausgeprägtem Sinn für diese zarte Kunst. Manche steckten die Kerzen zwischen trokkene Blätter, andere stellten sie zwischen Baumwurzeln, klemmten sie in Astgabeln oder sogar in Astlöcher. Das verwandelte das *wat*-Gelände in Hunderte heiliger Schreine voller Blüten, Räucherwerk und kleiner Flammen. Hier und da hatte schon die Rinde von Bäumen angefangen zu glühen wie rote Feuerglut, wo jemand die Kerzen darangelehnt hatte. Blätter schmorten am Rand des Dschungels vor sich hin. Ich gesellte mich einer Gruppe von Mönchen zu, und wir umschritten den Weg ein viertes und letztes Mal, dabei löschten wir Dutzende möglicher Waldbrände.

Als ich in die *sala* zurückkam, nahm ich meinen Platz neben Herbie ein, bereit für die lange Nachtwache. Die Thai hatten ihre Rezitation wieder aufgenommen. Ich bemerkte, daß der kleine Laienbruder eine ungeöffnete Lotusblüte in der Hand hielt. Sie war von ihrem Stiel gelöst und ähnelte so einem Ei, das an einer Seite angespitzt war. Er umfaßte die rosa Blüte zart und lächelte.

»Der Wassertank ist aus Metall gemacht. Eine Kerze brennt draußen«, sagte er in den Raum hinein. Dann beugte er seinen Kopf zu der Blüte hinunter, hob sie an seine Nase und atmete tief ein.

»Was hast du gesagt? Warum bist du so heiter? Wo hast du das her?« fragte ich.

»Was? Die Blume?«

»Nein, das was du gerade gesagt hast: ›Der Wassertank ist aus Metall gemacht. Eine Kerze brennt draußen.‹ Das ist wirklich schön.«

»Das ist nichts Besonderes. Ich versuche nur, die Dinge objektiv zu betrachten, sie nur einfach so zu nehmen, wie sie sind.«

Ich sah erstaunt den mageren Teenager an. »Phantastisch. Es durchdringt die Wirklichkeit«, sagte ich. »Der Wassertank ist aus Metall gemacht. Man sagt es, und schon wird einem klar, daß das nur Worte sind, sie sagen

nichts über nichts aus. Die Worte haben nichts gemeinsam mit dem, was wirklich da ist draußen im Dunkeln.
Und doch sind Worte das einzige, womit wir unsere Erfahrungen mitteilen und mit deren Hilfe wir uns daran erinnern können. Ich sehe zu, wie du lachst, Herbie. Du ver-
wendest Worte, aber du glaubst nicht an sie. Du fällst
nicht auf sie herein. Ich hatte dich immer schon im Verdacht, weißt du.«

»Ich versuche nur, die Dinge objektiv zu betrachten, sie
so zu nehmen, wie sie sind.«

»Aber du benennst es, und schon ist es Dichtung. Du
befreist dich von der Illusion der Dinge, von der Bildung
und dem Widerwillen.«

»Nein, das ist es eigentlich nicht. Ich nehme einfach nur
alles so hin, wie es ist.« Er hob noch einmal die Lotusknospe zu seiner Nase und drückte sie wie einen kleinen
Blasebalg, so daß der Duft in seine Nase aufstieg.

»Also, was weißt du?« fragte er.

»Was soll ich wissen?«

»Was weißt du?«

»Du willst wissen, was ich weiß?«

»Ja.«

»Nur eines.«

»Du weißt nur eines? Was?«

»Herbie, verrat mich nicht ...« Ich sah mich zu den anderen ungerührten Gestalten um. Niemand bemerkte unser Flüstern. Wenn ich wollte, daß Herbie sich mir eröffnete, mußte ich gewillt sein, ehrlich zu ihm zu sein.

»Ich sage es niemandem«, meinte er.

»Gott.«

»Du kennst Gott?«

»Ja.«

»Wie kannst du – Nein! Versuche nicht, es mir zu sagen.
Wenn ich Gott nicht kenne, dann kannst du es mir auch
nicht erklären. Ich nehme es einfach an. Du kennst Gott.«

»Ich glaube, da hast du recht. Was kann ich dir schon von Gott sagen außer ›der Wassertank ist aus Metall gemacht?‹«

Herbie schnupperte noch einmal intensiv an der Lotusblüte und nickte.

»Warum hast du mich gefragt, wenn du weißt, daß ich etwas, das ich wirklich kenne, nicht erklären kann?«

»Ich frage gern. Ich frage jeden gern ›Also, was weißt du?‹ Manchmal frage ich die Mönche ›Also, was weißt du?‹ Dann erzählen sie mir etwas über *dhamma* und Achtsamkeit, über Gehorsam und Buddha. Da unterbreche ich sie. ›Laß mich meine Frage noch einmal wiederholen‹, sage ich dann. ›Also, was weißt du?‹«

»Ich verstehe«, murmelte ich.

Herbie steckte seine Nase wieder in die Blume. »Ich habe immer geglaubt, entweder weiß ich alles, absolut alles, oder ich weiß nichts, absolut nichts. Oder ich weiß nur manche Dinge und manche Dinge nicht.« Er sah mich an, um festzustellen, ob ich ihn verstand, und senkte dann seine Augen wieder auf die Lotusblüte. Er lächelte sie an und schüttelte den Kopf. »Aber das stimmt alles nicht. Es ist zu kompliziert.«

»Ja?«

»Also habe ich einfach angenommen, daß ich nichts weiß, absolut nichts. Ich frage andere ›Also, was weißt du‹, und wenn sie sagen, daß sie etwas wissen, dann sage ich nur ›Aha‹. Vielleicht wissen sie etwas. Ich weiß nicht, daß sie es nicht wissen.«

»Das ist eine ziemlich einsame Form von Skeptizismus.«

»Ja?«

»Ja.«

»Aha.«

»Ich verstehe, wie das funktioniert.«

»Also, du kennst Gott?«

»Ja.«

Herbie begrub sein Gesicht in der Blume.

»Ich könnte eine Menge erzählen über Buddhismus, Christentum oder Philosophie, und das in klaren, geordneten Begriffen, Herbie, wenn du wollen würdest, daß ich es dir auf diese Weise erkläre. Aber die Begriffe sind nicht die Wahrheit.«

»Nennst du Gott die Wahrheit?«

»Ich versuche Gott gar nicht zu benennen. Selbst ›Wahrheit‹ ist ein zu geringes Wort, um zu umfassen, was ich meine, wenn ich ›Gott‹ sage. Er ist das, was übrigbleibt, wenn du alles andere auslöschst. Und wenn du Gott auslöschen könntest, würde absolut nichts mehr übrigbleiben. Die Hebräer sagten, ihr Gott sei der Gott ohne Namen. Das ist der Gott, den ich kenne.«

»Aha.«

»Du hast recht, Herbie. Es ist besser, dazu keinen Standpunkt zu beziehen. Dann bleibst du offen genug, einfach das anzunehmen, was dir begegnet, ohne irgendwelche begrifflichen Vorurteile zu haben. ›Suche nicht nach der Wahrheit, höre nur auf, Meinungen wichtigzunehmen.‹ Das habe ich hier gelernt.«

»Aber ich habe einen Standpunkt. Ich glaube, man braucht einen Standpunkt.« Er sog wieder den Duft der Blüte ein. Die Rezitation hörte auf. Das Glockenspiel in der *sala* ertönte zwölfmal als Zeichen dafür, daß es Mitternacht war. Er fuhr mit leisem Flüstern fort: »Mein Standpunkt ist, daß ich nichts weiß. Ich versuche objektiv zu sein und die Dinge so zu nehmen, wie sie sind. Kann man von einer Lotusblüte high werden?«

»Ich weiß es nicht, laß mich mal versuchen.«

Herbie reichte mir die Blume. Sie fühlte sich in meiner Hand weich und seidig an. Das Cremeweiß am Boden der Knospe wich einem Pastellrosa am oberen Rand der Blütenblätter. Ich legte die Stelle, an der die Spitzen der Blütenblätter zusammentrafen, ganz dicht an meine Nase und drückte vorsichtig auf die Mitte der Knospe, wie ich es bei Herbie gesehen hatte. Süßer Duft schien mich zu erfüllen. Er fühlte sich schwer an, wie ein großer Mundvoll warmen Weißweins. Der Duft wirbelte sogar noch durch meine Nasenflügel, als ich die Blüte schon wieder weggenommen hatte.

»Ein Lotusrausch kann einem sofortiges *samadhi* bringen«, sagte ich. »Vielleicht sollten wir das versuchen.«

Er lächelte und griff nach der Blüte.

»Herbie, du hast recht. Jeder braucht einen Standpunkt. Na ja, Gott vielleicht nicht, ein *arahant* vielleicht auch nicht. Aber ein Standpunkt ist ein Werkzeug, mit dessen Hilfe wir die Welt ver›stehen‹ können. Solange wir keine Bindung an unsere Standpunkte entwickeln und uns noch klarmachen können, daß jeder Standpunkt notwendigerweise voller Illusionen sein muß, solange können sie uns eine große Hilfe im täglichen Leben sein. Jim und ich sind zu einem neuen Standpunkt gelangt, mit dessen Hilfe wir nicht mehr vor unserem Leiden davonlaufen. Wir sagen, es ist egal. Egal wie, wir werden leiden. Und wenn wir wissen, daß wir leiden werden, was immer wir auch tun, dann hat es auch keinen Sinn, das Leben in die eine oder andere Richtung drängen zu wollen. Das befreit uns von dem Verlangen nach Glück. Und ohne Verlangen können wir offen sein für die Weisheit des *vipassana*. Ich vermute, daß *vipassana* vielleicht eine Verbindung zur Stimme Gottes herstellen kann. Aber erzähle das keinem.«

»Ich nehme an, wenn du sagst ›es ist egal‹, könntest du damit einige Leute beleidigen. Für sie ist es vielleicht nicht egal.«

»Ich verstehe, was du meinst. Woher soll ich wissen, ob es für sie auch bedeutungslos ist? Nur weil es mein Standpunkt ist, heißt es ja noch nicht, daß die Theorie auf jeden

311

anzuwenden sein müßte. Herbie, du bist ein guter Lehrer. Ich hatte dich immer schon im Verdacht. Gib mir bitte noch einmal die Lotusblüte.«

Ich schnupperte daran und blickte mich um. Die meisten Mönche waren immer noch in der *sala*. Ich sah zu, wie Tan Bodhipalo in unserer Nähe am Ende der *sala* hin- und herging. Mir kam der Gedanke, daß wir eigentlich hätten still sein sollen. Ich machte Herbie ein Zeichen, er solle mit mir aufstehen. Wir nahmen unsere Decken mit nach draußen und hockten uns an die Ecke der Wand, an der ich immer mit Jim gesessen hatte. Der Vollmond schien auf uns herab, und die Baumwipfel warfen lange Schatten. Der Dschungel war in weißes Licht getaucht und ließ die Einzelheiten auf jedem Blatt, jeder Winde erkennen, die überall mit schwarzen Schattenstreifen gezeichnet waren. Wir konnten Dutzende von Lotusblüten erkennen, die um uns herum in den Boden gesteckt waren, kleine Stummel von den Räucherstäbchen, den matten Schimmer von Wachs im Mondlicht. Rechts von uns war ein großer, rechteckiger Schatten wie ein schwarzes Fenster in die erhellte Nacht gestanzt. Der Wassertank war aus Metall gemacht.

Plötzlich sagte Herbie: »Ich erinnere mich, wie Pahkow Michael und ich eines Tages in der Küche Kaffee gekocht haben. Damals war noch ein südafrikanischer Mönch hier. Die Nitkäfer waren ausgeschlüpft, und das Küchenlager war voll mit ihnen, sie flogen mit ihren losen Flügeln überall herum. Der Südafrikaner hätte das Zimmer reinigen sollen. Er fing an, Kröten zu fangen und sie hineinzusetzen. Sie fraßen die Käfer und machten die Arbeit für ihn. Michael ärgerte sich. Er sagte dem Mönch, er mische sich in das *kamma* der Kröten und in das *kamma* der Nits ein. Ich habe darüber nachgedacht. Und mir ist klargeworden, daß Michael sich nur in das *kamma* des Mönchs eingemischt hat. Ich wollte ihm das sagen, da wurde mir klar, daß ich mich damit in sein *kamma* einmischen würde. Am Ende ist es immer das beste, wenn man versucht, objektiv zu sein und die Dinge so zu sehen, wie sie sind.«

»Wie lange nimmst du schon alles in dieser Weise an, Herbie? Hast du das im *wat* herausgefunden oder hast du es schon mit hierhergebracht von da, wo du vorher warst?«

Der Teenager drückte noch einmal den Duft aus der Knospe. »Ich weiß es nicht«, sagte er mit seiner vertrauten, tonlosen Stimme.

»Weißt du, wovon Buddha nichts erzählt hat?«

»Ich habe dir doch schon gesagt, daß ich nichts weiß.«

»Ich glaube, du weißt es, aber du weißt nicht, daß du es weißt. Woher willst du wissen, daß du es nicht weißt? Du mußt das doch wissen, oder?«

»Ich weiß es nicht.«

»Aha«, sagte ich.

Wir saßen eine Weile schweigend da und gaben die Lotusknospe hin und her. Sie wurde langsam matt. Der Duft fing an zu verblassen.

»Weißt du, ich könnte nie zu Menschen sprechen«, sagte Herbie.

»Du sprichst doch gut.«

»Zu Hause bin ich immer sehr ungern zu Parties gegangen. Meine Freundin hat mich trotzdem mitgenommen. Ich saß stundenlang allein herum und sagte kein Wort. Wenn sie mir jemanden vorstellte, starrte ich ihn einfach nur an. Ich wußte, daß man von mir erwartete, ich müsse etwas von mir geben, aber ich hatte einfach nichts zu sagen. Ich war wirklich verzweifelt.«

»Eine Menge Leute sind schüchtern mit Fremden.«

»Das ist mir oft auch bei Leuten passiert, die ich schon seit Jahren kannte. Sie haben mich immer für eigenartig gehalten. Meine Mutter hat mich zu einer ganzen Reihe von Psychiatern geschickt. Mit ihnen konnte ich auch nicht reden. Ich habe mir immer Sorgen darüber gemacht, ob überhaupt irgend etwas Wirklichkeit war oder nicht. Ich war nicht sicher, ob überhaupt jemand existierte, nicht einmal ich selbst. Das hat meine Freundin gestört. Dann habe ich einem Freund von mir geschrieben, der in London in einer Rockband spielt. Ich habe früher immer mit ihm gesungen, als wir noch bei uns zu Hause eine eigene Gruppe hatten. Ich habe ihn sehr gemocht. Er hatte eine Menge harter Drogen hinter sich und war trotzdem als Mensch aus der Sache wieder herausgekommen. Ich fragte ihn, wie er mit allen diesen schwierigen Fragen umging, die mich zu vernichten schienen. ›Versuche, nicht darüber nachzudenken‹, antwortete er mir. Mir wurde klar, daß er recht hatte. Wenn ich darüber nachdachte, wurde das Durcheinander in mir nur noch schlimmer. Ich muß über diese Fragen gar nicht nachdenken. Ob ich weiß, daß etwas wirklich existiert oder nicht, ändert eigentlich gar nichts.

Damals wollte ich ein Stück schreiben mit dem Namen ›Das Publikum‹. Es handelt von einem Mann in einem Irrenhaus. Er glaubt, daß die vierte Wand in seinem Zimmer gar keine Wand ist. Er glaubt, dort sei ein großes Publikum. Und jeder in diesem Publikum starrt ihn an, sagt er. Andere Figuren in dem Stück – Ärzte, Schwestern, Verwandte – sie sollen ihm diese Einbildung ausreden. Er versucht ihnen die ganzen Leute zu zeigen, die da draußen sitzen. Außer ihm sieht dort niemand etwas. Das Publikum weiß, daß der Verrückte recht hat. Es schaut ihm zu. Aber es weiß ebenfalls, daß es gar nicht in ein wirkliches Krankenhauszimmer guckt. Es ist nur ein Theaterstück. Die anderen Schauspieler wissen auch, daß sie auf der Bühne sind. Sie sehen nicht wirklich eine vierte Wand. Aber genau das sagt auch der Verrückte: ›Ihr tut nur so, als würdet ihr all diese Leute nicht sehen.‹«

»Ist es also ein Stück über einen Mann, der ein eingebildetes Publikum sieht, oder über viele Figuren, die eine eingebildete Wand sehen?« fragte ich. »Das hängt doch davon ab, ob du das Publikum als Teil des Stücks betrachtest oder nicht, stimmt's?«

»Am Schluß steht der Mann auf und spricht direkt durch die vierte Wand, die gar nicht vorhanden ist, mit dem Publikum. Er sagt zu den Leuten, daß hinter jeder ihrer vierten Wände auch ein Publikum ist, das zu ihnen hineinschaut.«

»Ich hoffe, du schreibst das Stück noch.«

»Ich weiß nicht, ob ich das kann. Das hat doch nicht viel Sinn.«

»Herbie, ich bin sicher, du weißt, daß alles, was es zu tun wert ist, nicht für Punkte oder Gewinn getan wird. Weißt du, was ich tun möchte? Ich möchte Bücher schreiben. Und weißt du, warum ich Bücher schreiben möchte?«

Er schüttelte den Kopf.

»Ich auch nicht.«

»Das gefällt mir«, sagte der kleine Laienbruder mit einem Lächeln.

»Aha, schon habe ich dich bei etwas Subjektivem erwischt.«

Jetzt, wo unser Lotusblütenduft verraucht war, lehnten wir uns zurück und betrachteten den Mond in traurigem Schweigen, so daß ich am liebsten gekichert hätte. Herbie war die ganze Zeit schon hier gewesen, und doch war das das erste Mal gewesen, daß wir uns einander geöffnet hatten. Schon in ein paar Tagen würde er auch fortgehen.

»Freust du dich darauf, nach China zu fahren?« fragte ich ihn.

»Eigentlich freue ich mich nicht so richtig. Auch als ich noch zu Hause war, konnte ich Dinge nicht planen, weil ich nicht über sie nachdenken konnte, solange ich nicht schon mittendrin war. Ich kann sagen, daß ich nach China gehe, aber selbst wenn ich das ausspreche, denke ich nicht wirklich daran. Ich werde wahrscheinlich überrascht sein, wenn ich dort ankomme.«

»Ich wünschte, du könntest mir beibringen, wie das geht. Ich verbringe mein ganzes Leben damit, eine Zukunft zu planen, die es vielleicht nie geben wird.«

»Aha.«

»Ich bin froh, daß du das objektiv sehen kannst. Was hast du für ein Gefühl dabei, Pah Nanachat zu verlassen?«

»Ich habe noch nicht darüber nachgedacht.« Er zuckte mit den Schultern und begann die Lotusknospe zu öffnen, breitete die rosa Blütenblätter eines nach dem anderen auseinander. »Ich bin noch nicht weg. Es gefällt mir. Hier sind viele Leute nett zu mir. Als ich ankam, war ich völlig verwirrt. In manchen Beziehungen ist das durch das Kloster noch schlimmer geworden. Ich habe öfters gedacht, ich sollte mich als *pahkow* oder als Novize aufnehmen lassen. Schließlich wurde mir klar, daß das auch nichts genützt hätte. Es hätte nur noch mehr Reden und noch mehr Ideen bedeutet. Und genau davon wollte ich ja loskommen. Ich bin besser dran, wenn ich nichts damit zu tun habe. Ich mag die Meditation und die Ruhe. Sie helfen mir dabei, objektiv zu bleiben.«

»Was wirst du an Thailand am meisten vermissen?« fragte ich und vermißte Herbie jetzt schon.

»Ich weiß es nicht.«

»Da, wo du hingehst, wird es keinen Klebreis geben.« Einen Moment lang sah er beunruhigt aus, dann wandte er mir sein Gesicht zu und lachte. »Ich glaube, ich sollte auch einen Koffer mit Lotusblüten mitnehmen.«

Kapitel 14

Der Ajahn Chah
erteilt mir eine Lehre

Zur Ovomaltinezeit vor *bindabhat* rematerialisierte sich meine rote Tasse wieder auf ihrem Regal. Ich schwenkte sie vor Tan Casipo, der mir bei der Suche danach geholfen hatte. Er freute sich.

»Vielleicht hat sie eine von den alten Thai-*pahkows* gehabt«, überlegte der hilfreiche Mönch. »Ich weiß, daß sie noch ein paar andere Sachen zu den Frauen gebracht haben. Sie sind erst gestern zurück nach Wat Pah Pong gegangen.«

»Wahrscheinlich hat sie sich einfach rematerialisiert«, sagte ich. »Das ist eine gute Lehre für mich. Wenn sich ein Gegenstand dematerialisiert, vergiß ihn einfach. Er wird spontan wieder erscheinen, wenn der richtige Moment da ist. Wenn man sich Sorgen darum macht, bewirkt das nur *kammische* Formationen des Wegseins, die ihn daran hindern, zurückzukommen.«

Der abgebrochene angewandte Physiker legte seinen Kopf schief. Er hätte wahrscheinlich eine Augenbraue hochgezogen, wenn er eine gehabt hätte. »Wahrscheinlich wirst du jetzt drei oder vier davon hier überall auftauchen sehen«, sagte er.

Ruk verkündet mir, er werde an diesem Buddhamas-Morgen fasten. Er erklärt, der Ajahn werde ihn heute auf unserer *bindabhat*-Route ersetzen. Das wird meine erste Almosenrunde mit dem Seniormönch sein, das erste Mal, daß ich direkten Kontakt mit ihm allein haben werde, und eine gute Gelegenheit, etwas über den Mann zu erfahren, den ich meinen Lehrer nenne.

»Denkst du immer noch daran fortzugehen?« fragt er mich, als wir die Deiche zwischen den Reisfeldern verlassen haben und an der Straße entlangzugehen beginnen.

»Ich denke nicht daran zu bleiben, Ajahn.«

An diesem Morgen nieselt es etwas, und es ist dunstig. Wir haben unsere Schirme vergessen.

»Ich nehme an, daß ich dir nicht zu sagen brauche, daß ich schon etwas enttäuscht bin von dem, was du und Jim hier geboten habt.«

»Das hoffe ich nicht. Wir haben beide in Pah Nanachat viel gelernt. Erstaunlich viel in so kurzer Zeit.«

»Um wirklich etwas zu lernen, muß man mindestens sechs Monate bleiben. Ansonsten bleibt alles an der Oberfläche. Es wird nicht von Dauer sein.«

»Kann man in sechs Monaten viel lernen?«

»Nicht viel.«

»Wieviel Zeit braucht man, um viel zu lernen?«

»Ich habe erst in letzter Zeit langsam das Gefühl, daß ich etwas zu lernen beginne.«

»Das ist viel Zeit. Sag mir, Ajahn, warum bist du überhaupt nach Thailand gekommen, um zu meditieren?«

»Eigentlich war ich auf dem Weg nach Japan und wollte in ein Zenkloster eintreten. Aber als ich nach Wat Pah Pong kam, mußte ich diese Pläne aufgeben. Und so war seither mein ganzes Leben, verzichten und aufgeben. In Japan wäre es mir wahrscheinlich erlaubt gewesen, Gitarre zu spielen. Ich vermisse sie immer noch manchmal. Jeden Tag erhebt sich das Selbst wieder und muß aufgegeben werden. Das ist die einzige Art, in der man Freiheit vom Werden erlangt. Man muß alle persönlichen Bedürfnisse aufgeben.«

»Wie hilft dir das dabei, nicht mehr zu werden?«

»Sinnliche Genüsse führen zum Verlangen. Verlangen führt dazu, daß man sich festklammert. Und das Festklammern führt zum Werden.«

»Und dann?«

»Werden führt zur Geburt. Geburt führt zu Verfall, Tod, Sorgen, Klagen, Schmerz, Leid und Verzweiflung«, rezitiert er.

»Also durchbrichst du die Kette beim Verlangen?«

»Dir wird klar, daß Verlangen nur Nichtwissen bedeutet. Nichtwissen ist das erste Glied in der Kette der voneinander abhängigen Ursachen. Das bindet dich an den ewigen Kreis der Wiedergeburt. Die einzige Möglichkeit, sich daraus zu befreien, ist die Aufgabe.«

»Sag mir, Ajahn, bist du aus Australien hierhergekommen, um dem Leiden der Wiedergeburt zu entkommen?«

»Selbst das Verlangen, dem Leid zu entkommen, muß aufgegeben werden. Ich habe nicht darum gebeten, Ajahn zu werden. Der Job gefällt mir nicht besonders. Aber wenn man Seniormönch wird, kommt damit auch Verantwortung. Das bedeutet für mich auch aufzugeben.«

»Also endest du damit, deine ganze Zeit mit Thai-Touristen zu verbringen und *farang*-Gäste einzuführen, wenn du eigentlich gerade meditieren könntest. Das hört sich nicht sehr befriedigend an.«

»Selbst das Verlangen zur Meditation sollte man aufgeben. Das ist der Schlüssel dazu, das Selbst aufzugeben. Ich sage es immer wieder. Du brauchst eigentlich nur den Regeln zu folgen.«

Der Lehrer konzentriert sich auf den nassen Pfad zu seinen Füßen, während wir gehen. Ich betrachte sein Gesicht. Er ist ein Mann, der finster dazu entschlossen ist, sein Selbst zu ersticken.

»Ajahn, warst du schon hier, als Pah Nanachat gegründet wurde?«

»Natürlich. Ich war gerade in Wat Pah Pong zum Mönch ordiniert worden.«

»Kannst du mir die Geschichte erzählen?«

Er lächelt mich an. »Vor etwas mehr als zehn Jahren kamen ein paar von uns westlichen Mönchen in das Waldgebiet in der Nähe von Bung Wai. Früher gab es einen Verbrennungsplatz in der Nähe der Stelle, wo jetzt unser *wat* ist. Die Thai haben Angst vor Geistern, also empfinden die Mönche solche Orte als die besten, um sich zum Meditieren zurückzuziehen. Es war dort still und einsam. Wir lebten in Schirmzelten. Als *farang*-Mönche begannen, auf *bindabhat* zu den Dörfern zu gehen, gab es eine Menge Aufregung. Die Leute errieten, daß wir aus Ajahn Chahs berühmtem Kloster waren. Sie kamen in den Dschungel und begannen, hölzerne *kuties* für uns zu bauen. Sie baten uns zu bleiben. Sie sagten, das würde Bung Wai viel Glück bringen. Die Mönche gingen zurück zu Ajahn Chah, um ihn um Erlaubnis zu bitten. Dann wurde Pah Nanachat als Unterabteilung von Wat Pah Pong gegründet. Es sollte ein internationales Waldkloster zur Einführung ausländischer Mönche werden. Sie würden dann später einmal in der Lage sein, Unterabteilungen in ihren eigenen Ländern zu errichten. Das war der Grundgedanke. Ajahn Sumedo war unser erster Ajahn. Er war sehr inspirierend für mich. Jetzt ist er in England, und Ajahn Chah... Es gibt niemanden, der ähnlich wie er inspirierend auf die Mönche wirken kann.«

»Betrachtest du das als Problem hier?« fragte ich vorsichtig.

»Ganz sicher. Ohne eine Verkörperung des Ideals werden die Mönche bald nachlässig. Sie brauchen ein Vorbild, jemanden, der sie wirkliche Weisheit lehren kann. Ohne das zerfällt die Disziplin von innen her. Es ist schwer, sie von außen zu erzwingen. Bald gibt es keine Abendmeditation mehr, wie es hier auch der Fall war, bevor ich herkam. In manchen Zweigklöstern gibt es nicht einmal mehr Morgenmeditation. Die Mönche schlafen bis zur Almosenrunde. Wenn die Mönche erst einmal anfangen, nachlässig und faul zu werden, beginnen sie den Wert dessen zu hinterfragen, was sie da tun. Als nächstes legen sie die Robe ab. Viele Klöster, die früher voll waren, haben jetzt nur noch ein paar Mönche. Hausmeistermönche, selbst in vielen von Ajahn Chahs *wats*. Wenn die Disziplin erst fort ist, bricht alles zusammen. Das war Ajahn Chahs Spezialität, Disziplin. Er wußte genau, wie er die Mönche anfassen mußte, damit sie ihre innere Kraft entwickeln konnten. Manchmal ließ er uns bei einer einzigen *dasana* sechs Stunden sitzen. Das war eine Folter. Um dir eine Vorstellung von seinem Stil zu geben, werde ich dir eine Geschichte erzählen. Vor langer Zeit jagten die Dorfhunde immer die Eichhörnchen in Pah Pong. Das war einer der Gründe, warum Ajahn Chah schließlich den Plänen zustimmte, eine hohe Mauer um das Kloster zu bauen, so daß nicht mehr die Tiere die ganze Zeit herumliefen. Eine Weile nachdem die Mauer errichtet war, fiel allen auf, daß die Eichhörnchen anfingen, faul zu werden. Es gab keine Hunde in der Nähe, und sie wußten, daß die Mönche ihnen nichts tun würden. Sie machten nur noch halbherzige Versuche, uns aus dem Weg zu gehen. Weißt du, was Ajahn Chah gemacht hat? Er hat uns gesagt, wir sollten die Tore aufmachen und die Hunde wieder hereinlassen! Selbst die Eichhörnchen in unserem *wat* mußten auf der Hut bleiben. Das war sein Stil.«

Tan Wee wartet auf uns am Tor zum Dorf. Der Ajahn übernimmt die Führung. Wir gehen hinter ihm her. Unsere Köpfe senken sich demütig. Er kennt unsere Route genau, führt uns aber absichtlich langsam. Als wir am anderen Ende unserer Route angekommen sind, erzählt er mir, daß er gern wieder zu der Sitte zurückkehren würde, laut das *Vinaya* zu rezitieren, während die Gaben in Empfang genommen werden. Ich biete ihm an, seine Schüssel zu tragen, die schwer von Reis ist, und balanciere die beiden Schüsseln mit einem Tragriemen auf jeder Schulter über den Weg zurück durch die Reisfelder. Der Nieselregen hört nicht auf. Unsere Roben sind feucht, und der Pfad zwischen den Feldern ist schlüpfrig und voller Krebse. Eifrig bemüht, das unbeendete Gespräch zwischen uns wieder aufzunehmen, frage ich den Lehrer nach seiner Meinung dazu, daß bei den Mönchen in Thailand so viel alte Tradition zusammenbricht.

»Schon seit zweihundert Jahren sagen die Menschen, alles breche zusammen, die Mönche würden bequem, und die Tradition degeneriere. Ich nehme an, man hat das von Anfang an gesagt.«

»Du meinst, es glauben immer alle, daß es in den guten alten Zeiten besser war?«

»Ja. Vielleicht ist das nur der Makel einer begrenzten Perspektive.«

»Also glaubst du, daß nicht wirklich alles schlimmer wird?«

»Doch, ich glaube, es wird ganz eindeutig schlimmer. Den Mönchen geht es zu gut. Heutzutage gibt es in diesem Land zu viel Wohlstand. Die Laien machen die Mönche völlig kaputt. Heutzutage ist es ganz normal, wenn ein Mönch Geld bei sich hat und Tonbandgeräte, sogar Musikkassetten besitzt. Hier allerdings nicht.«

»In Bangkok habe ich sogar ein paar Mönche mit einem Fernsehgerät gesehen«, füge ich hinzu.

»Außerdem übt die Regierung einen großen Druck auf die *sangha* aus, sich an Wohlfahrtsprogrammen zu beteiligen.«

»Glaubst du, daß das schlecht ist?«

»Das ist nicht die Aufgabe eines Mönchs. Einiges daran ist sehr politisch. In Randgebieten in der Nähe der Grenze zu Laos und Vietnam läßt die Regierung die Mönche den

Dorfbewohnern beibringen, daß sie sich vor kommunistischen Gruppen in acht nehmen und dem König gehorchen sollen. Ob es wirklich nötig ist, eine solche Arbeit zu tun oder nicht, es sollte auf keinen Fall die Aufgabe jener sein, die sich dem *Dhamma* verschrieben haben.«

»Wird dadurch die Bedeutung des *Dhamma* geschmälert? Was glaubst du, wird mit dem Thai-Buddhismus geschehen, wenn die Mönche Propaganda- und Wohlfahrtsarbeiter werden?«

»Das ist schwer zu sagen. Das *Dhamma* verliert an Bedeutung. Wir brauchen mehr spirituelle Lehrer wie Ajahn Chah.«

»Gibt es noch andere?«

»Ein paar. Aber keiner ist wirklich so wie er.«

Der Gesichtsausdruck des Ajahn ist müde, während er neben mir hergeht. Plötzlich sieht er aus wie ein sehr alter Mann. Vielleicht hat ihn die Nachtwache so angestrengt. Ich denke an sein Magengeschwür. Aus der Art, wie er mit mir gesprochen hat, weiß ich, daß er sich der Tatsache schmerzlich bewußt ist, nicht so ein Vorbild sein zu können, wie es sein Lehrer war. Und doch empfindet er eine Verpflichtung, es zu sein. Er sieht eine große Notwendigkeit dafür. Außer der Selbstverleugnung muß er noch die Last der Frustration und möglicherweise ein Gefühl des Versagens ertragen. Selbstgefälligkeit kann ihm sicher niemand vorwerfen.

»Zur Zeit gibt es einige Orden, die entschlossen sind, es wieder so wie früher zu machen. Manche Mönche ziehen immer noch *tudong* in den Wäldern dem Leben in einem bequemen *wat* vor. Nur ein paar gute Vorbilder, und die Tradition wird weitergehen.« Seine Augen sind beim Laufen auf den Boden gerichtet. Er weicht Pfützen aus.

»Ist eine Rückkehr zu den Methoden von früher eine ausreichende Reaktion? Vielleicht sind die Mönche, die bereit sind zu sozialen Aktivitäten, diejenigen, die den

Buddhismus erhalten werden. Eine Menge junge Thai scheinen ihren Glauben nicht sehr bedeutsam zu finden für die Welt, in der sie leben werden. Zwischen der amerikanischen und der vietnamesischen Form des Materialismus benötigen die Menschen meiner Meinung nach das Wissen über die Bedeutung des *Dhamma* mehr denn je, und sei es auch nur, um in ihrem Leben etwas Normalität und Gelassenheit zu bewahren.«

»Die Lehren bedeutsamer erscheinen lassen?« fragt der Ajahn, ohne aufzusehen. »So wie die Heilsarmee um die Jahrhundertwende herum verfahren ist, indem sie alte Trinklieder und eine Blaskapelle genommen und dann christliche Hymnen daraus gemacht hat? Die *sangha* sollte das *Dhamma* mit etwas Pfeffer und ein wenig *samsara* aufbereiten, meinst du?«

Wir kommen an die Tigertore des *wat*. Der Ajahn benutzt nicht Ruks Abkürzung. Er geht weiter über den Weg mit dem spitzen Kies. Ich halte Schritt mit ihm, weil ich die Frage nicht unbeantwortet lassen will.

»Die Heilsarmee hat die Lehre von der christlichen Nächstenliebe wiederaufleben lassen, indem sie sich den Armen gewidmet hat«, sagte ich. »Diese Leute waren Revolutionäre, weil sie wußten, daß nicht die Strukturen der Kirche das wichtige an der Lehre waren. Es war der unnennbare Geist. Aber etwas Ähnliches hat der Buddhismus in jeder Kultur getan, in die er eingetreten ist. Er nahm die einheimischen Mythen und Werte und formte die symbolische Bedeutung ihrer Bilder etwas um. Er hat all das eingesetzt, was den einfachen Menschen geläufig war, um sie *dhamma* zu lehren – das keine eigene Form hat. Als sich für die Heilsarmee die Zeiten geändert haben, stolperte sie über ihre eigenen Regeln. Jetzt wirkt sie wie einer der altmodischsten Ableger der Kirche.«

»So ist das immer«, sagte der Lehrer abwesend, als wir an der *sala*-Tür ankommen. Er stellt sich in das Fußwaschbecken und läßt Nimalo seine Füße waschen. Er sieht sehr müde aus. Das Gehen hat ihn erschöpft, aber er spricht weiter. »Die Menschen bemerken nicht, daß sich die Gegebenheiten ändern. Was früher einmal eine wichtige Botschaft war, gerät zu einem toten Ritual. Die Menschen klammern sich so sehr an Worte und Ideen.«

Meow, der mit einem Handtuch wartet, trocknet dem Seniormönch die Füße ab. Ich gebe die zweite Schüssel Nimalo, der sie in die *sala* trägt. Der Ajahn macht einen Schritt in die Halle und betrachtet die Buddhastatuen, die nach der Reinigung immer noch wie silbernes Feuer glänzen. Er dreht sich um und kommt wieder zu mir heraus. Ich bin noch damit beschäftigt, im Fußbecken meine Zehen zu säubern. Er starrt mit seinen blaßblauen Augen darauf herab.

»Deswegen bin ich froh, daß ich ein Teil einer zeitlosen Tradition und eines *Dhamma* bin, das unveränderlich ist.« Er dreht sich wieder um und verschwindet im Tempel.

»Für immer und ewig. Amen«, flüstere ich tonlos. Ich steige aus dem Fußbad und halte Meow, der immer noch mit dem Handtuch in der Hand dasteht, einen tropfenden Fuß hin. Er wirft mir sein Katzen-Lächeln zu und läuft hinter dem obersten Mönch her in den Tempel.

> Unbeständig sind alle vorbestimmten Dinge.
> Unbefriedigend sind alle vorbestimmten Dinge.
> Nicht-Selbst sind alle vorbestimmten Dinge.
> Das ist das Dhamma, das Buddha gelehrt hat.

An dem Morgen, als Herbie nach China abreiste, schmuggelte ich eine Orange aus der *sala* und gab sie ihm als Glücksbringer. Dann war er fort. Percy hat sich entschlossen, noch etwas länger zu bleiben. Er verwendet immer noch den dürren Besen und fragt mich über das Ordinationsritual zum *pahkow* aus. Nimalo ist in ein *kuti* weiter im

Innern des Dschungels umgezogen, damit er seine Ruhe hat. Mr. Chicago ist nicht aus Bangkok zurückgekommen. Dukitas Stipendium für Amerika verzögert sich vielleicht um ein Jahr, weil sie sich erst im Sommer die Mühe gemacht hat, sich bei einem College zu bewerben. Tan Casipo hilft ihr dabei, die verschiedenen Formulare in Ordnung zu bringen. Ruk und Sun Tin haben das Holzlager bis unter das Dach des Färbeschuppens aufgefüllt. Das *wat* ist mit Vorräten für die Regenzeit-Klausur voll ausgerüstet, und es gibt keine Arbeit mehr zu tun. Yenaviro macht sich Sorgen, daß seine Schüsselstöckchen wieder zu kurz sein könnten. Vielleicht muß er einen dritten Satz anfangen. Während der Morgenrezitation ist der Sitz des Ajahn öfters leer. Der Lehrer nimmt Medizin und wird immer blasser. Tan Bodhipalo läßt uns von der Morgenmeditation bis kurz vor Sonnenaufgang schweigend sitzen. Niemand achtet je auf den kleinen Tan Wee. Manchmal höre ich Musik von einem Kassettenrecorder. Sie ertönt aus dem Dschungel in der Nähe des *kuti* von Meow. Mama hat angekündigt, daß sie vor ihrer Heimreise noch einen Kleinlastwagen mieten will, um mit einer Gruppe von uns ein Picknick an der Grenze nach Laos zu machen. Vier der Mönche möchten mitgehen. Die Zeit des *pansa* kommt. Hitze und Feuchtigkeit durchdringen die Dschungelluft. Täglich gibt es Monsunregenfälle, die den Klosterplatz überschwemmen. Die Mücken vermehren sich. Sie fallen während der Kaffeepause in Scharen über uns her. Es ist unerträglich geworden. Langsam kriecht die Jahreszeit weiter.

Die Königskobra begrüßt mich, als ich ihr eines Morgens begegne. Sie sieht mich faul an und macht sich nicht die Mühe, ihren schwarzen Kopf zu erheben. Ich hocke mich weniger als zwei Meter entfernt hin und sehe zu, wie sie mit der Zunge schnuppert. Ich freue mich, wieder in ihrer

Gegenwart zu sein. Sie hat mehr Mitgefühl als wir alle. Sie könnte sich erheben und töten, aber sie zieht es vor, mich mein *kamma* selbst erarbeiten zu lassen. Ich wünschte, ich besäße ihren inneren Frieden. Langsam bewegt sich der lange, muskulöse Körper über den Pfad, gleitend wie ein fließender Bach. Ich warte, bis die Schwanzspitze vom Dschungel verschluckt worden ist, dann hebe ich meine Hände hoch bis zu meiner Stirn in einem respektvollen *wai*.

Es bleibt mir nur noch eines zu tun. Ruk erklärt sich einverstanden, mich zu begleiten, und zu der verabredeten Zeit beginnen wir die dreistündige Wanderung zu unserem Besuch in Wat Pah Pong, wo ich mich dreimal vor Ajahn Chah verbeugen werde, vor dem Mönch, dessen Bücher und dessen Ruf mich nach Pah Nanachat gebracht haben. Ruk kommt nicht nur als mein Führer mit, weil ich den Weg nicht kenne, auch nicht nur, weil mir seine Begleitung auf dem zwölf Kilometer langen Weg eine Freude sein wird. Er ist der einzige Schüler des Meisters, der etwas von der Helligkeit widerzuspiegeln scheint, die ich bei dem großen Lehrer erwarten würde. Ruks Worte und Erzählungen von Ajahn Chah sind voller sanfter Ergebenheit. Ich fürchte, mein Widerwille könnte sich plötzlich erheben wie eine Viper, wenn ich allein gehe. Und das will ich nicht. Ich mache den Besuch nicht, um ein Urteil zu fällen, sondern um meinen Respekt zu bezeugen, als Schüler seinem Meister gegenüber. Ich frage mich, ob der Ajahn mir noch eine Lehre zu erteilen hat.

Ruk führt mich durch das Dorf Bung Wai und über Eisenbahnschienen hinweg. Wir wandern durch einen wahren Irrgarten von Pfaden. Der Himmel ist klar bis auf ein paar dunkle Wolken, die am Horizont brodeln. Die Brise ist frisch. Sie verhindert, daß wir unter der Hitze der Nachmittagssonne verdorren. Ruk bleibt seinem Namen treu. Das Gespräch erfüllt uns beide mit Lachen. Er erzählt mir Geschichten über die Dörfer, an denen wir vorüberziehen, über die seltsamen und farbenfrohen Feldfrüchte, die uns umgeben, über Thai-Mönche, die er kannte und über die Geschichte unseres Ziels, Wat Pah Pong.

»Ajahn Chah ist in einem Dorf in der Nähe des heutigen *wat* geboren worden. Seine Familie lebt immer noch dort. Fünfzehn Jahre lang ist er durch das Land gewandert. Die meiste Zeit verbrachte er mit Meditation tief im Dschungel. Eines Tages kam er in diese Gegend zurück und hat angefangen, bei dem alten Verbrennungsplatz zu meditieren.«

»Alte Verbrennungsplätze scheinen ein beliebter Platz für Mönche zu sein«, sage ich dazu.

»Das sind sie wirklich. Die meisten Dorfbewohner haben Angst vor den Geistern, also kann man dort gut die Einsamkeit finden.«

»Jedes Kloster sollte sich der Hilfe von *pee bahs* versichern.«

»Bald sprach sich herum, daß der berühmte Waldmönch zurückgekehrt war. Die Dorfbewohner fragten ihn, ob sie ein Kloster für ihn und die kleine Gruppe seiner Anhänger bauen dürften. Ajahn Chah widersprach ihnen nicht, also bauten sie das Wat Pah Pong. Als ihn der Schlag getroffen hat, gab es schon vierzig Zweigklöster in ganz Thailand.«

»Es heißt, jetzt seien es über sechzig.«

Bevor wir eine Diskussion über den Nutzen des Klosterbauens anfangen können, erreichen wir am Ende unseres Pfades eine drei Meter hohe Betonmauer.

»Sieht aus wie ein Gefängnis«, sage ich zu Ruk, als wir durch ein großes Eisentor gehen. Ruk erklärt mir, das sei der hintere Eingang zum Gelände von Wat Pah Pong. Im Innern führt eine zwei Meter hohe, zementverputzte

Wand auf der rechten Seite eines Feldweges entlang. Sie verläuft einen Kilometer lang ganz gerade und endet außer Sichtweite. Auf der linken Seite schützt ein Stacheldrahtzaun dichten Wald. Es fühlt sich gruselig an.

»Ich bezweifle, daß Ajahn Chah selbst es so gemacht hätte«, sagte Ruk, als wir an der inneren Wand entlangzugehen beginnen.

Nach einem halben Kilometer gelangen wir zu einer Holzleiter, die an der Mauer lehnt. Ich folge Ruk die Leiter hinauf und auf der anderen Seite eine zweite wieder hinunter. Ein hundesicherer Eingang zum Hauptgelände. Hier stehen die Bäume weniger dicht. Als wir uns einer offenen Grasfläche vor uns nähern, entdecke ich Dutzende von hölzernen *kuties*, die auf Pfählen gebaut sind. Anders als in Pah Nanachat wurde hier offensichtlich nicht versucht, die *kuties* voneinander zu isolieren. Es sieht aus wie ein klösterlicher Vorort. Ein paar Thai in ockerfarbenen Roben sehen zu uns herüber, als wir vorbeigehen. Ruk bringt mich zur *sala*. Von außen sieht der Tempel aus wie ein Curling-Stadion mit einem heruntergekommenen Blechdach. In das Innere passen ohne weiteres fünfhundert Menschen. Der Fußboden ist mit alten Stücken unterschiedlich gefärbten und gemusterten Linoleums bedeckt. Räucherwerk brennt vor den riesigen Buddhastatuen aus Messing auf dem Altar. An jeder vorderen Ecke steht ein menschliches Skelett in einem Glaskasten. Ein Doppelselbstmord?

Ein Mönch tritt herein, der Ruk wiedererkennt. Sie unterhalten sich ein paar Minuten lang auf Thai. Ruk hat einige Formulare zur Verlängerung von Visa dabei, die unser Ajahn dem Seniormönch im Wat Pah Pong schickt. Man wird sie nach Bangkok weiterleiten. Pah Pong erledigt die ganze Bürokratie für die *farang*-Mönche von Pah Nanachat. Der Thai erklärt Ruk, der Älteste sei in Ajahn Chahs Bungalow. Der Meister selbst empfängt Besucher nur nachmittags zwischen fünf und sechs, wenn er mit seinem Rollstuhl ausgefahren wird.

Es ist noch zu früh, um schon dorthinzugehen, also wandern wir durch das riesige Gelände des *wat*. Wir kommen an einem neuen, sechs Stockwerke hohen Glockenturm vorbei, der in einem antiquierten, fast barocken Stil gebaut ist. Aus Stein gehauene Götter, Dämonen und Wasserspeier starren auf uns herab. In der Nähe einer Lichtung stehen hohe Totemsteine aus dem sorgfältig kurzgehaltenen Gras hervor, Ruinen, die von dem Verbrennungsplatz übriggeblieben sind. Noch weiter hinten wölbt sich ein kleiner grüner Hügel, der sanft zu dem neuen *bhote* hin ansteigt. Ruk erklärt mir, der Hügel sei von Menschenhand über einem riesigen unterirdischen Wasserbehälter errichtet, der als Reserve für die Trockenzeit voll gehalten wird. Der *bhote* ist modern, erst vor weniger als zwei Jahren fertig geworden. Seine glatten, weißen Konturen erheben sich anmutig wie bei einer abstrakten Skulptur. Wir steigen die weißen Steinstufen hinauf. Ich bin erstaunt, daß es ein solches Gebäude in Thailand geben kann. Die Decke ist aus weißen Bögen zusammengesetzt. Die Wände sind halb geöffnet und von großen Mosaiken bedeckt, die Szenen aus dem Leben von Ajahn Chah darstellen. Auf einem Bild kreuzt eine Königskobra friedlich seinen Weg, auf einem anderen betrachten ihn respektvoll zwei Tiger, während er in tiefer Andacht sitzt; auf einem dritten bauen Dorfbewohner ein Wald-*kuti* für ihn, während er sie segnet; auf dem vierten sitzt der Meister allein im *samadhi*. An der Vorderseite des *bhote* erhebt sich eine etwa acht Meter hohe Buddhastatue aus grauem Metall. Der Buddha steht, und beide Arme sind von den Ellenbogen an im rechten Winkel gehoben. Das ist eine ungewöhnliche Position für einen Buddha. Unterhalb des Standbilds und schräg davor befindet sich die lebensgroße Statue eines Mönchs. Die eiserne Gestalt sitzt mit gekreuzten Beinen in der Meditationshaltung der Thai, das rechte Bein über dem linken ruhend. Die Zehen des rechten Fußes ragen wie zufällig nach oben. Er ist ein entspannt aussehender, alter Mann, vielleicht etwas müde. Seine Lippen zeigen an den Mundwinkeln etwas nach unten, trotzdem ist der Gesichtsausdruck nicht verhärmt, irgendwie ähnelt er einem Lächeln. Der Künstler hat die Figur mit einer rauhen Oberfläche versehen, die einen harmonischen Kontrast zu den glatten, modernen Flächen des *bhote* darstellt. Wir knien nieder und verbeugen uns dreimal vor dem Buddha und dreimal vor der Statue des Ajahn Chah.

Wir verlassen den *bhote*, gehen an der *sala* entlang zurück und eine lange Straße hinunter zum Vordertor des *wat*. Zum Wat Pah Pong gehört ein großes Gelände, mehr als zwei Kilometer breit von einem Ende zum anderen. Es wirkt so seltsam leer hier, fast geisterhaft. Ruk erzählt mir, es hätte über sechzig Thai- und *farang*-Mönche im Wat Pah Pong gegeben, als er vor vier Jahren hierhergekommen war. Jetzt sind es weniger als zehn, obwohl zum *pansa* noch einige zurückkehren werden. Der Gang zum Tor führt uns wieder durch einen hohen Wald. Gemalte Schilder mit Thai-Beschriftung sind an die Bäume am Straßenrand genagelt. Ruk erklärt, darauf seien Sprüche aus dem *Dhamma*. Einzeilige *dasanas* für Besucher.

»Manche Mönche glauben, daß hier sogar die Bäume eine Lehre für uns haben sollten«, sagt Ruk. Es ist schwer festzustellen, ob er das ironisch meint.

Hölzerne Zeichen sind an Bäumen befestigt
Für jene, die nicht lesen können.

Wir durchschreiten das innere Tor. Vor uns befindet sich eine Baustelle. Das Fundament ist fertig. Holzbalken sind darüber aufgerichtet worden. Auf einer Seite liegt ein

Haufen Bambus, der als Gerüst verwendet werden wird. Jenseits davon steht das äußere Tor mit einer eisernen Tür daneben. Durch das Tor sehe ich einen kleinen, schäbigen Verschlag. Ich weiß, daß es eine Garküche ist. Ich war schon einmal hier, in der Nacht, als ich so lange im dunklen Regen nach dem Ort gesucht hatte, der jetzt mein Heim war.

»Was wird hier gebaut?« frage ich Ruk. »Als ich es das letzte Mal sah, war es nur ein großes Loch.«

»Es ist ein Museum.«

»Ein Museum? Ich dachte, du hast gesagt, daß das Kloster gebaut wurde, als der Meister hierherkam. Es ist doch gar nicht so alt. Ein Museum – Ruk, du meinst ein Mausoleum. Es ist doch für Ajahn Chah, oder? Die Hauptattraktion hier wird seine Asche sein. Oder werden sie ihn einfach vergolden und dann ausstellen? Der Lehrer ist noch nicht einmal tot, und schon bauen sie den Markt, auf dem sie Geld mit seinen sterblichen Überresten verdienen wollen.« Ärger flackert in mir auf. Ich will nicht, daß ich damit meinen sanften Freund treffe. »Sag mir, ist es falsch, wenn ich etwas so Negatives denke? Was denkst du? Halten sie seinen Körper nur am Leben, damit sie mit dem Geschäft um Verdienste für zukünftige Leben ordentlich Geld machen können?« Ich fühle mich zynisch wie Jim.

»Seine Schüler lieben ihn sehr«, sagt der Mönch mit leiser Stimme. »Du kannst nicht erwarten, daß sie ihn sterben lassen. An manchen Tagen finde ich seine Augen sehr klar. Sieh selbst.«

Wir gehen an der Außenseite der Wand entlang bis zu einer Ecke. Etwa vierhundert Meter dahinter liegt rechts ein Bungalow. Drei oder vier Gruppen von Mönchen liegen verteilt auf dem das Haus umgebenden grünen Rasen. Mehrere Autos und ein paar Kleinbusse stehen auf einem nahe gelegenen Parkplatz. Um das Gebäude herum bewegt sich langsam eine kleine Gestalt in orange-ockerfarbener Robe, die zusammengesackt in einem Rollstuhl sitzt. Eine zweite Gestalt schiebt den Stuhl über einen Zementweg, der das Haus umgibt. Ein dritter, ebenfalls in einer Mönchsrobe, trägt einen Fächer mit langem Griff, den er über dem Mann in dem Rollstuhl schwenkt.

Wir streifen unsere Sandalen beim Eingangstor zu dem Bungalow ab, gehen hindurch und folgen dem Weg bis zur Rückseite des Gebäudes. Ein Novize, der dort als Aufseher arbeitet, sagt uns, wir sollten uns in Gras setzen. Wir warten darauf, daß der Rollstuhl auf seiner Runde bei uns vorbeikommt. Das Dreiergespann biegt ganz langsam um die Ecke. Ich folge Ruks Beispiel und knie im Gras, als sich die zusammengesunkene Gestalt in dem Stuhl nähert. Wir drücken in einem respektvollen *wai* die Handflächen zusammen. Wir verbeugen uns dreimal so, daß unsere Stirn das Gras berührt.

Ajahn Chahs Augen sind geschlossen, sein Kopf ist zur Seite gesunken. Er lehnt an der Rückseite des Rollstuhls. Der Unterkiefer hängt lose. Der Mund steht in einem unnatürlichen Winkel offen und bildet ein Dreieck, aus dem eine bleiche Zunge hervorsteht. Weißer Speichel bedeckt die Mundwinkel. Der Wärter hält ein Tuch bereit, mit dem er immer wieder den Speichel vom Kinn des Meisters wischt. Die alten Hände sind übereinander gefaltet. Sie sind marmoriert und sehr bleich für einen Thai. Die rechte zuckt gelegentlich wie ein sterbender Fisch. Das ist die einzige Bewegung außer dem sanften Heben und Senken der breiten, zusammengefallenen Brust, die unter der Robe begraben ist. Ich höre ihn ächzen, ein schwaches Röcheln aus dem Innern der eingesunkenen Gestalt.

Nachdem die Audienz beendet ist, wird der Ajahn herumgedreht und wieder über den Pfad weitergeschoben. Der Novize geht ganz langsam. Ich sehe die breiten Lippen des jungen Thai beglückt lächeln. Er betrachtet zärtlich seinen hilflosen Schützling, den berühmten Lehrer. Wieviel spirituellen Lohn wird er verdienen für sein *karuna* gegenüber dem großen Mönch? Der Novize ist einer jener Thai, deren Geschlecht und Alter unbestimmbar sind. Er könnte alles sein zwischen sechzehn und fünfzig. Seine Züge sind weich und etwas weiblich, ein Charakteristikum, das unter Mönchen häufiger sichtbar ist, noch betont durch die rasierten Köpfe. Er hat volle runde Wangen und einen fetten Hals, der sich im Nacken schoppt. Während er den Rollstuhl an uns vorbeilenkt, sehe ich seine dicken Fußknöchel und seine flachen Füße, die beim Gehen kein Geräusch machen. Er erinnert mich an eine junge Mutter, die mit ihrem Baby im Kinderwagen beschäftigt ist. Der Novize mit dem Fächer ist dünn und hochgewachsen. Er trägt eine Brille und hat einen ernsten Gesichtsausdruck. Seine Lippen sind, konzentriert auf seine demütige Aufgabe, fest zusammengepreßt. Genaugenommen ist die Luft dieses Spätnachmittags etwas kühl, seit die Wolken heraufgezogen sind und sich vor die Sonne geschoben haben. Er muß ganz langsam fächeln, damit der Ajahn sich nicht erkältet.

Der Aufseher, der uns unseren Platz angewiesen hat, kommt mit einer Sitzmatte aus Plastik wieder. Er wechselt mit Ruk ein paar Worte auf Thai, dann bringt er ein Plastiktablett, auf dem zwei Gläser und eine Flasche mit Trinkwasser stehen. Ruk dankt ihm, und ich gieße die beiden Gläser für uns voll. Meine Kehle und mein Körper sind ausgetrocknet. Es war ein langer Weg. Wir müssen heute abend noch nach Pah Nanachat zurück. Ich trinke und bin überrascht, daß das Wasser kalt ist. Offensichtlich kommt es aus einem Kühlschrank. Der Ajahn rollt noch einmal auf seiner Runde an uns vorbei. Sein linkes Auge ist halb geöffnet. Das rechte öffnet sich auch, als er sich nähert. Ich glaube, sie sind blau, aber das kann nicht sein, er ist Thai. Ich habe einfach nur zu viel Zeit in einem *wat* voller nordischer *farang* verbracht. Sein Blick scheint sich einen Augenblick lang auf mich zu richten. Dann schwenkt er zu Ruk hinüber. Ich passe ganz genau auf, ob nicht ein Zeichen des Wiedererkennens zu sehen ist bei dem Meister, der diesen Mönch, seinen Schüler, »Lachen« genannt hat. Nichts zu erkennen. Die Augen fangen an, ziellos herumzuwandern. Die zuckende rechte Hand bewegt sich nicht mehr. Er ächzt nicht einmal. Das ist nur noch ein Körper, denke ich, eine lebendige Leiche. Die Persönlichkeit – sei es nun das Ego oder der innere Geist, die Seele, was immer es sein mag, das Leben verleiht – ist fort.

Es war von Anfang an nur eine Illusion.

Ist das Freiheit von Leiden? Ganz sicher ist der Frost der Leere in diesen wandernden Augen. Er ist entrückt. Ein Schlaganfall ist dafür offensichtlich genauso wirksam wie *samadhi*-Selbstmord. Ist der Ajahn auch ein Vorbild für uns? Wird er zu unserer Erbauung erhalten? Jetzt ist er vielleicht zur Verkörperung des Mönchs-Ideals geworden. Jim würde seine Beschaulichkeit kritisieren. Den ganzen Tag wird er herumgerollt, durch einen Schlauch ernährt, von seinen Anhängern angezogen und gebadet – er trägt nichts Konkretes zur Gesellschaft bei. Sie werden ihn nicht sterben lassen.

Eine neueingetroffene Gruppe von Thai-*bhikkhus* setzt sich in unsere Nähe ins Gras. Ruk erzählt mir, sie seien auf *tudong* weit aus dem Süden. Sie warten geduldig, daß der Meister auf seiner nächsten Runde vorbeikommt. Der Novize mit dem fetten Hals hält den Rollstuhl den Neuankömmlingen gegenüber an. Nachdem sie sich verbeugt haben, wendet er den Stuhl wieder auf den Weg, und ein schwaches Ächzen ertönt von dem Körper in dem Stuhl. Die Augen des Novizen weiten sich vor Freude wie die einer Mutter, wenn ihr Baby gurgelt. Er dreht den Stuhl noch einmal den Besuchern zu und läßt so seinem Schützling noch etwas länger die Freude ihrer Gesellschaft. Der rechte Arm des Meisters beginnt heftig zu zucken. Er fällt kraftlos von seinem Schoß und hängt locker an der Seite des Rollstuhls. Der Pfleger legt ihn vorsichtig zurück und steckt das lose Körperteil sicher unter eine orangefarbene Decke auf seinem Schoß. Der Ajahn scheint wieder weniger zu sehen als bei der letzten Runde. Die Augen bewegen sich unabhängig voneinander. Die Pilgermönche scheinen mit dem Interview zufrieden zu sein. Sie verbeugen sich noch einmal. Als der Rollstuhl wieder auf den Pfad einbiegt, stehen sie auf und kehren zu ihrem Kleinbus zurück.

Bei der vierten Runde knien Ruk und ich auch, um uns zum Abschied zu verbeugen. Das sind die ernstesten Verbeugungen, die ich in meiner *pahkow*-Robe je machen werde. Wegen dieses Mannes habe ich viel gelernt. Sein Können als Lehrer hat nicht nur Pah Nanachat hervorgebracht, sondern auch neunundfünfzig weitere Zentren, die sich dem *Dhamma* verschrieben haben. Seine besondere Fähigkeit zur Zusammenarbeit mit Fremden hat so viele von diesen angezogen, daß ich das Leben in einem thailändischen Kloster erleben konnte, ohne dazu eine neue und schwierige Sprache lernen zu müssen. Er hat mir all diese Möglichkeiten eröffnet. Er ist mein Lehrer, und ich schulde ihm viel Hochachtung. Selbst wenn nichts übrig ist als eine Hülle und ein Symbol. Mit meiner letzten Verbeugung bete ich, daß es in seinem Sinne wirklich so sein mag.

Auf der Vorderseite des Bungalows findet Ruk den Seniormönch. Er bittet mich, auf dem Rasen zu warten, während sie Einzelheiten zu den Visaformularen besprechen. Ich stehe auf dem Zementpfad und sehe zu, wie die schwarzen Wolken sich in der Richtung von Bung Wai sammeln. Ein Monsunregen nähert sich mit der Nacht. Es ist schon nach sechs. Wir werden im Dunkeln nach Hause gehen. Ich spüre die Grashalme an meinen nackten Füßen. Ein Vogel fliegt vorüber, segelt über den Hügel mit dem Bungalow hinab und über die Bäume des Dschungels von Wat Pah Pong hinweg. Ein zerrissener Blitzstrahl durchschneidet den Horizont.

Hinter mir rückt der Rollstuhl auf dem Weg näher, der Ajahn dreht seine letzten Runden. Der Novize runzelt die Stirn und deutet an, ich solle schnell niederknien und ein *wai* vor dem Lehrer machen. Ajahn Chahs Augen sind wieder geöffnet. Sie scheinen sich auf mich zu heften, als er näherkommt. Ich lese einen Ausdruck in ihnen, der mich durchschneidet bis zur Wirbelsäule und der die Muskeln an meinem Hals und Bauch sich anspannen läßt. Meine Haut ist plötzlich kalt. Ich halte dem Blick stand, ohne wirklich zu wissen, ob das, was ich sehe, darin ist oder nicht. Er rollt vorüber und läßt mich starr wie einen Stein zurück.

Ich habe diesen Blick schon einmal gesehen, in den Augen einer alten Frau im Untersuchungsraum eines belebten Krankenhauses. Ihr Körper schaffte es nicht mehr. Emphysem. Flüssigkeit blockierte ihre Lungen, und der Sauerstoffmangel erdrückte langsam ihren Geist. Zu langsam. Sie wurde ganz allmählich wahnsinnig. Der Arzt hatte ihren nackten Körper untersucht und ein Licht auf sie gerichtet. Er schrieb etwas auf einen Zettel und verschwand. Sie konnte nicht sprechen. Ihre Hand klammerte sich an mein Hemd, als ertrinke sie. Ihre Augen wurden einen Augenblick klar, flehten mich um Hilfe an. Nicht so, nicht Monate. Meine Blicke schossen durchs Zimmer. Aber ich fand nichts Scharfes. Das Grauen meiner Großmutter hatte auch von mir Besitz ergriffen. In diesem Augenblick wußten wir beide, wie lange Sterben dauern kann.

Ein Donner befreit mich. Ich drehe mich auf dem Gras

ruckartig um und sehe dem schwarzen Gewitter entgegen, bewege die Muskeln in meinem Rücken. Ein schwerer Regen wird uns heute nacht treffen. Gut.

Ruk und ich sind müde, als wir unseren Heimweg antreten. Mein Körper fühlt sich jeder Kraft beraubt. In meiner Wirbelsäule ist Eis. Es läßt meine Schritte steif werden. Durch die Plastiksandalen haben die Zehen meiner beiden Füße Blasen bekommen. Wo der Pfad sandig ist, gehe ich barfuß. In der Dämmerung überrascht uns eine Viper, Ruk und ich machen einen Satz. Wir klammern uns aneinander, als wollten wir verhindern, auf die kleine Schlange zu fallen. Danach schalten wir die Taschenlampe an. In ihrem Licht entdeckt Ruk kurz darauf einen zehn Zentimeter langen schwarzen Skorpion. Er hält still wie ein Stein, als wir in die Hocke gehen, um ihn uns anzusehen. Das dunkle Wimmeln eines Hundertfüßlers bewegt sich vor mir und verschwindet dann im Zickzack hinter Ruk. Blitze zerreißen den Himmel. Bald fallen schwere Tropfen.

»Das einzige, was uns jetzt noch fehlt, ist ein Tiger«, sage ich zu meinem Gefährten.

»Ich denke, die beiden Gipstiger am Tor zum Kloster reichen mir«, erwidert er mit einem Lachen.

»Der Tod scheint heute nacht sehr nah zu sein. Für manche von uns.«

Ruk antwortet nicht. Er verbindet den Tod nicht mit den Wesen, die er gern hat, jenen mit Klauen, Zähnen, Fängen oder Stacheln.

»Was glaubst du, wie viele Klöster sie noch bauen werden, bevor Ajahn Chah stirbt?« frage ich weiter und spüre das Gift in meinem Innern.

»Wenige. Er hat vor seinem Schlaganfall vorausgesagt, er werde 1985 sterben.«

»Also noch sechs Monate. Das ist wirklich schade für dich, Ruk.«

»Warum?« Er klingt überrascht.

»Ich dachte, du wolltest ein Zweigkloster in Deutschland eröffnen.«

»Ein Kloster? Nein, nicht für mich. Fünf Jahre in einem *wat* werden reichen. Wenn mein fünftes *pansa* vorüber ist, möchte ich nur noch *tudong*.«

»In Deutschland?«

»Genau. Ich mag das heimatlose Leben, bei dem man nur von Dorf zu Dorf wandert. Ich möchte das gern bei mir zu Hause im Schwarzwald machen.«

»Ein buddhistischer Mönch im Schwarzwald? Die Leute werden dich für ziemlich seltsam halten.«

»Natürlich. Wer wird dort schon genug wissen, um mir zu essen zu geben? Ich darf nicht einmal darum bitten. Aber ich weiß, daß ich schon nicht verhungern werde. Wenn es nötig ist, werde ich für mein Brot arbeiten. Kälte macht mir nichts aus, also werde ich die meiste Zeit draußen schlafen können. Ich werde alles tun, was mir so in die Hände fällt.«

»Du meinst, du wirst über die Marktplätze wandern, die überall ein Potential für spontane Wohltäter sind?«

Ruk lacht angesichts meiner Worte leise in sich hinein.

»Weißt du, was mein Ideal von einem Mönch ist?« frage ich ihn.

»Nein.«

»Lachen in den Dörfern.«

Ich spüre, wie wieder Wärme meine Wirbelsäule entlangläuft und die Muskeln sich entspannen. Eine Welle der Freude durchströmt mich. Das ist ein Beispiel, wie man die Lehre des Meisters weiterführen kann! Hundert neue Fragen bestürmen meine Gedanken. Ist Ruk erleuchtet? Was hat er von Ajahn Chahs Weisheit übernommen? Wie kann es sein, daß er Klarheit in den Augen des Lehrers wahrnimmt, wo ich nur einen lebenden Toten sehe?

Ich möchte ihn fragen, aber es fallen mir keine Fragen ein. Ich weiß, was er mir sagen wird: daß die einzigen Antworten, die ich mit mir nehmen kann, diejenigen sind, die ich selbst gefunden habe. Ruk hat niemals versucht, mich von irgend etwas zu überzeugen. Wenn ich ihn frage, ob er erleuchtet ist, würde er lachen. Und was würde es ihn auch interessieren, ob er in das Ideal dessen paßt, das *ich* mir unter einem Mönch vorstelle oder nicht? Als nächstes würde ich dann sein Mausoleum bauen und seine Leiche vergolden.

Ich lasse die Fragen emporkommen und heruntersinken, dann wische ich sie ungefragt in den Dschungel. Ohne die Fragen hört das Sehnen nach Antworten bald auf. Die Euphorie verblaßt – aber die Wärme an meinem Rücken bleibt. Das ist auch eine Art von Antwort. Ich gehe hinter Ruk und seiner Taschenlampe her. Zusammen nehmen wir den stetigen Rhythmus des morgendlichen *bindabhat* auf. Mir wird klar, daß ich morgen Pah Nanachat verlassen werde. Es ist Zeit zu gehen.

Und plötzlich ist der Regen voller Lachen. Nachdem ich so lange nach einer Lehre gesucht habe – in den Büchern, in der Meditation, in den Augen des Ajahn – muß ich lachen, daß ich, und sei es auch nur einen Augenblick lang, spüre, wovon Buddha nichts erzählt hat.

Glossar

Ajahn	(Thai) Lehrer, Guru.
Almosen	Eine Gabe, bestehend aus Speisen oder Geld, mit deren Hilfe man sich spirituellen Verdienst erwirbt.
Almosenrunde	Die tägliche Bettelrunde der Mönche um Nahrung.
anapanna	(Pali) Atemmeditation.
arahant	(Pali) »Nicht-Zurückkehrer«. Ein Mönch, der die Erleuchtung erlangt hat.
asuras	(Sanskrit) Die Halbgötter.
bhat	Thailändische Währung (100 bhat = etwa 7 DM 1991).
bhikkhu	(Pali) Wörtlich: ein Gläubiger (männlich), ein Mönch.
bhote	(Thai) Ordinationssaal für Mönche und Novizen.
bindabhat	(Pali) Die tägliche Bettelrunde der Mönche um Nahrung.
bodhisattva	(Pali, Sanskrit) Ein Wesen, das dem Weg der Erleuchtung gefolgt und dem nibbana nah ist.
Buddha	Der Erweckte. Der historische Gautama Siddharta, Gründer des Buddhismus (bodhi = das Erwachen).

Buddhamas	Ajahn Chahs Name für das Fest der Thai zu Geburt, Tod und Erleuchtung Gautama Buddhas.
bunte	(Pali) Respektvoller Ausdruck für einen älteren Mönch.
chakras	(Sanskrit) Energiezentren im Körper.
dasana	(Pali) Eine Predigt über dhamma oder das Dhamma.
deva	(Pali) Eine Gottheit.
deva-Bereich	Die Welt der Gottheiten, ein Paradies, nur sterben dort die Götter schließlich und werden in tieferen Bereichen wiedergeboren.
dhamma	(Pali) Wahrheit.
Dhamma, das	(Pali) Lehren Buddhas, die auf Pali geschriebenen Lehrreden (Suttas), die Lehre des Buddhismus.
dhamma-Gespräch	Ein Gespräch über die Wahrheit, eine Predigt.
farang	(Thai) Ausländisch, nicht Thai, Fremder. Wird sowohl im Singular als auch im Plural gebraucht.
jhana	(Pali, Sanskrit) Es gibt vier jhanas, jede ist eine klar definierte Meditationsebene.
kamma	(Pali) Alle Handlungen, die das gegenwärtige und die zukünftigen Leben eines Wesens bestimmen. Kammische Formationen sind sowohl Willensentscheidungen als auch Erinnerungen, die einen zum Handeln bewegen.
karuna	(Pali) Mitgefühl gegenüber allen Wesen, eine der vier größten buddhistischen Tugenden.
koppy	(Pali) Erlaubbar machen. Wenn man dieses Wort zu einem Mönch sagt, erlaubt es ihm, eine Pflanze zu schneiden.

kuti	(Thai) Kleine Einzimmerhütte, in der ein Waldmönch lebt.
Mahayana	Das »Große Fahrzeug«, eine Form des Buddhismus, die in Nordasien (Japan, China, Tibet, Korea) praktiziert wird.
Verdienst	Positiver Nutzen, spiritueller Verdienst, den man seinem kamma hinzufügt, indem man durch gute Taten in zukünftigen Leben eine bessere Wiedergeburt erlangt.
metta	(Pali) Freundlichkeit gegenüber allen Geschöpfen, eine der vier Kardinaltugenden des Buddhismus.
nibbana	(Pali) Der Zustand der Erleuchtung, Freiheit von Bedürfnissen, oft mißverstanden als ein Ort wie der christliche Himmel. Bedeutet wörtlich »entseelt«, wie eine Kerze, die ausgeblasen worden ist. (Sanskrit: nirvana.)
pah	(Thai) Wald, wie in Pah Nanachat, pee (p)ah.
pahkow	(Thai) Jemand, der die acht Regeln befolgt und in einem Kloster lebt. In Thailand gewöhnlich Frauen.
paise	Indischer Pfennig.
pansa	(Pali) Die Regenzeit-Klausur. Sie dauert drei Monate während der Monsunzeit, wie sie vom lunaren Kalender bestimmt wird. In dieser Jahreszeit dürfen die Mönche keine Nacht außerhalb ihres Klosters verbringen.
pee bah	(Thai) Waldgeist.
Regeln	Regeln, die ein Gläubiger als Gelübde annimmt, um seine Reinheit zu entwickeln. Laienbrüder halten sich an fünf, pahkows an acht, Novizen an zehn und Mönche an zweihundertsiebenundzwanzig Regeln.
Rupie	Indische Währung (100 Rupien = 8 DM).

sabong	(Thai) Sarong, ein Rock-ähnliches Tuch, das in Thailand von Klosterbewohnern getragen wird.
sala	(Thai) Haupttempel eines Klosters.
samadhi	(Pali) Aufgehen in der Meditation, »Auf-eins-Gerichtetsein«.
samsara	(Sanskrit, Pali) Illusion, die Welt.
sangha	(Pali) Die Gemeinschaft buddhistischer Mönche.
sankaras	(Pali, Sanskrit) Kammische Formationen. Der Begriff umfaßt Erinnerungen und Willen.
sati	(Pali) Achtsamkeit, Konzentration.
Shiva	(Sanskrit) Der Zerstörer, eine der drei Hauptgottheiten der Hindus.
sila	(Pali) Moralische Reinheit.
swaddie krup	(Thai) Höflicher Gruß (von einem Mann gesprochen).
Tan	(Thai) Respektvoller Titel für einen Mönch, vergleichbar mit »Pater« oder »Herr«.
tantrisch	Rituelle oder magische Lehren oder Schulen, die es sowohl im Hinduismus als auch im Buddhismus gibt.
Theravada	Die alte Lehre des Buddhismus, wie sie heute noch in Thailand, Burma, Sri Lanka und auf dem indischen Subkontinent praktiziert wird. Von Mahayana-Buddhisten das »Kleine Fahrzeug« (Hinayana) genannt.
tudong	(Thai) Die Pilgerreise eines Mönches von einem Ort zum nächsten.
tuk-tuk	(Thai) Dreirädriges Motorradtaxi.
Vinaya	(Pali) Zusammenfassung und Aufstellung der Regeln des Theravada.
vipassana	(Pali) Meditation in Innenschau.

344

wai   (Thai) Buddhistische Geste des Respekts,
                           Handflächen aneinandergedrückt und die
                           Hände vor das Gesicht gehoben.

Wai Phra   (Thai) Wöchentlicher Feiertag in Thailand,
                           jeweils an den Nächten mit ganzen und hal-
                           ben Mondphasen, viermal im Monat.

wat   Thai-buddhistischer Tempel oder Kloster.

Die Gemeinschaft in Wat Pah Nanachat
(Mai–Juni 1985)

Seniormönche:

Der Ajahn	Oberster Mönch von Wat Pah Nanachat (ehemaliger Jazz-Gitarrist aus Australien).
Tan Bodhipalo	Der düstere Höhlenmönch (ehemaliger Gospelsänger aus England).
Tan Sumeno	Mr. Chicago (ehemaliger Immobilienmillionär).

Juniormönche:

Ruk	Der fleißige deutsche Mönch, dessen Name »Lachen« bedeutet.
Sun Tin	Der ehemalige Thai-Bauer mit dem schiefen Lächeln.
Tan Casipo	Der hilfreiche Juniormönch aus Neuseeland, der für Neuankömmlinge zuständig ist.
Tan Wee	Der kleine Thai-Mönch.
Yenaviro	Der schüchterne, chinesische ehemalige Buchhalter aus Malaysia.

Novizen:

Edward	Der Brite, der verschwand (Vielleicht ein pee bah?).
Mark	Der »wat-Doktor« aus Neuseeland.

Meow	Thai-Teenager und Cheshire-Katze (vgl. Alice im Wunderland).
Nimalo	Der »professionelle« Novize aus Australien.
Richard	Der redselige Texaner.

Pahkows:

Michael	Veteranen-Pahkow aus den Vereinigten Staaten.
Tim	Die Zwillinge, soweit es die Gemeinschaft
Jim	betraf.

Laienbrüder:
(Obwohl vielleicht ein Dutzend Laienbrüder kamen und gingen, werden hier nur diejenigen aufgeführt, die in der Geschichte von Bedeutung sind.)

Herbie	Der Teenager aus Kanada.
Percy	Der Brite mit dem Hinken, der gar nicht ganz so englisch war.
Julian	Der ernsthaft Suchende aus Australien.
Dukita	Die junge Thailänderin, die im Frauenhaus wohnte.
Mama	Mutter des Novizen Mark.

Andere Mönche außerhalb der Gemeinschaft:

Ajahn Chah	Der verehrte Waldmönch, Gründer vieler Klöster, unter anderem Pah Nanachats.
Ajahn Sumedo	Der farang-Mönch, der der erste Ajahn von Pah Nanachat war, lebt in einem wat in England zur Zeit der Geschichte.
Tan Sumana	Ein Theravada-Mönch aus Bangladesh und
Tissa	Freund des Autors, studierte in Bangkok.